教育部人文社会科学研究规划基金（项目编号：14YJA890026）

经济管理学术文库・管理类

国家登山健身步道系统构建与可持续发展研究

Study on the Construction and Sustainable Development of National Trails System

赵 伟 梁 强／著

经济管理出版社
ECONOMY & MANAGEMENT PUBLISHING HOUSE

图书在版编目（CIP）数据

国家登山健身步道系统构建与可持续发展研究/赵伟，梁强著．—北京：经济管理出版社，2020.4

ISBN 978－7－5096－7088－0

Ⅰ.①国…　Ⅱ.①赵…②梁…　Ⅲ.①山区道路—道路建设—研究—中国　Ⅳ.①U421

中国版本图书馆 CIP 数据核字(2020)第 064096 号

组稿编辑：郭　飞
责任编辑：曹　靖　郭　飞
责任印制：黄章平
责任校对：陈晓霞

出版发行：经济管理出版社
（北京市海淀区北蜂窝 8 号中雅大厦 A 座 11 层　100038）
网　　址：www. E－mp. com. cn
电　　话：（010）51915602
印　　刷：北京玺诚印务有限公司
经　　销：新华书店
开　　本：720mm×1000mm/16
印　　张：12.75
字　　数：236 千字
版　　次：2020 年 4 月第 1 版　　2020 年 4 月第 1 次印刷
书　　号：ISBN 978－7－5096－7088－0
定　　价：78.00 元

序

步道，顾名思义就是徒步行走的道路，主要为服务于运动休闲而专门规划铺设的健身路径。正如鲁迅先生说：“其实地上本没有路，走的人多了，也便成了路。”登山健身步道的兴建离不开户外运动的蓬勃发展，户外运动的发展离不开登山户外人口的发展。当越来越多的人走向户外，户外运动就从先锋人群的小众运动演变成了大众参与的时尚生活，由于户外运动天然的探险属性，使安全、便捷、科学、环保地在大自然中享受户外生活成为必然要求，而以登山健身步道为代表的户外绿色基础设施应运而生。

2009 年，我国第一条正式认定的国家登山健身步道在浙江省宁海县建成，2019 年 11 月，中国登山健身步道建设十周年庆典胜利召开。十年以来，从点到线，从线到网，从民间草根推动到政府顶层设计，从硬件设施到软件服务，从建设存量到开发增量，从里程数量到发展质量，登山健身步道系统建设开创出前所未有的良好局面，取得了卓有成效的发展成就。在登山健身步道建设和发展过程中，各方利益相关者也不断地在摸索中成长，在学习中壮大，在总结中规范。

步道是连接文明与荒野的纽带，是休闲时代重要的绿色基础设施，是体验经济时代诗和远方的载体，是美好生活时代所需要的身心赋能平台，是全民健身与全域旅游深度融合的必然要求，也是我国经济社会发展到特定阶段的产物！大力推动登山健身系统建设，是不断满足人民群众日益增长体育需求的有效途径，是促进体育事业全面协调可持续发展、建设体育强国的必然选择。

国家登山健身步道系统是一个复杂系统，具有多样性、层次性、综合性的特征，其开发管理是一项需要政府推动、公众参与、经济基础作后盾、科学技术为导向的庞大系统工程。随着我国社会经济和城市化的快速发展，国民对户外休闲游憩需求和生活品质要求的不断增长，发展步道是解决我国人多地少，人地矛盾突出、公共体育空间缺乏等问题的有效途径，我国应高度重视国家登山健身步道系统的研究和建设。

鉴于我国登山健身步道系统发展和发育程度不高，相关经验贫乏，对步道的理论研究与实践工作还十分零散和薄弱，远远不能满足社会经济发展和国民户外休闲游憩的需要。就当前的国家登山健身步道建设而言，如何将步道规划较好地整合到我国当前城乡规划体系之中？步道在用地来源、组成与控制、平衡发展等方面将面临哪些问题与挑战？步道建成之后如何建立长效运营管理机制并且避免出现“重建设、轻管理”的现象？如何最大限度地发挥步道在全民健身和生态环保等方面的功能？这些都是当前及今后需要思考和解决的问题。因此，国家登山健身步道系统可持续发展研究具有十分重要的理论意义和实践价值。

本书以国家登山健身步道系统为研究对象，广泛挖掘和科学吸收、利用已有理论资源，界定国家登山健身步道系统的内涵，回顾国家步道系统（NTS）理论发展脉络及其关注点的演变，分析我国 NTS 发展环境与建设成效，识别国家步道系统可持续推进的障碍因素，解析我国国家登山健身步道系统构成要素、内在动力、约束条件、影响因子与决定因素，系统地构建国家登山健身步道系统协同治理与长效运行机制的理论框架，基于国情并借鉴其他国家和地区经验，提出国家登山健身步道系统可持续发展的政策建议。

本书为国家教育部人文社科基金项目（项目编号：14YJA890026）研究成果。赵伟教授撰写了第一章第一至第三节、第八章；梁强教授撰写了第一章第四节、第三章第二节、第四章第四节、第五章第一和第五节、第七章第一节；宋杨副教授撰写了第二章第一节、第四章第二节；天津商业大学宝德学院刘义老师撰写了第三章第四节。参与课题研究报告撰写的还有：天津财经大学 2017 级硕士研究生张建文（第五章第四节、第六章第一节）、赵祎然（第五章第二节）、朱卓（第五章第三节）、胡莎（第六章第二节）、秦鹏（第七章第三节）、李健（第二章第二节）；天津财经大学 2018 级硕士研究生孔璐（第三章第一节）、王笑宁（第四章第一节）、于金汐（第四章第三节）、张琪（第三章第三节）；天津体育学院 2018 级硕士研究生彭显明（第七章第二节）。同时感谢“博观致远户外休闲研究院”其他成员在文献整理和课题调研阶段做出的富有成效的工作。此外，要特别感谢山东社科院韩宪平老师，笔者第一次正确地将“步道”与“布道”区分开来，得益于韩老师在《山野》杂志上的专题文章，他很早就在博客上分享国际步道系统的前沿信息，是名副其实的步道“布道者”。在本书的编写过程中，笔者参考了国内外许多学者的相关研究成果，并在书后列出了主要参考文献，在此一并表示感谢。

2019 年 10 月于天津财经大学

目　录

第一章　绪论

第一节　选题依据

国家登山健身步道（National Trails System，NTS）是由国家体育总局批准，由国家体育总登山运动管理中心、中国登山协会负责审核与认证，是贯彻落实《全民健身计划》的重要平台，是发展公共体育设施的重大品牌工程。2010 年 5 月，中国登山协会制定颁布了《国家登山健身步道标准（修改版）》。自 2009 年至今，先后在浙江、山西、河北、广西、湖北、内蒙古、新疆、湖南等省份建成数十条国家登山健身步道，总长超过 1900 公里。为国民提供体育休闲设施及塑造国家优良户外游憩空间的国家步道系统和促进区域内体育、旅游及文化等各项事业发展产生了显著的效果。

一、登山健身步道：连接文明与荒野的绿色基础设施网络

“Trail”在国内通常被翻译为“步道”“游径”“小道”等。以登山为基本方式，在山地上修建的以健身为目的的步道为登山健身步道。国家登山健身步道是指一个区域内所有登山步道的连接及其附属区域、设施的总和。山径是连接文明与荒野的纽带，步道是经过细致踏查与缜密规划而铺陈的，它将个人与团体联合起来，为政府与民众的合作提供了平台，让每个置身户外的人都能够安心而自由地享受自然之美（韩宪平，2010）。随着我国社会经济快速发展，国民休闲时间的增加，户外游憩活动的日渐火爆，以及便利而频繁地回归自然和接触自然需求的日趋强烈，呼唤着我国国家步道系统的发展。国家步道系统是一种重要的国民休闲设施及空间。我国自然文化资源丰富多样，有着异常丰富的步道资源，如丝绸之路、茶马古道等，为国家步道系统开发建设奠定了极好的资源条件（余青，

2010）。胡春姿（2008）首次对美国国家步道系统从步道的概念和发展简史、审批与建立、管理体制和经营发展特点等方面进行了较为完整的介绍。徐克帅、朱海森（2008）介绍了英国的国家步道系统，包括其发展历史，建立国家步道系统的宗旨和原则，路线设置、景观廊道、设施、服务、信息和标识六方面的标准，总结出英国国家步道系统的目的是保护自然文化遗产和满足国民游憩需求，具有公益性、协调性、信息化的特点。林盛兰、余青（2010、2013）对美国国家步道系统法案进行了解读，对其法案的产生发展过程、法案内容框架以及法案重点内容等方面进行了论述，并对美国国家步道系统发展现状及特点进行了探讨。

虽然我国步道系统的发展起步较晚，但是发展迅速。从2010年中国登山协会颁发《国家登山健身步道标准实施细则》，浙江宁海建成首条国家登山健身步道，到2014年国务院印发《关于加快发展体育产业促进体育消费的若干意见》把全民健身上升为国家战略，再到2018年国家体育总局、发展改革委等12部委联合印发《百万公里健身步道工程实施方案》。伴随着我国国家步道系统逐渐成为体育产业中活跃的一部分，相关的理论与实践研究也成为学术界的研究热点之一。国内健身步道存在着连通性差、种类趋同、基础设施建设落后等问题（张现武，2015；曹丽雯，2019）。丁洪建、贺剑（2015）以“3S”技术为基础研究了登山健身步道的线路规划；朱雪梅（2018）以南粤古道为例，综合考量古村、古道的历史演变和价值特色，提供了一条多者互动多元化发展的模式。根据研究发现，我国步道研究虽然以良好的态势发展，但是对步道系统建设的价值体现不够明确，缺少对国家登山健身步道系统可持续发展的深入思考。

二、国际视野：发达国家国家步道系统开发与治理启示

20世纪20～50年代，随着人们对户外游憩活动需求的提出，步道的建设开始受到关注。1921年，美国林务员及地区规划师（Forester and Regional Planner）马凯（Benton MacKaye）最先提出建立阿巴拉契亚步道（Appalachian Trail）的建议，希望为城市居民建造一条连接一系列农场和荒野的步道（Thomas L. Gilbert，2008）。1923年10月阿巴拉契亚步道的第一个路段在纽约州开通，1937年完成整条步道的修建工作。美国国家步道系统（National Trails System）将“Trail”定义为：一条用于步行、骑马、自行车、直排轮、滑雪、越野休闲车等游憩活动的非机动车通道。美国国会于1958年成立户外休闲资源审查委员会（Outdoor Recreation Resources Review Commission，ORRRC）开展全国户外休闲需求研究。调查发现，90%的美国人参与了户外休闲活动，然而并没有足够的公共步道能给居

民提供远足、自行车、骑马的休闲机会（Johnson，Sandra L，2008）。1965 年 2 月 8 日，约翰逊总统发表了《自然美》（*Natural Beauty Message*）总统咨文，呼吁在全国都市和乡村地区建立一个发展和保护相平衡的步道系统。1968 年，国会正式通过《国家步道系统法案》（*The National Trails System Act*）。法案确立由国家风景步道（National Scenic Trails）、国家休闲步道（National Recreation Trails）和连接与边道连接步道（Connecting or Side Trails）共同构成国家步道系统。在随后的发展中对法案进行了不断的修订，通过对 1978 年、1983 年和 2009 年较大修订后的法案比较研究，并结合圣布里奇特（Bridget Helwig，Eric Otto，Patrick Nelson，2009）等人《国家步道系统法案问题简述》（*The National Trails System Issue Brief*）的相关研究，可以发现法案内容方面的变迁。

综合相关研究可见，发达国家的国家步道系统开发模式与运行管理机制经历了逐步发展与完善的过程，具有以下特点：①在步道研究上，由早期的个人对单条步道建设的探讨与研究，发展到了由国家机构组织对全国步道系统进行大量的相关研究。②在国家立法上，国家步道系统法案自正式出台后，经过不断的修改，在指导国家步道系统的系统化、规范化与法制化发展中发挥着重要作用。③在步道系统建设上，步道分布区域不断扩大且长度不断延伸，由一些较为零散的步道，发展成遍布全国的步道系统。④在步道管理体制上，由初期的个人和志愿者管理，发展到由政府主导，非政府组织、公众共同参与的科学而合理的管理体制。

第二节 研究意义

2018 年 3 月，国家体育总局、发展改革委、财政部、国土资源部、住房和城乡建设部、交通运输部、水利部、农业部、新闻出版广电总局、林业局、旅游局、国家标准委联合研究制订了《百万公里健身步道工程实施方案》（以下简称《方案》），为步道系统的理论研究和规划实践的顶层设计方面提供了详细的政策指导。步道系统丰富了公共体育设施、为群众提供了更多的游憩空间、拉动了体育旅游的新增长模式，对步道系统展开研究具有重要的理论意义和实践价值。

一、理论意义

随着我国社会经济和城市化的快速发展，国民对户外休闲游憩需求和生活品质要求的不断增长，发展步道是解决我国人多地少、人地矛盾突出、公共体育空间缺乏等问题的有效途径，我国应高度重视国家登山健身步道系统的研究和建设。目前，我国对步道的理论研究与实践工作还十分零散和薄弱，远不能满足社会经济发展和国民户外休闲游憩的需要。就当前的国家登山健身步道建设而言，如何将步道规划较好地整合到我国当前城乡规划体系之中？步道在用地来源、组成与控制、平衡发展等方面将面临哪些问题与挑战？步道建成之后如何建立长效运营管理机制并且避免出现“重建设、轻管理”的现象？如何最大限度地发挥步道在全民健身和生态环保等方面的功能？这些都是当前及今后需要思考和解决的问题。

二、实践价值

《百万公里健身步道工程实施方案》提出：“到 2020 年，力争在全国每个县（市、区）完成 300 公里左右健身步道建设，以此为载体，推动全民健身活动广泛开展，带动县域经济发展，助力脱贫攻坚，决胜全面小康。”国家登山健身步道系统的建立既能提升我国公共体育游憩空间服务品质，也顺应了低碳时代发展的需要。依照《全民健身计划》的精神以及建设“美丽中国、和谐社会”的目标愿景，我国应及时启动并不断提升步道建设力度与速度，力争早日建成可媲美欧美国家步道的国家步道体系。

综上所述，国家登山健身步道系统可持续发展的研究具有十分重要的理论意义和实践价值。

第三节　研究设计

一、研究目标

本书以国家登山健身步道系统为研究对象，广泛挖掘和科学吸收、利用已有理论资源，界定国家登山健身步道系统的内涵，回顾国家步道系统理论发展脉络及其关注点的演变，分析我国国家步道系统发展环境与建设成效，识别国家步道系统可持续推进的障碍因素，解析我国国家登山健身步道系统构成要素、内在动力、约束条件、影响因子与决定因素，系统构建国家登山健身步道系统协同治理与长效运行机制的理论框架，基于国情并借鉴其他国家和地区经验，提出国家登山健身步道系统可持续发展的政策建议。

二、研究内容

（1）国家步道系统理论脉络演变与国际实践多案例解析。本书旨在从理论演进视角推动国家步道系统理论基础的发展，对国家步道系统功能、作用、发展历程进行论述，并将其转化为我国步道规划与实践的理论指导。步道和国家步道系统的开发与管理是一个综合系统工程，其中涉及体育学、管理学、景观学、生态学等多种学科的多种理论。从典型多案例视角对欧美等国家步道系统进行深入分析，以期比较全面、系统地探究国家步道系统的国际经验和启示，对我国国家步道系统的发展和建设有所借鉴和推进。

（2）我国登山健身步道系统发展环境、建设成效及障碍。本书旨在分析我国国家步道系统发展环境与建设成效，识别国家步道系统可持续推进的障碍因素。我国有着异常丰富的步道资源，为国家步道系统的开发建设奠定了极好的资源基础。2009 年至今，国家登山健身步道先后建成 11 条，总长超过 900 千米。对促进区域内体育、旅游、文化等事业发展产生了显著效果。但与发达国家相比，我国步道系统起步较晚，发展层次较低，尚未从公共产品的视角对步道开发与建设进行全面统筹，影响了综合效益的发挥。

（3）基于系统动力学的国家登山健身步道系统构建模式。本书旨在从系统角度解析我国国家登山健身步道系统构成、内在动力与约束条件。国家登山建设步道系统是一个复杂系统，具有多样性、层次性、综合性特征。其开发管理是一项需要政府推动、公众参与、经济基础作后盾、科学技术为导向的庞大系统工程。因此，在对其进行研究的过程中，应采用系统的思维方式，以整体性、层次性、动态性和开放性的原则来解决因素、动态多变的复杂系统。

（4）国家登山健身步道系统协同治理与长效运行机制设计。本书将建立国家步道系统利益相关者行为博弈模型，求解最佳行为的均衡策略，明确各自边界，拓展供给渠道，完善运行机制。国家步道系统开发必须遵循可持续发展理论要求，协调生态、经济、社会等各方面关系。建立国家登山健身步道系统要坚持政府为主、市场为辅、各种力量相互配合的策略，形成自上而下与自下而上的区域调控与协作管理机制，分阶段、分主体、相互融合的职能分工体系，逐步完成从政府主导到市场参与，再到全民参与的步道建设和管理机制。

（5）推进国家登山健身步道系统可持续发展的政策建议。启动国家步道系统相关立法工作旨在通过法案建立国家步道标准与规范，以法律形式确立国家步道系统在体育公共服务体系中的重要地位，为国家步道的健康、可持续发展提供法律保障。在战略层面，应该从顶层设计和战略高度重视国家步道系统发展；在制度层面，要成立国家步道系统管理机构，进行宏观指导与协调；在学术层面，积极构建具有中国特色的步道理论以指导步道实践工作；在实践层面，应该逐步开展不同类型的步道实证研究工作，最终构建国家步道系统。

三、重点和难点

研究重点在于“基于系统动力学的国家登山健身步道系统构建模式”和“国家登山健身步道系统协同治理与长效运行机制设计”。研究难点是从系统角度出发解析我国国家登山健身步道系统构成、内在动力与约束条件，并通过多案例实证分析，提供国家登山健身步道可持续发展的典型机制，提出国家登山健身步道系统协同治理与长效运行的最优制度设计。其难度在于：

（1）国家登山建设步道系统是一个复杂系统，具有多样性、层次性、综合性特征，其开发管理是一项需要政府推动、公众参与、经济基础作后盾、科学技术为导向的庞大系统工程。

（2）如何建立长效运营管理机制，避免出现“重建设、轻管理”的现象，最大限度地发挥步道在全民健身和生态环保等方面的功能，需要建立国家步道系统利益相关者行为博弈模型，求解最佳行为的均衡策略，明确各自边界，拓展供给渠道，完善运行机制。

四、研究方法

本书依照研究目标和内容，研究架构如图 1－1 所示，主要采用研究方法如下：

（1）文献资料方法。通过文献回顾、评述与借鉴，对搜集的文献、资料进行整理、消化和吸收，在广度和深度上把握本书的国内外最新研究现状；从相关领域进行文献研究，通过认真科学的梳理以便对关键变量的提取、关系假设和理论模型建构提供理论指导。

（2）问卷调查法。为摸清国家步道系统发展现状及其可持续发展难点与诉求，本书按照问卷研究方法关于问卷设计的基本要求，设计了《国民对登山健身步道的认知调查问卷》。并采用主观评价法对编制完成后的问卷内容进行了效度检验，采用再测法对问卷信度进行检验。采取电子问卷的方式请人填写问卷获取样本数据。

（3）案例研究方法。采用多案例研究的方法，考察国际标杆，对欧美等国家步道系统进行深入分析，以期比较全面、系统地探究国家步道系统的国际经验和启示，识别国家步道系统规划与建设的关键成功因素，对中国国家步道系统的发展和建设有所借鉴和推进。

（4）系统分析方法。国家登山建设步道系统是一个复杂系统，本书采用系统的思维方式，即以整体性、层次性、动态性和开放性的原则来解决多因素、动态多变的复杂系统。从系统角度解析我国国家登山健身步道系统构成、内在动力、约束条件及影响因子。

（5）行动者网络分析。首先基于行动者网络理论视角，梳理登山健身步道系统长效运行背后的人类、非人类行动者，进行国家登山健身步道系统行动者网络要素分析，确立登山健身步道系统长效运行的强制通行点。其次通过问题界定、利益赋予、征召和动员四个阶段进行行动者网络转译。最后提出国家登山健身步道系统长效运行的行动者网络多元共治体系。

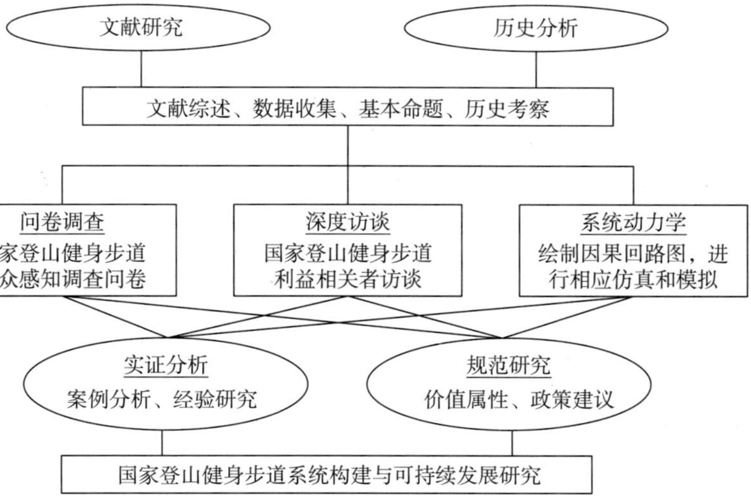

图1－1 研究架构

五、创新之处

（1）从理论演进视角对国家步道系统的功能、作用、发展历程进行解析，将其转化为我国步道规划与实践的理论指导。

（2）从系统角度解析我国国家登山健身步道系统的构成、内在动力与约束条件，并通过多案例实证分析，提供国家登山健身步道可持续发展的典型机制，提出国家登山健身步道系统协同治理与长效运行的最优制度设计。

（3）基于国情并借鉴其他国家和地区经验，提出推进国家登山健身步道系统可持续发展的立法建议，推动以法律形式确立国家步道系统在体育公共服务体系中的重要地位，以期为国家步道的健康、可持续发展提供法律保障。

第四节　研究述评

本书利用文献计量的方式，借助 Cite Space 工具，绘制步道研究的知识图谱，对我国目前步道的研究做全面的回顾和总结，以更客观的视角全面揭示该研究领域的发展趋势。

一、数据来源与研究方法

（一）数据来源

本节研究的数据来源于中国知网数据库（CNKI），笔者以“步道”为主题，通过跨库检索的方式，剔除“会议、报纸、年鉴、专利、标准和成果”，共检索出 1882 条信息。为了保证信息具有参考价值，阅读每一篇文献的摘要，筛选含有摘要、关键词、参考文献的文献，去除不符合主题的文献，最终获得 172 篇有效文献。文献检索日期为 2018 年 9 月 29 日。Cite Space 工具会对筛选的 172 篇文献数据进行格式转换，在格式转换过程中可以进行数据处理，有效去除重复数据信息，有利于后续的分析研究。

（二）研究方法

科学知识图谱是一种以科学知识为计量研究对象，将复杂的科学知识通过可视化的方式呈现科学知识的发展进程与结构关系，揭示科学知识的研究进程与演进规律①。Cite Space 是国际著名信息可视化专家、美国德雷塞尔大学信息科学与技术学院陈超美教授研发的一个用于分析和可视共线网络的 Java 应用程

① 陈悦，刘则渊．悄然兴起的科学知识图谱［J］．科学学研究，2005（2）：149－154.

序。主要功能可以找出学科领域演进的关键路径，快速识别某个研究领域的经典文献、关键点文献，辅助科学研究活动中的文献综述，分析学科热点和前沿。

本节主要采用文献计量分析法和内容分析法，同时结合 Cite Space 工具对检索的有效文献进行作者和机构合作网络分析、关键词共现网络分析，从而客观科学地得到步道研究现状及发展趋势。

二、统计结果与数据分析

（一）文献时间分布

通过图 1－2 的趋势线可知，有关步道文献的发文量总体呈现上升趋势。2005 年之前发文量处于散乱状态，7 年的发文总量仅仅为 5 篇；在 2006～2008 年，发文量呈现平稳状态；由于胡春姿（2008）首次将步道概念引入中国，2010 年中国登山协会颁发《国家登山健身步道标准实施细则》，因此在 2009～2015 年该研究领域进入快速发展时期；虽然在 2016 年的时候该领域研究热点稍有下降，但在 2017 年对于步道研究呈现爆发式增长，增长迅速，2018 年为不完整发表年度，发文量统计不完全，因此发文量呈现低贡献率状态。综上所述，我国步道的研究仍然处于起步阶段，伴随着政策红利及全民健身热潮带来的强烈需求，未来会产生更多的研究成果。

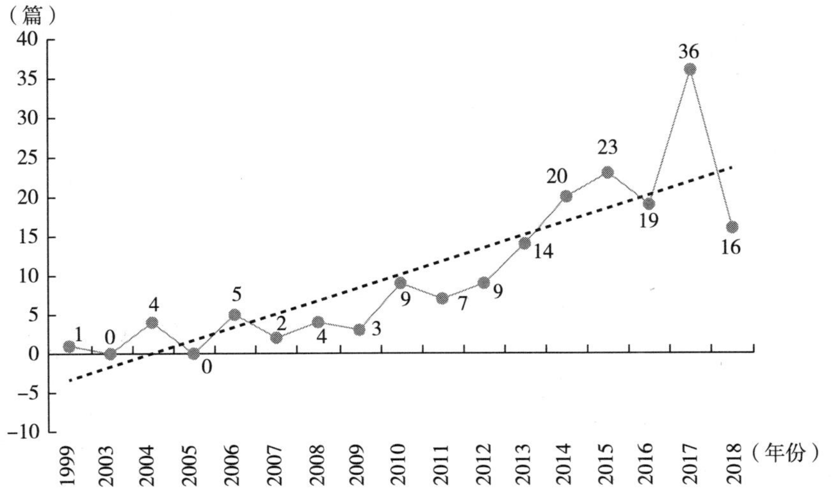

图 1－2 中国步道文献年度发文量及趋势

（二）学科及机构分布

1. 学科分布

通过对文献的学科类别划分，有助于观测步道研究的学术分布状态；有助于探究学术研究的核心；有助于掌握研究的侧重点。本书结合中国知网的计量分析工具，选取了排名前8的学科对步道的相关论文进行学科分布研究。如图1－3所示。

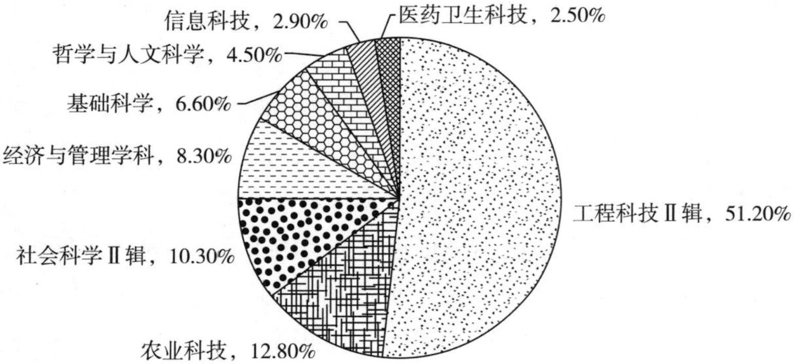

图1－3　步道文献学科分布

通过对数据的分析可以看出，目前国内有关步道的文献主要分布在工程科技Ⅱ辑、农业科技、社会科学Ⅱ辑等学科。其中工程科技占据了所有学科领域的半壁江山，约为51%。可以看出，对于步道的研究在工程科技发展较快，说明我国的步道系统侧重于建设规划，发展并不成熟。研究表明，步道不仅在研究上整体呈现出多学科融合的特征，同时，步道在经济社会当中的功能是多元化的，体现了某个区域的人文特点，体现了一个地区经济发展水平的高低。

2. 机构分布

基于1999～2018年的数据信息，节点类型选择Institute，为了获得更多研究机构信息，把参数设置区的Thresholds（阈值）默认值调小，也就是说对节点出现次数和关系强度降低，不对网络进行裁剪。运用Cite Space对机构分布进行分析，步道研究的科研机构及机构间合作关系进行统计，有助于发现机构分布及之间合作的强度。如图1－4所示。

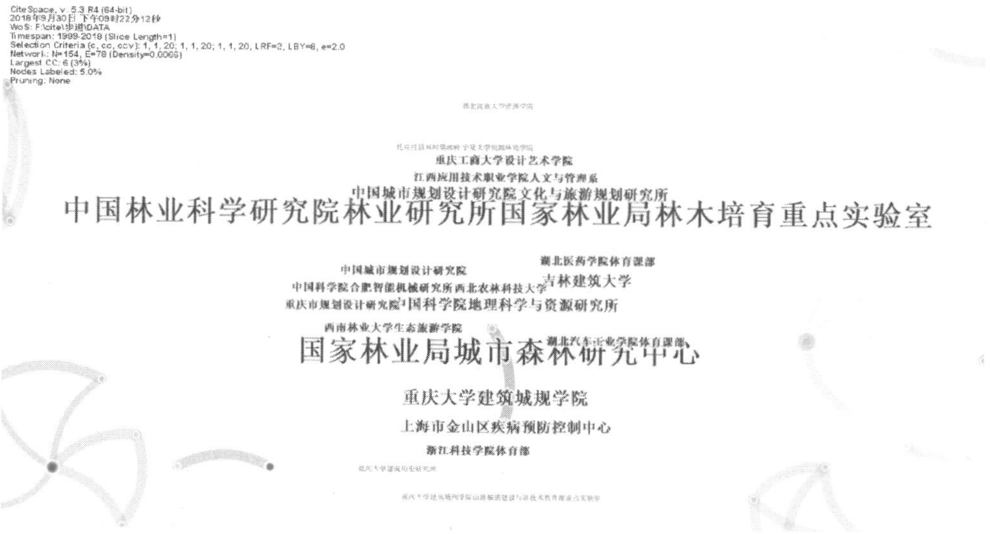

图 1－4　步道研究机构分布

中国步道研究机构的分布主要集中在国家林业局，如中国林业科学研究院林业研究所国家林业局林木培育重点实验室、国家林业局城市森林研究所、中国城市规划设计研究院文化与旅游规划研究所，年份主要集中在 1999 年。最近几年，一些高等院校对步道的研究逐渐增多，如重庆大学建筑城规学院、吉林建筑大学、重庆工商大学设计艺术学院、西北农林科技大学等。由此可见，我国高等院校在步道研究中发挥着重要的作用，强有力地推动我国步道系统学术研究进步及实际规划发展，从广度和深度上双引擎助推我国步道系统的建设。

（三）作者合作网络分析

通过对作者进行合作网络分析，可以发现步道研究领域的核心作者群。本书运用 Cite Space 对作者合作网络进行分析时，在 Cite Space 功能区的 Node Types 中选择 Author，对得到的网络进行聚类，如图 1－5 所示。

图 1－5 为核心作者合作关系图谱。从全局来看，由于我国步道系统还没有形成规模，对该领域的研究匮乏，学者之间的分布比较分散，合作网络尚未完全建立起来，作者的合作关系和创新能力有待加强；部分来看，曹丽雯、郄光发与姜莎莎、丁洪建与贺剑等学者在各自的研究方向之间形成了合作网络，同时，王慧、吴明添、余帆等学者依托自己的研究背景在步道研究领域也做了深入研究。

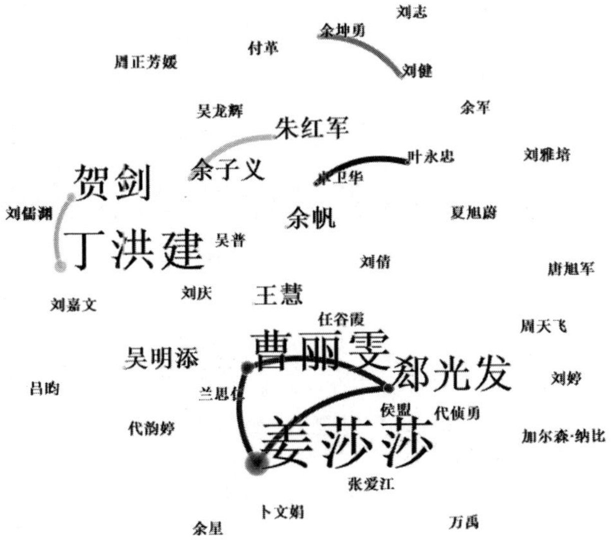

图 1－5　步道研究作者合作关系

1. 对步道现状问题的研究

余子义、朱红军从设计功能、定义及类型、规划与管理和保护与开发这四个方面把我国健身步道与国外健身步道的发展现状进行了比较研究①。认为我国对于步道定义不清晰，步道分类不明确；我国健身步道的规划管理系统不够健全；步道的开发与保护的力度不够大；没有统一的步道信息管理平台。范勇、苗波涛和赵兰勇对步道的价值体现有了更深的认识②，并强调要培育步道文化，体现步道的多元价值。

丁洪建、贺剑和刘剑箫从发展阶段、法律依据、等级划分、技术特点四个方面分析了中美步道规划建设上的差异，并根据美国国家步道系统建设经验对步道的概念进行了界定，认为步道是具有步行等多种户外休闲用途的通道，并与风景道相衔接（不同于绿道、景区游步道、历史街区游步道及商业步行街道），部分步道路段可以兼容 2～3 种休闲用途；对步道分类做出指引，认为步道分为登山步道、滨水步道、历史步道、山地自行车道和风景道；并且对步道的服务设施划

① 余子义，朱红军．国内外健身步道发展现状比较研究［J］．体育文化导刊，2016（4）：134－137.

② 范勇，苗波涛，赵兰勇．中国国家步道建设及发展状况概述［J］．山东林业科技，2014，44（5）：111－114.

分了三个等级：综合服务驿站、服务驿站、服务节点[①]。

整体上看，我国步道系统的顶层设计不完善、理论研究匮乏、步道认知度不足，步道的研究需要紧跟快速的步道建设步伐。

2. 对步道建设规划的研究

丁洪建在步道规划建设方面有深入探究，基于 ArcGIS 空间分析工具和层次分析法构建步道建设适宜性评价的技术方法，并成功应用于北京昌平国家登山健身步道规划实践之中[②]。丁洪建与贺剑以“3S”技术为支撑，结合北京顺义五彩浅山国家登山步道案例对步道规划实践进行了探讨研究[③]。我国步道建设还不成熟，理论研究与规划实践都至关重要。相关的实践规划案例研究对我国步道建设有较高的应用价值，同时对于完善步道建设标准具有重要的指导意义。

3. 对空中森林步道的研究

曹丽雯、郄光发和姜莎莎则聚焦于空中森林步道的研究分析，在概述国内外空中森林步道建设与发展概况的基础上，阐述了空中森林步道的四个特点：生态康养价值高、适宜人群广、景观丰富度高、安全性高。在空中森林步道特点分析的基础上进一步对空中森林步道承载功能进行了探究，包括视觉景观功能、运动游憩功能、康养功能、科普教育功能四个方面[④]。我国山地资源丰富，健身步道布局空间广阔，空中森林步道在步道发展历程中成为重要一笔，满足群众的健身需求的同时也满足了亲近山水感受自然的需求，从登山步道到空中森林步道的跳跃为我国步道系统的建设找到了新的发展道路，对今后空中森林步道的建设具有指导意义。

4. 对公园游步道设计的研究

吴明添对山地公园游步道的设计表现出极大的关注，卜文娟、陆净岚对湿地公园游步道进行了探索。他们认为公园游步道设计应该遵循生态、功能、融合和艺术四个原则，并结合具体案例进行了探讨，卜文娟、陆净岚以杭州西溪国家湿地公园为例展开探讨，而吴明添以福州市金鸡山公园游步道设计为例进行研究。

---

① 丁洪建，贺剑，刘剑箫．中美比较视角下的北京市步道系统规划探索［J］．规划师，2017，33（2）：98－103.

② 丁洪建．基于 GIS 的国家登山健身步道的建设适宜性评价——以北京昌平国家登山健身步道规划为例［J］．城市发展研究，2015，22（9）：109－114.

③ 丁洪建，贺剑．国家登山健身步道线路规划研究——以顺义五彩浅山国家登山健身步道规划为例［J］．城市发展研究，2015，22（1）：45－50＋65.

④ 曹丽雯，郄光发，姜莎莎．空中森林步道发展概况与功能特点分析［J］．世界林业研究，2019（1）：1－6.

对于游步道的设计，学者们在生态保护方面有一致意见，同时吴明添认为步道设计还应该从人性化角度出发[①]，卜文娟则认为在步道设计应该体现在旅游行为上[②]。因此，在公园游步道设计方面，应该从游客角度出发，充分考虑环境、技术等因素，把游人在游览中体验的美最大化展现出来。

5. 对滨水步道空间的研究

余帆、汤晓敏（2015）界定了滨水步道空间概念，认为滨水步道空间是以滨水的游步道为主体，包括步道两侧的水体、植物、场地、建筑物、景观小品及景观配套服务设施所共同构成的为人们提供散步等游憩活动、具有城市历史文化内涵及自然生境的线性空间[③]。吕昀、袁敏和许建分析并归纳了节点空间的典型元素，概括空间节点的设置，总结空间节点的营造原则[④]。在城市滨水步道的建设方面，水、植物、墙、桥、建筑物、道路等元素需要进行系统分析，有机组合，既要满足人们对游憩需求，还需要结合历史文化元素合理开发。

6. 对步道游憩冲击的研究

在步道对游憩资源的冲击方面，众多学者都做了深入研究。叶永忠等就旅游步道对群落种类、盖度等的影响做了系统研究，并以河南龙池曼自然保护区进行为期两年的实地调研，发现旅游对于步道两侧草本层灌木层的盖度影响最大，对物种种树影响较小[⑤]。刘儒渊、曾家琳对塔塔加步道游客游憩造成的游憩冲击进行了长达 14 年的调研，发现植群冲击指数与步道截面的土壤冲击量都可以作为游憩冲击程度的评估标准[⑥]。加尔森·纳比、阿娜尔古丽·马乃分析了徒步步道对草原生态的影响与保护措施，认为在拉动区域旅游业态的同时要注重步道的清洁[⑦]。我国步道系统发展迅速，建设与管理需要双手一起抓，管控对生态的冲

---

① 吴明添. 山地公园游步道设计探讨——以福州市金鸡山公园为例［J］. 福建建筑，2013（7）：49－51.

② 卜文娟，陆诤岚. 湿地公园游步道设计的探讨——以杭州西溪国家湿地公园为例［J］. 人文地理，2009，24（4）：110－114.

③ 余帆，汤晓敏. 上海苏州河滨水步道空间界面特征［J］. 上海交通大学学报（农业科学版），2015，33（5）：60－67.

④ 吕昀，袁敏，许建和. 浅议城市滨水步道空间节点［J］. 华中建筑，2008（10）：146－147＋157.

⑤ 叶永忠，田自强，朱选伟，卓卫华，白林，李灵军. 旅游步道对保护区群落结构的影响［J］. 河南科学，1999（S1）：65－67.

⑥ 刘儒渊，曾家琳. 登山步道游憩冲击之长期监测——以玉山国家公园塔塔加步道为例［J］. 资源科学，2006（3）：120－127.

⑦ 加尔森·纳比，阿娜尔古丽·马乃. 徒步步道对草原的影响及保护措施分析［J］. 农民致富之友，2015（24）：249.

击，有利于步道的可持续发展。

综上所述，余子义和朱红军等学者通过国内外步道系统发展现状对比分析，为我国步道的持续发展做出了重要启示。丁洪建与贺剑等学者主要聚焦于步道的规划建设，对步道定义、分类和规划的界定，为我国步道研究的理论框架和实践探索起到了重要的指导作用。曹丽雯、郄光发、姜莎莎、吴明添、余帆和汤晓敏等学者分别从空中森林步道、公园游步道、滨水步道进行了研究分析，对同类型的步道建设具有较高的借鉴意义，叶永忠、卓卫华、刘儒渊、曾家琳和加尔森·纳比等学者在步道游憩冲击方面做了深入研究，在步道游憩冲击和游客管理起到宝贵参考价值。

（四）关键词共现分析

对 CNKI 中所选取的文献进行关键词共现分析，能有效获取步道研究领域的研究热点。通过 Ctie Space 选取 1999 ~ 2018 年，关键词进行共现分析，得到图 1 - 6 关键词共现图谱，其中关键节点越明显，所代表的关键词越是步道研究热点，在整个研究网络中也就越重要。

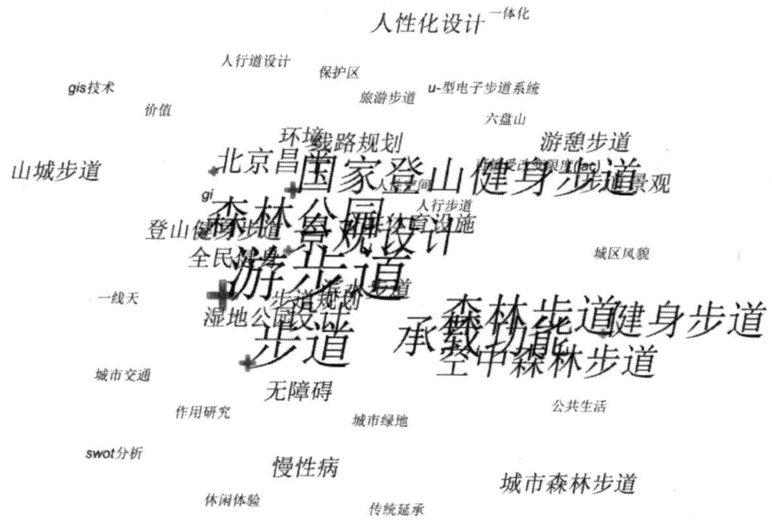

图 1 - 6 步道研究关键词共现图谱

中心度可以衡量该关键词节点在网络中重要性的一个重要指标，一个节点的中心度越高代表与其他节点的联系越多，可以作为其他节点的中介或转折点。对图 1 - 6 中出现的关键词进行中心度排名统计。如表 1 - 1 所示，可以清晰、精确地发现重要的关键词。同时，我们也发现我国步道研究热点整体呈现出零星散乱状态，作者的合作网络较少，关键词的中心度也相对较小，并没有成为一个完整理论框架。

表1-1 关键词按中心度排名统计

关键词	中心度	年份
游步道	0.07	2012
湿地公园	0.04	2016
步道	0.03	2006
森林公园	0.02	2007
全民健身	0.02	2016
景观设计	0.01	2013
国家登山健身步道	0.01	2014
设计	0.01	2013

关键节点的重要性体现在以这类关键词为中心的辐射范围大小，也就是共词频率的高低。如图1-7所示，显示了步道研究核心位置的关键词，关键词共现图谱基本以游步道、森林公园、步道、森林步道、国家登山健身步道等关键词为中心。从关键词共词角度来看，如图1-8与图1-9所示，游步道与湿地公园设计、景观设计、森林公园、全民健身等关键词共词频率高，国家登山健身步道与公共体育设施、线路规划、环境等关键词共词频率高，国家登山健身步道与公共体育设施、线路规划、环境等关键词共词频率高。其中国家登山健身步道与公共体育设施有关联，显然登山健身步道对于我国全民健身战略的实施有重要作用。

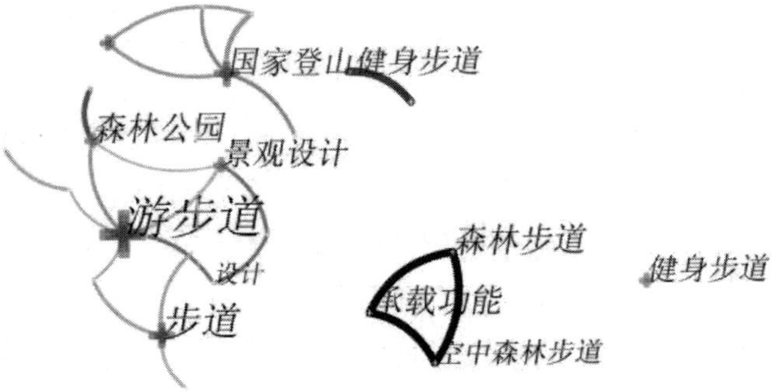

图1-7 核心关键词图谱

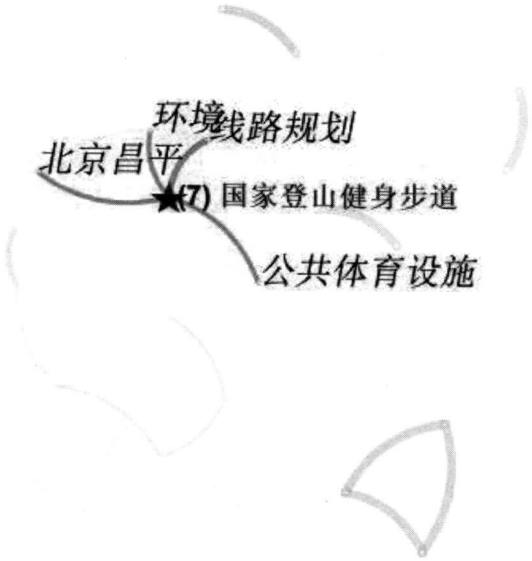

图 1-8 核心关键词图谱

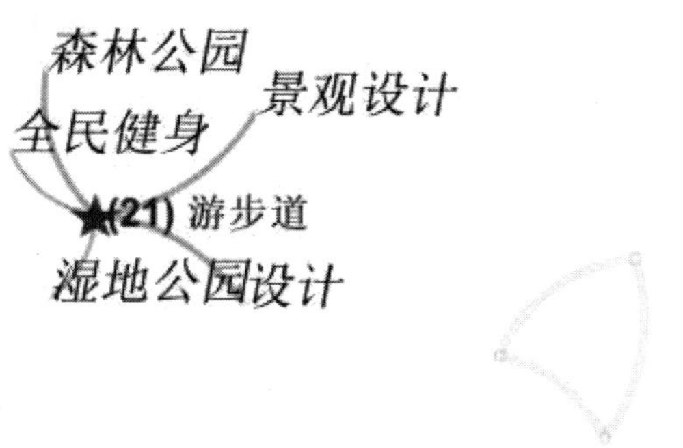

图 1-9 高频共词图谱

三、研究趋势分析

利用视图方式 Timezone 时区图，可以发现步道研究领域的演进轨迹与趋势。通过 Cite Space，选择从中国知网数据库获取的文献信息对步道研究演变过程进行分析。由于 2005 年之前发文量处于散乱状态，7 年的发文总量仅仅为 5 篇，Timezone 时区图分析的步道研究热点很少，而且没有延续。因此按照所下载的数据选择区间为 2006 ~ 2018 年，并对数据进行切分，时间切片为 2，得到图 1 – 10。

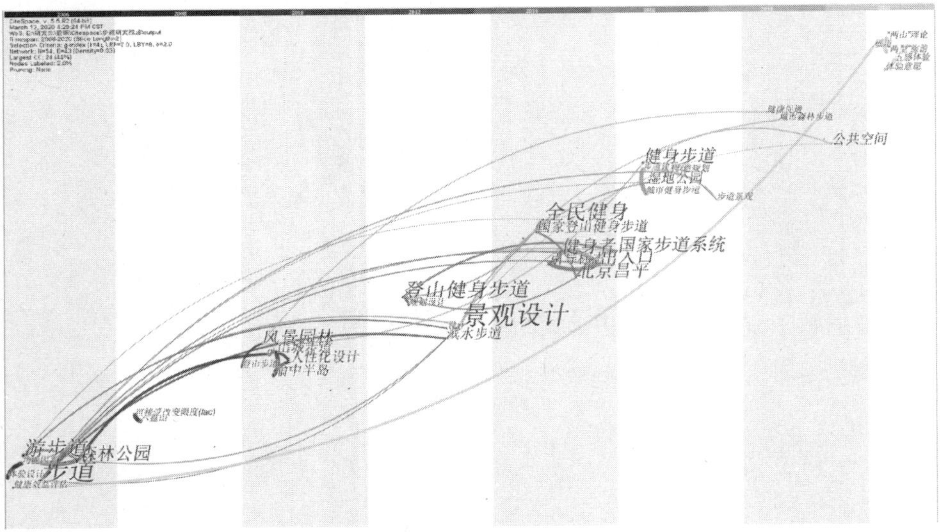

图 1 – 10　步道研究前沿 Timezone 时区

图 1 – 10 中显示了关键词与主题词的时间分布，根据主题词的演进，发现步道、游步道等关键词早期被提出，并作为步道研究热点沿用至今。我国的步道研究发展迅速，根据时区图谱显示，可以分为三个发展阶段 2006 ~ 2010 年、2011 ~ 2015 年、2016 ~ 2018 年三个阶段，如表 1 – 2 所示。

表 1 – 2　研究热词演变

时间区间	研究热词
2006 ~ 2010 年	步道、游步道、森林公园、冲击检测
2011 ~ 2015 年	山城步道、游憩步道、文化视角、景观设计、设计、人性化、滨水步道、规划设计、登山健身步道、国家登山健身步道
2016 ~ 2018 年	全民健身、户外运动、公共体育设施、空中步道、健身步道、城市森林步道、城市健身步道、电子步道、体育旅游、步道景观、湿地公园

第一阶段：2006～2010年是初步发展期。步道研究的关注点比较少，集中在步道、游步道、森林公园等主题上，但是从步道受众、步道功能、步道设计等角度都展开了研究。如邓英是从山城步道的角度出发，着重对重庆空间环境的设计研究，对城市交通、旅游、健身和休闲等功能有积极影响①。李沁和吴明添则关注森林公园游步道设计，以森林公园为载体，充分考虑景观、审美、体验、功能等要素来建设步道，并一致认为以人为本是步道设计的核心理念②③。刘儒渊和曾家琳从登山步道对环境冲击的影响角度进行了探究④，钟林生、柴江豪、谢婷和石强则是把步道作为景区基础设施，从旅游活动对景区步道造成的冲击方面进行了研究⑤。由此可见，随着胡春姿首次将步道概念引入中国之后⑥，步道研究逐渐频繁，对接下来我国步道的发展起到重要指导作用，有助于提供步道生命力。

第二阶段：2011～2015年是规范发展期。2010年中国登山协会颁发《国家登山健身步道标准实施细则》，同年宁海召开国家登山健身步道全国现场会，宁海国家登山健身步道是中国第一个符合国家标准的登山健身步道，这使我国的步道建设更普及更规范，步道研究倾向于登山步道和国家登山健身步道的景观设计、人性化设计和标准化设计。朱报国等学者都在滨水步道的景观设计方面做了深入研究⑦，邹好苓、康惟和刘云军从实际出发结合丹东市山水特点对百公里健身步道进行了系统规划⑧。丁洪建深入研究了国家登山健身步道的规划建设，并以北京昌平和顺义的国家登山健身步道为案例，深入挖掘“3S”技术在国家登山健身步道建设上的应用价值⑨⑩⑪。朱忠芳基于文化视角在森林公园游步道建设

---

① 邓英，黄耘．重庆步道空间环境设计探索［J］．装饰，2006（9）：113－114.

② 李沁．森林公园游步道体验设计的探讨［J］．山西林业科技，2006（3）：55－56.

③ 吴明添．森林公园游步道设计研究［D］．福建农林大学，2007.

④ 刘儒渊，曾家琳．登山步道游憩冲击之长期监测——以玉山国家公园塔塔加步道为例［J］．资源科学，2006（3）：120－127.

⑤ 钟林生，柴江豪，谢婷，石强．旅游活动对黄石寨景区步道的影响评估［J］．地理研究，2008（5）：1071－1077.

⑥ 余子义，朱红军．国内外健身步道发展现状比较研究［J］．体育文化导刊，2016（4）：134－137.

⑦ 朱报国．滨水步道景观设计研究［D］．上海交通大学，2012.

⑧ 邹好苓，康惟，刘云军．丹东百公里健身步道规划设计［J］．农业科技与信息（现代园林），2014，11（7）：56－61.

⑨ 丁洪建，贺剑，刘剑箫．中美比较视角下的北京市步道系统规划探索［J］．规划师，2017，33（2）：98－103.

⑩ 丁洪建．基于GIS的国家登山健身步道的建设适宜性评价——以北京昌平国家登山健身步道规划为例［J］．城市发展研究，2015，22（9）：109－114.

⑪ 丁洪建，贺剑．国家登山健身步道线路规划研究——以顺义五彩浅山国家登山健身步道规划为例［J］．城市发展研究，2015，22（1）：45－50＋65.

的基础上开发游步道产品①。步道规范化研究对于步道理论体系完善和建设规划实践具有重要意义，文化 IP 的引入为步道的发展提供了强大活力。

第三阶段：2016～2018 年是快速发展期。2016 年，国务院印发《全民健身计划（2016—2020 年）》，同年李克强总理提出旅游、文化、体育、健康、养老五大幸福产业的概念，并由国务院办公厅发布《关于进一步扩大旅游文化体育健康养老教育培训等领域消费的意见》。在政策红利的背景下，除了步道建设和步道景观方面的研究，步道与户外运动、体育旅游、全民健身等研究热点的关系越来越紧密。如牛小洪、余星及董杨认为步道不仅拓宽了乡村人民的视野，也提升了人们健身的意识②，吴优与张天雪认为休闲步道对户外运动领域有着深远影响③，王铭聪和陈伟把健身步道与体育旅游作为研究焦点，从太原崛围山具体层面展开研究，认为两者之间存在相互促进作用④。在快速发展时期，更多的领域会与步道融合，需要通过深入研究激活我国步道发展的创造力。

四、研究前沿

（一）步道与户外运动

步道可以作为综合性的载体。目前我国正掀起户外运动的浪潮，登山、徒步等低门槛的户外运动受到大众的热爱与追捧。通过登山步道可以把山地自行车、徒步等户外运动串联起来，并以步道为主要干线，与房车营地、自驾车营地、攀岩等户外运动相结合，形成一个综合性户外运动基地。步道的承载功能强大，适合开展各类户外运动，有利于全民健身战略的实施，可以成为人们追求幸福的幸福之路。

（二）步道与体育旅游

2018 年 6 月 29 日，国家发改委发布《关于完善国有景区门票价格形成机制降低重点国有景区门票价格的指导意见》，意味着目前旅游业必须摆脱门票“依赖症”的束缚。2018 年 3 月 16 日，国家体育总局等十二部委联合印发《百万公里健身步道工程实施方案》，我国旅游资源丰富，健身步道系统的完善可以有效

---

① 朱忠芳．基于文化视角的森林公园游步道产品设计——以福州国家森林公园为例［J］．四川林勘设计，2010（4）：40－43.

② 牛小洪，余星，董杨建．论登山健身步道与全民健身的关系［J］．当代体育科技，2018，8（12）：241＋243.

③ 吴优，张天雪．国内外休闲步道分类系统比较研究［J］．体育风尚，2017（10）.

④ 王铭聪，陈伟．崛围山登山健身步道体育旅游发展现状及对策研究［J］．当代体育科技，2018，8（8）：155－160.

地整合旅游资源，向全域旅游迈进。以步道为依托，可以保证旅游业的蓬勃发展，并与运动休闲产业融合发展，实现体旅共生的新型业态。

（三）步道与文化资本

人民的生活水平逐渐提高，更追求高质量的生活。历史遗存和人文景观是一个地区巨大的无形资产，步道的规划建设有助于挖掘当地的文化资源。通过建设步道系统与人文底蕴的融合，提升了区域的人气，满足了人们的需求，为步道系统赋能，有助于提升步道品牌价值。步道与文化资本的结合可以让步道“活起来”。

（四）步道与社会经济

步道系统对于全民健身运动起到了重要的推动作用，成为健身爱好者的专业练习场地，在此基础上，步道对于区域价值的联动效益日益凸显。依托登山健身步道开展全民健身赛事，并配套相应的服务系统，形成完善的步道体系，可以拉动区域经济效益。我国香港依托麦理浩径开展的 Vibram 香港 100 公里极限耐力跑挑战赛已成为全球最好的耐力赛之一。2009 年，我国第一条国家步道宁海步道诞生，使宁海县域形成一个大的运动旅游区域，体旅共生成为必然的趋势。体旅共生实质上就是依托步道实现消费的混合化，以不同的消费形式混同于体育旅游当中，为消费者提供更多的消费机会，不同的消费之间形成了一种互动关系，互相支持，从而推动盈利模式的优化。步道对于区域经济的拉动效果显著，“步道经济”成为我国经济新的增长点。

第二章　基本概念与理论基础

第一节　国家登山健身步道相关概念界定

一、步道、绿道、游步道的概念辨析

（一）步道的概念

步道是国家公园、国家级风景区、国家森林游乐区等范围内的人行道路并兼具登山健行活动功能的道路系统。而“国家步道”不仅仅是一条“道”，还是国家层面上的一条集文化、教育、旅游、运动、休闲、健身、环保于一体，满足群众户外运动休闲需求的线状公共服务体系。美国学者查理斯·莱特（Charles Little）认为步道是指沿着诸如山脊线、溪谷、河滨等自然走廊，或是沿着用作游憩活动的沟渠、风景道路等人工走廊所建立起的线性开敞空间，包括所有可供行人骑车者进入的自然景观线路和人工景观线路[①]。对于户外运动而言，步道（Trail）是指以步行为主，兼顾山地车、骑马等多种户外休闲用途的通道。步道是指可步行不能通车的小路，也可指马路旁的人行道。也指绿色景观线路，可供游人和骑车者徜徉其间，形成与自然生态环境密切结合的带状景观斑块走廊。美国是世界上最早规划步道建设的国家，具有成熟的步道规划建设经验。1921 年，美国林务员（Forester and Regional Planner）及地区规划师麦凯（Benton MacKaye）最先提出建立阿巴拉契亚步道（*Appalachian Trail*）的建议[②]。1968 年，林

---

① Little. C. E. Greenway for American ［M］. Washingto：Johns Hopkins University Press. Baltimore. MD，1990.

② Appalachian Trail Conservancy History ［EB/OL］. http：//appalachiantrail. org/home/about – us/history，2014 – 06 – 03.

登·约翰逊总统签署了《国家步道系统法案》(*National Trails System Act*),是美国国家步道设立、管理、投资、运营和维护的法律依据①。其中,国家风景步道与国家历史步道总长超过 86900 公里,国家休闲步道遍布全美 50 个州、哥伦比亚特区及波多黎各②。

(二)自然步道

自然步道(Natural Trail)指的是一条植物相、动物相丰富、自然景观优美,甚至拥有许多人文历史或特殊地质等背景,这是可同时兼具休闲、教育与保育功能的步道。一般国家公园均有设立自然步道,为到园参访的游客提供旅游休憩场所。对于都市居民来说,到一般市区的郊山步道、农园古道、都会公园或校园生态步道活动,也都是亲近自然、体验生态环境最简便的方法。以台北市为例,除了阳明山国家公园规划的十二条步道外,近郊有圆通寺、仙迹岩、芝山岩、军舰岩、哄哩岸、天母古道等郊山步道;大安森林公园、关渡自然公园、中正纪念堂;或是台大校园等校园生态步道,以上各类步道均可以称作自然步道。

(三)绿道的概念

绿道(Greenway)作为包含线性元素的绿色土地网络,是生态、游憩、文化、美学及交通通行多重功能复合性的规划设计及管理。"绿道"一词,在 1959 年首先由威廉姆·怀特(William H. Whyte)提出,他从现有带状空间形态"Greenbelt"中提取"Green"一词,表示自然的存在,例如森林河岸,野生生物等;又从"Parkway"中提取"WAY"的概念,表示通道,例如道路、廊道等,GREENWAY 的意思就是,同人为开发的景观相交叉的一种自然走廊③。

在景观设计中,绿道概念起源于 20 世纪 70 年代,是一种与景观相交叉的人为开发的走廊。"Green"表示绿色诸如森林河岸、野生动植物等;"Way"即道路。绿道是一种线形绿色开敞空间,一般是林荫小路,供行人和骑单车者(排斥电动车)进入的游憩线路,通常沿着河滨、溪谷、山脊、风景带等自然道路和人工廊道建立。目前,美国、英国、德国、新加坡以及国内一些地方都有比较成功的实践,如珠三角绿道网、成都绿道、武汉绿道、长沙绿道等。

---

① Interior and Insular Affairs Committee. National Trails System Act [EB/OL]. http://www.fs.fed.us/cdt/pdf_documents/natl_trails_system_house_report_no_1631.pdf, 1968-09-18.

② The Federal Interagency Council on Trails. National Trails System Annual Report for FY2013 [EB/OL]. http://www.nps.gov/nts/2013%2006MOU%20RPT%207%20Version.pdf, 2014-02-15.

③ Little C. E. Greenways for America [M]. Washington: Johns Hopkins University Press Baltimore. MD, 1990.

（四）健身步道的概念

健身步道包括登山道、健走道、骑行道等，主要开展山地运动、快走、慢跑等项目。以登山为基本方式，在山地上修建的以健身为目的的步道为登山健身步道。

健身步道是一种提供人们主要进行走、跑锻炼的道路。健身步道除了走、跑锻炼外，人们还可以在步道上进行骑自行车、轮滑、滑板的锻炼。健身步道的宽度可根据具体情况和条件而设定，其道路的一侧或两侧通常有里程数标识、健康与健身指南标识，以及其他含有高科技的身体测试和保障设施设备。有些较长的健身步道，可在起点、中途、终点等地，为锻炼者设立健身驿站。健身驿站具有休整、租赁、餐饮、测试、救助等多种服务功能。

健身步道是发展体育事业，推进全民健身的重要健身场所之一。健身步道的建设可满足城市居民的健身需求。研究表明，现代城市居民热衷于参加户外晨晚练，周末相约进行健身步行已成为时尚又环保的活动。

1. 建设类型

（1）普及型健身步道。按照国家体育总局《登山健身步道配置要求》《健走步道配置要求》《自行车骑行道建设要求》等文件要求和技术规范，普及型健身步道应具备健身步道、自行车道等项目的基本条件，如起终点、标识、路标、休息点等，可用于徒步、健步走、越野、骑行、马拉松等健身项目的开展，为广大群众健身提供便利。

（2）智慧型健身步道。在普及型健身步道的基础上（健身步道长度不少于2公里），结合互联网、云平台、大数据等技术智能装置，提升登山健身步道、健走步道、自行车道的智能化服务水平，形成以互联网为基础的体育产业新业态，对健身者锻炼的运动强度、运动量等进行科学分析并提供运动处方等，不仅要解决“老百姓去哪儿健身”的问题，也能让广大健身爱好者享受科学健身、快乐健身、文明健身的乐趣，充分体现智慧型健身步道的专业性、安全性、趣味性和便捷性。

（3）融合型健身步道。在智慧型健身步道的基础上，充分发挥“体育 +”的功能和作用，将健身步道建设与竞赛、旅游、休闲、教育、文化、扶贫、康养、科技等深度融合，重点结合当地的旅游景区、乡村旅游景点，打造体育与休闲旅游深度结合的融合型健身步道。

2. 建设标准

（1）健身步道包括登山道、健走道、骑行道等，包含森林步道、田园小径、滨水步道、环湖步道等多种形式，可用于开展徒步、健身走、慢跑、越野、骑行等户外健身项目。

（2）健身步道主要建于城郊森林公园、城市公园、绿地、河（湖）畔、山林、田园、郊区景区、庄园等区域，交通便利。建设过程中可根据不同区域地形、地貌、资源条件等，以自然要素为依托，因地制宜，利用山、林、湖、田、路等，依山、依河、依园而建，重点是便于群众健身。

（3）健身步道建设材质可包括塑胶、水泥、沥青、砖石、木栈道、石板、沙土等，建设要具备基本规划，符合就地取材、保护环境的原则。

（4）健身步道建设应以符合规范、保护环境、就地取材为原则。登山道应尽量使用原有山径古道，地势高差以坡道连接为主。可充分利用符合技术和安全要求的现有乡间道路、森林防火道、电力设施施工道等，通过整合整理，增设标志标识达到健身步道标准。

（5）健身步道应提供信息、安全、警示等标识系统，满足安全救援要求，尽可能修建在移动信号覆盖范围内。有条件可建设智慧型和融合型健身步道。

（6）步道规划中，努力增加体育元素，凸显体育特色，除了距离提示牌、健身励志语、科学健身小知识、能量消耗换算牌等内容外，城市公园及城郊健身步道沿途可配套规划小型健身场地和健身路径等。

（7）建设在有收费性质景区内的健身步道，应免费向公众开放。

（8）健身步道建设标准依据国家体育总局印发的《登山健身步道配置要求》《健走步道配置要求》。

（9）按照上述建设要求的基础上应尽量将健身步道与当地的景区景点、美丽乡村、历史文化名村、山野庄园等串联起来，充分发挥健身休闲与全域旅游化的融合特点。

二、国家登山健身步道概念界定

国家登山健身步道是指一个区域内所有登山步道的连接及其附属区域、设施的总和。是以登山为基本方式，在山地上修建的、以健身为目的的步道。国家登山健身步道的规划、设计、建设标准依据《国家登山健身步道配置要求》，该标准由中国登山协会制定。截止到 2018 年 11 月，全国共建成 23 条国家登山健身步道，总里程超过 1900 公里。

三、国家森林步道概念界定

在国家林业局公布的《国家森林步道建设规范》行业标准中，把国家森林步道定义为：穿越著名山脉和典型森林，邻近具有国家代表性的自然风景、历史文化区域，是长跨度、高品质的以徒步旅行为主的带状休闲空间。

国家森林步道是以大山系、大林区为基础的步行廊道系统。为推动国家步道体系建设，更好地满足人民日益增长的高品质多样化户外游憩需要，国家林业和草原局在大山系、大林区推动国家森林步道建设。

第一批国家森林步道于2017年9月在上海召开的全国森林旅游节发布而受到人们的广泛关注。所发布的5条国家森林步道分别是秦岭国家森林步道、太行山国家森林步道、大兴安岭国家森林步道、罗霄山国家森林步道和武夷山国家森林步道。总长度上万公里，单条步道上千公里。国家森林步道用长长的脚印，串起52处国家森林公园、27处国家级自然保护区、3处国家公园、19处国家级风景名胜区、15处国家地质公园、6处世界文化遗产地，以及众多古村古镇。徒步者沿自然小径、古道欣赏具有国家代表性的自然美景，体验荒野，在行走中亲身感受自然荒野之美、人文之美。第二批包括天目山、南岭、苗岭、横断山4条国家森林步道，全长8566公里，途经浙江、安徽、江西、广东、广西、湖南、贵州、云南、四川9个省份，沿线串联起国家公园（试点）、国家森林公园、国家湿地公园、国家级自然保护区、国家级风景名胜区、国家地质公园、世界遗产地等各类自然保护地。步道所经之处自然资源丰富多样，文化资源璀璨富集，森林湿地与雪山冰川交相辉映，民族文化与历史古迹相得益彰，沿线多处古道与森林相辅相成。至此，我国已拥有9条国家森林步道。

秦岭国家森林步道，东端位于河南南召，西端至甘肃临夏，全长2202公里。秦岭位于中国版图的几何中心，有中华脊梁之称。是黄河和长江两大流域的分水岭，南北方分界线。南北动植物荟萃，国宝大熊猫在此地集中分布。秦岭承载着中华上下五千年厚重的历史文化。

太行山国家森林步道，穿越华北地区，北端位于北京关沟古道，南端至河南神农山，全长2200公里。太行山是华北平原和黄土高原的天然分界线，温带天然林广泛分布。是华北民众走向自然荒野的最近的平台。中太行和南太行千峰耸立、万壑沟深，景观独特。穿越佛教圣地五台山、八达岭长城、抗日战争八路军总部所在地。

大兴安岭国家森林步道，南端位于最高峰黄岗梁，北端至我国北极点漠河，全长3045公里。大兴安岭是内蒙古高原与松辽平原的分水岭，黑龙江的源头。步道北段的大兴安岭林区是我国保存完好、面积最大的国有林区，最北部仍然处于原始状态。中段拥有亚洲最完整、面积最大的火山地貌景观，森林景色壮美。南段疏林优美，是第四纪冰川遗迹的绝佳观赏地。沿途森工文化、蒙古族文化和使鹿文化氛围浓郁。

罗霄山国家森林步道，南端位于江西阳岭，北端至湖南五仙山，全长 1400 公里。罗霄山脉是湖南、江西两省的天然分界线，湘江和赣江的分水岭。步道沿线群山巍峨、层峦叠嶂，千年鸟道从此经过。井冈山被称为“中国革命的摇篮”，幕阜山、武功山更是佛道胜地。

武夷山国家森林步道，南端位于福建省梁野山，过江西上饶，经福建、江西、浙江 3 省份交界的仙霞古道和廿八都古镇，向北延伸至浙江省九龙山，全长 1160 公里。武夷山地势高峻雄伟，丹霞地貌典型，地带性植被为中亚热带常绿阔叶林。武夷山也是世界著名的理学名山，以及客家文化聚集地。

天目山国家森林步道。途经浙江、安徽、江西 3 个省份，东端位于浙江德清县，西端至永修县，全长 1130 公里。

南岭国家森林步道。途经广东、江西、湖南、广西 4 个省份，东端位于广东平远县，西端至湖南城步苗族自治县，全长 3016 公里。

苗岭国家森林步道。途经湖南、贵州 2 个省份，东端位于湖南通道侗族自治县，西端至贵州六枝特区，全长 1118 公里。

横断山国家森林步道。途经云南、四川 2 个省份，南端位于云南勐腊县，北端至四川松潘县，全长 3302 公里。

2018 年 8 月 24 日，国家林业和草原局正式启用“国家森林步道专用标志”，如图 2－1 所示。

图 2－1 国家森林步道专用标志

国家森林步道专用标志由图形和文字构成。图形主体是深绿与浅绿的剪影，分别代表森林和草原，中间留白既代表步道，也代表湿地，象征步道途经森林、湿地、草原等自然生态系统。标志文字由“国家森林步道”和“NATIONAL TRAIL”组成，位于图形正下方。标志整体采用印章的形式，元素完整，构图稳重，色彩简洁，传统文化内涵丰富。

启用国家森林步道标志是为了进一步树立国家森林步道形象，加快推动国家森林步道建设。国家林业和草原局森林旅游管理办公室希望各地按使用范围规定，加大专用标志的使用和推广力度，不断扩大专用标志的社会影响。

"国家森林步道专用标志"是国家森林步道的统一形象符号，使用范围为：国家森林步道端点、节点及沿线显著位置；与国家森林步道管理相关的办公场所；国家森林步道沿线用于服务、接待、休闲的设施及交通工具；国家森林步道相关工作人员的制服、徽章、证件及办公用品；国家森林步道相关的纪念品、工艺品及产品外包装；国家森林步道相关的节庆、会议、宣传活动等。

四、户外运动与登山健身运动概念界定

（一）户外运动概念界定

国外户外运动开始于20世纪60年代末70年代初，Fletche在1970年就户外运动对青少年学生的教育影响进行了问卷调查研究，其结果是积极的。1980年Thomas James发表了主题为"群山的自由"的文章。在SCI中检索关键词"Outdoor Sports"（1411篇）、"Outdoor Recreation"（2803篇）、"Outdoor Education"（2499篇）、"Outdoor Adventure"（241篇），与户外运动概念界定相关文献224篇，但并未发现"户外运动"的具体概念①。

根据国家登山运动管理中心的定义，户外运动（Outdoor Sports）指在野外或者自然场地（非专用场地）开展的体育活动项目群。户外运动是一组以自然环境为场地的带有探险性质或体验探险的体育运动项目链②。户外运动是一种融休闲、娱乐及健身于一体的集体项目群，是一种把休闲、运动、文化、人际交流紧密结合起来的生活方式（李彦杰，2010）。户外运动是以自然环境或模拟自然环境为主要活动场地，并与其有互动关系的非产生性人体活动③。户外运动是指人们以人力或利用自然力，在基于自然环境中开展的体育活动的统称④。

户外运动多数带有风险，属于极限和亚极限运动。我们不提倡无意义的冒险，但是人们最大的需求从来都不是追求彻底安全，合理的有成功机会的冒险和挑战总是胜过这些需求（Clayne R. Jensen，1995）。欧美等发达国家户外运动发展相当成熟，美国有94.5%的人选择户外运动作为休闲运动方式（Michael Watkins，2007）。

---

① 杜杨婷，余星，刘明坤．对户外运动发展概念界定的辨析［J］．当代体育科技，2019，9（11）：228-229.

② 董范，国伟，董利．户外运动学［M］．武汉：中国地质大学出版社，2009.

③ 孙永生，史登登．户外运动相关概念辨析［J］．体育学刊，2013（20）：56-59.

④ 马欣祥，田庄．对户外运动概念的重新甄别与界定［J］．中国体育科技，2015（51）：140-145.

我国户外运动资源丰富，全世界14座8千米以上的山峰，其中9座在我国，栾开封（2002）较早研究了我国户外时尚运动兴起的动因；胡小明（2008）提出面向休闲时代的体育理论重构主张；我国户外运动开展时间较短，户外用品市场发展不均衡（王莉、何世权，2005；刘红娜，2007）；邱亚君（2009）研究了休闲体育行为发展阶段动机和限制因素；为了充分挖掘户外运动的休闲价值，要把握需求内涵，注意服务创新与消费者价值体验（梁强，2007）；建议制定户外产业扶持政策，为户外运动的发展创造良好的社会环境以及市场环境（李香君，2007）。

（二）登山健身运动概念界定

“登山”一词在我国早已有之，古代也将“登山”称之为“登高”，它是登山者借助装备攀爬至高山丘陵地带的活动。古人具有丰富的登山情怀，杜甫登泰山著诗篇《望岳》，留佳句“会当凌绝顶，一览众山小”。《文心雕龙·神思》中著名语句“登山则情满于山，观海则意溢于海”，这些著名诗句表达出了古人的登山情怀。农历九月九日重阳节登高是著名的民间民俗活动，我国传统的登山运动历经几千年的发展，成为了我国具有广泛群众基础、文化底蕴深厚、民俗特色鲜明的社会文化活动。

随着人们体育需求朝着多元化方向发展，一些健身爱好者开始追求新奇、时尚、刺激、独特的健身方式。因此，可将健身登山运动界定为：旅游和健身的群众性体育活动，参与人群多为普通人群，借助一般的登山装备完成低海拔难度较低的攀登，主要是以娱乐身心、增进健康为目的的健身登山活动。

第二节 本研究遵从的基本理论基础

一、体验经济理论

“体验经济”概念最早出现在20世纪70年代，美国未来学家阿尔文托夫勒预言到：“服务经济的下一步是走向体验经济，人们会创造越来越多的跟体验有关的经济活动，商家将提供体验服务取胜。”① 1999年，美国战略地平线顾问公司创始人约瑟夫·派恩和詹姆斯·吉尔默在《体验经济》一书中提到，体验经济是

① 李圆．浅谈无锡民俗旅游的体验式开发［J］．经济研究导刊，2011，3（5）：176－177.

继农业经济、工业经济和服务经济阶段之后的第 4 个人类的经济生活发展阶段。

二、可持续发展理论

1987 年，世界环境与发展委员会在《我们共同的未来》中认为可持续发展（Sustainable Development）是指“既满足当代人的需要，又不损害后代人满足需要的能力的发展”①。也就是说，除了要考虑当代的发展需要，我们还要考虑未来的发展需要，尽可能地满足当代人的需求，同时不影响子孙后代的发展。可持续发展理论就是强调要把发展和可持续性有机地结合起来，并不能简单的把可持续发展等同于生态环境保护，而是涉及各个方面，要多个方面相辅相成。

三、游憩机会谱理论

游憩（Recreation）来源于拉丁语，意思是恢复更新，含有“休养”和“娱乐”两层意思，包括旅游、娱乐、运动、游戏以及文化等现象。随着户外运动的迅速发展，户外游憩地管理面临两个关键问题：一是如何保存户外资源质量和生态系统的完整性，确保对使用者的长期吸引力以实现资源可持续利用；二是如何应对需求多样化趋势，为使用者提供满意的游憩体验（Butler Richard，Boyd Stephen，1996）。基于此，20 世纪 70 年代末美国林务局发展了一个包含完善理论框架的游憩机会谱理论。

游憩机会谱（Recreation Opportunity Spectrum，ROS）是对一个地方的游憩资源、环境条件是否适合开发为游憩产品和开发成何种类型游憩产品的一种规划工具。游憩机会取决于游憩环境，游憩环境有三个基本属性：自然环境、社会环境和管理环境。ROS 从可达性、资源使用、现场管理、社会影响、游客影响的可接受程度、可接受的干预水平等方面对户外游憩地进行评价，以确定最为合适的户外运动游憩方式和产品类型。20 世纪 90 年代起国内学者开始关注 ROS 理论，吴必虎（2001）在旅游资源—产品转化适宜性的研究中介绍了游憩机会谱的概念。但是，ROS 直到 2006 年以后才受到更多关注，如蔡君（2006），符霞（2006）、赵迪（2006），王冰等（2007）阐述了游憩机会谱产生历程以及分析其在中国的应用；黄向（2006），马扬梅（2010）等基于 ROS 理论构建了中国生态旅游机会图谱（CECOS）；宋增文、钟林生（2009）借鉴游憩机会谱（ROS）建立了探险旅游机会谱（ATOS），研究了三江源地区探险旅游资源—产品转化适宜性。

---

① 李晓灿．可持续发展理论概述与其主要流派［J］．环境与发展，2018，30（6）：221－222.

四、利益相关者理论

利益相关者理论是在20世纪60年代左右兴起，进入80年代以后，其影响开始扩大，并促进了企业管理理念和管理方式的转变。利益相关者理论的核心观点是：任何一个企业都有许多利益相关者，如投资者、管理人员、供应商、分销商、员工、顾客、政府部门、社区等，他们都对公司进行了专用性投资并承担由此所带来的风险，企业的生存和发展取决于它能否有效地处理与各种利益相关者的关系，而股东只是其中之一。为了保证企业的持续发展，企业应该将其剩余索取权和剩余控制权在主要利益相关者之中进行分配，而不同的分配方式将会产生不同的绩效水平。

1963年斯坦福研究中心的研究人员首次给“利益相关者”概念下定义。随后，利益相关者研究日益受到重视，发展成一种理论。利益相关者理论的产生和发展得益于潘罗斯、安索夫等人的开创性研究，弗里曼、布莱尔、多纳德逊、米切尔等学者对完善利益相关者理论的整体框架和实际应用做出了突出贡献，并取得了丰硕的成果①。

1984年弗里曼出版了利益相关者管理理论的奠基之作《战略管理：利益相关者方法》。此前，对于利益相关者概念没有统一结论，弗里曼认为利益相关者是“能够影响一个组织目标的实现，或者受到一个组织实现其目标过程影响的所有个体和群体”②。虽然定义比较宽泛，但成为此后关于利益相关者界定的一个标准范式。国内研究利益相关者的代表人物杨瑞龙在《企业的利益相关者理论及其应用》一书中认为，其最宽泛的界定，即凡是能够影响企业活动或被企业活动所影响的人或团体都是利益相关者；稍窄些的界定，即凡是与企业有直接关系的人或团体才是利益相关者；最窄的界定，即认为只有在企业中下了“赌注”的人或团体才是利益相关者③。

弗里曼确立了利益相关者分析的理论框架，开创了以个体视角看待系统化研究利益相关者问题的先河，给利益相关者理论研究开拓了广阔的研究空间。弗里曼第一次系统化了利益相关者理论；利益相关者图谱蕴涵了丰富的内容，具有极大的启发性；弗里曼提供了一个系统而完整的利益相关者战略管理框架模型，并认为从“战略计划”到“战略管理”的转变意味着一种重要的行动导向的转变，而仅

---

① 贾生华，陈宏辉．基于利益相关者共同参与的战略性环境管理［J］．科学学研究，2002（2）．

② Freeman，R. Edward. Strategic Management A Stakeholder Approach［M］．London：Pitman Publish－ing Inc，1984.

③ 杨瑞龙，周业安．企业的利益相关者理论及其应用［M］．北京：经济科学出版社，2000：129.

仅为利益相关者所关切的事项做计划是完全不够的，制定可以被执行和控制的方案和政策，才应是计划最终所应朝向的结果；弗里曼关注了利益相关者方法在企业管理微观层面的应用。弗里曼利益相关者管理理论的不足包括：没有指出利益相关者识别和重要性排序的具体标准；忽视了很多企业利益相关者管理中应考虑的管理情境；没有给出一个有说服力的整体利益相关者管理模型；没有指出内部各利益相关者是如何相互影响，以及如何将企业资源在职能部门之间合理进行配置①。

利益相关者理论经历了“利益相关者影响”“利益相关者参与”和“利益相关者共同治理”三个发展阶段。进入20世纪90年代以后，伴随着利益相关者理论的发展，其研究领域得以快速渗透，得到了经济学、管理学、政治学、社会学和法学等众多学科学者的关注、借鉴和运用，并在理论研究和实证检验方面取得了很大进展，被认为是帮助人们认识和理解“现实企业”的工具，其社会影响也得以迅速扩展。

五、系统动力学理论

系统动力学主要用于研究非线性、多变量、高阶、多反馈复杂系统的有效工具，融合了系统科学理论、计算机仿真、控制工程理论、系统演化机制与行为②。它利用定性与定量相结合的方法，解决现实生活中的复杂问题，其建模通常包括系统边界界定、系统反馈分析、模型方程设计、系统参数选取以及系统仿真实验③。系统动力学起源于20世纪60年代，美国麻省理工斯隆学院Forrester教授1961年出版的专著*Industrial Dynamics*标志着系统动力学的正式诞生④。此后，系统动力学被广泛应用于物流管理⑤、资源配置⑥、生态环境⑦、机械制造⑧

① 林曦．弗里曼利益相关者理论评述．商业研究，2010（8）：66－70.

② 于小兵，曹杰，王旭明等．基于系统动力学的台风灾害应急策略研究［J］．管理评论，2018，30（2）：222－230.

③ 李子民，仲丛林，刘佳佳等．我国信托业发展的系统动力学仿真研究［J］．管理评论，2018，30（4）：3－11.

④ 唐晓波，房小可．豆瓣网的系统动力学建模与仿真［J］．图书情报知识，2013（2）：73－80.

⑤ Tako A A，Robinson S. The Application of Discrete Event Simulation and System Dynamics in the Logistics and Supply Chain Context［J］. Decision Support Systems，2012，52（4）：8025－8151.

⑥ Winz I，Brierley G，Trowsdale S. The Use of System Dynamics Simulation in Water Resources Management［J］. Water Resources Management，2009，23（7）：1301－1323.

⑦ Jin W，Xu L，Yang Z. Modeling a Policy Making Framework for Urban Sustainability：Incorporating System Dynamics Into the Ecological Footprint［J］. Ecological Economics，2009，68（12）：2938－2949.

⑧ Vlachos D，Georgiadis P，Iakovou E. A System Dynamics Model for Dynamic Capacity Planning of Remanufacturing in Closed－loop Supply Chains［J］. Computers & Operations Research，2007，34（2）：367－394.

等领域。Karin Schianetz 以 SD 模型作为一种工具，对学习型旅游地的双方战略规划和促进组织学习两个方面进行了分析，并结合案例研究，说明运用 SD 模型能够促进利益相关者之间的沟通和组织学习①。ErikCohen 认为在传统旅游研究的过程中，对动态变化的过程、多样性类型和非线性的解决方法，SD 应该得到偏爱②。

六、协同治理理论

协同治理起源于治理。协同治理是各方主体基于理性选择而达成一系列有约束力的协议，并形成有效集体行动的过程，它的理想之境表现为合作与博弈。它的一个显著特征是“参与治理的各方都拥有自身独特的资源和信息，且彼此对对方掌握的资源和信息需求度高，从而驱使各方开展合作，形成资源互补、信息共享、矛盾消弭、行动联合”③。

七、行动者网络理论

行动者网络理论（Actor - Network Theory，ANT）是 20 世纪 80 年代中期，由法国社会学家卡龙（Michel Callon）和拉图尔（Bruno Latour）为代表的科学知识社会学家（巴黎学派）提出的理论。行动者网络理论开辟了新的研究途径，将人与非人、物与非物、主体与客体、思维与物质、自然与社会置于一种关系的维度，认为彼此关联的方式创造了彼此，注重物质性及物体能动性与活力的研究。在行动者网络理论的视角里，“行动者”可指人，也可指非人的存在和力量。每一个行动者就是一个节点，结点之间接通路连，共同编织成一个无缝之网。将行动网络理论应用于步道系统长效运行机制研究，有利于分析国家政策、集体动员、个体诉求以及文化差异之间不同层次的冲突、协商与合作。尽管该理论提出的最初目的是为解决传统社会学和科学哲学中有关自然和社会、主观和客观、科学和政治等二元对立划分所造成的一系列问题，但由于“行动者网络”的概念能够客观准确描述人类集体行动的集结方式，因而也常被作为组织问题与社会治理问题的分析工具。正如 Manju K. Ahuja 与 Kathleen M. Carley 所言：“网

① Karin SCHIANETZ，Lydia Kayanagh David Lockington . The Learing Tourism Destination：the Potential of aLearing Organization Approach for Improving the Sustainability of Tourism destinations ［J］. Tourism Management，2007，28（6）：1485 – 1496.

② Rik cohen. Rethinking the Sociology of Tourism ［J］. Annals of Tourism Research，1979，6（1）：18 – 35.

③ 易轩宇．社会协同治理中社会组织的博弈评价与优化对策［J］．甘肃社会科学，2014（6）：190 – 194.

络结构被设计成在处理任务中的灵活性和适应性，网络结构不同于官僚结构，官僚结构强调对问题处理过程中所组合成的一组固定关系，而网络组织则致力于对特定问题解决的探索[①]。”

① Manju K. Ahuja, Kathleen M. Carley. Network Structure in Virtual Organizations [J]. Journal of Com－puter－Mediated Communication, 1998, 3 (4): 741－757.

第三章　登山健身步道系统建设成功经验的借鉴与启示

第一节　美国国家步道系统理论与实践

一、美国《国家步道法案》解析与借鉴

（一）《国家步道法案》颁布背景

在美国的早期历史中，步道是作为商业和移民路线。从 20 世纪初开始，步道也有通往风景区区域的用途。在 20 世纪 20 年代和 30 年代，美国第一条州际休闲步道即阿巴拉契亚国家风景步道开始发展。“二战”后，美国为寻求更好享受户外活动的机会，1965 年约翰逊总统在名为“自然之美”的报告中，呼吁国家“在全国各地复制伟大的阿巴拉契亚步道，充分利用通行权和其他公共道路”。三年后，美国颁布了《国家步道法案》。

（二）《国家步道法案》内容框架

法案内容包括 11 个部分，主要分为步道系统规划和步道系统管理补充两个方面，11 个部分的内容分别为（如图 3－1 所示）[①]：

（1）政策声明：声明建立步道系统的目的是为了满足大众不断增长的户外娱乐需求，同时鼓励和协助志愿者和非营利性组织参与规划、开发、维护和管理步道。

（2）国家步道系统：指出国家步道系统应包括国家休闲步道、国家风景步道、国家历史步道、连接和辅助步道四种类型。

---

① National Trails System Act of 2019［EB/OL］．［2019］．http：//www. nps. gov/nts/legislation. html.

（3）国家休闲步道：指出国家休闲步道应该由内政部或农业部设立或指定，同时征求步道涉及土地上具有管辖权的联邦政府、州或政治分区的意见。

（4）国家风景步道和国家历史步道：指出国家风景和国家历史步道通过国会法案授权和建立。同时对现有的风景步道和历史步道、开发步道的可行性规划，获得制定国家历史步道的标准、相关步道咨询委员会的构成及职责等内容进行论述①。

（5）连接和辅助步道：指出连接和辅助步道由内政部或农业部设立和制定，作为进入步道的通道或步道间的连接路段。

（6）管理与发展：步道管理和发展的相关规定。

（7）州和城市地区步道：由内政部、住房和城市发展部、农业部和交通部等部门鼓励其所在州、地方机构和私人组织建立步道。

（8）路权和其他权利：对步道的路权、通行权等相关权利的规定。

（9）拨款授权：对步道的拨款限制和规定。

（10）志愿者步道援助：鼓励协助志愿者规划、开发、维护和管理步道。

（11）定义：相关术语的定义。

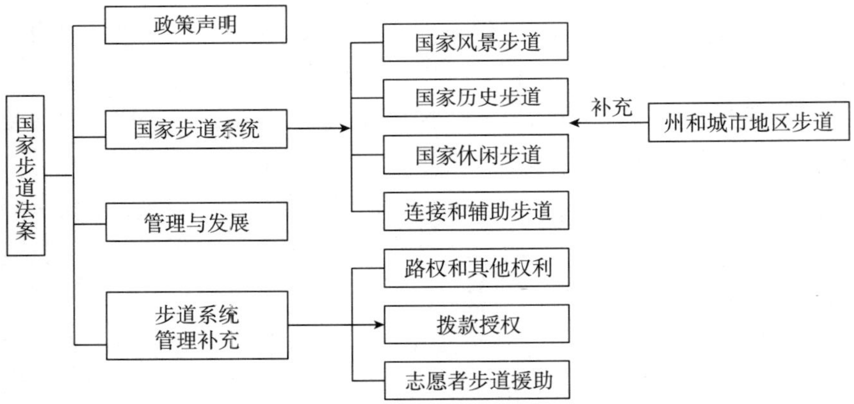

图3－1　2019年美国《国家步道法案》内容框架

（三）《国家步道法案》解析

（1）国家步道系统的构成：国家休闲步道、国家风景步道、国家历史步道、

① 林盛兰．美国国家游径系统及典型案例研究［D］．北京交通大学，2010.

连接和辅助步道以及州和城市地区步道。

（2）授权机构：步道主要分为国家步道和地方步道。在国家步道中，国家休闲步道和连接辅助步道由内政部和农业部设立指定，国家风景和历史步道通过国会法案授权建立。地方步道也就是州和城市地区步道由州和地方政府建立，如表3－1所示。

表3－1　不同步道的授权机构

	步道类型	授权机构
国家步道	国家风景、历史步道	国会授权
	国家休闲步道、连接和辅助步道	内政部和农业部
地方步道	州和城市地区步道	州和地方政府

（3）管理体制：多层级、分工合作的管理体制。在宏观层面上，内政部和农业部对国家步道系统进行宏观管理，制定发展战略；具体操作上，州、地方政府和非政府组织等共同协商决策步道的开发和规划；在日常管理中，鼓励地方组织和志愿者参与步道的相关工作。

（4）步道设立程序：法案对国家风景和历史步道的建立进行了明确规定，而并未对其他步道进行规定。国家风景和历史步道的设立程序如下：

1）内政部或农业部提出将步道设立为国家风景和历史步道的可行性报告，阐述步道路线成为国家步道的必要性、土地所有权和使用权现状、财政预算、与现有步道系统的整合方式和计划等。该报告由主管部门和相关州、政府机构、土地所有人等共同协商编制①。

2）报告以参议院或参议院文件的形式提交国会审议，步道是否建立取决于步道路线的物理可能性和经济可行性。

3）建立咨询委员会：当文件通过后，管理机构开始制订全面的管理计划，同时成立咨询委员会。

4）资金来源：国家步道系统作为一项非营利性的公益事业，国家对其公益性投入是步道建设的主要资金来源，同时也包括了社会各类资金的支持与资助。

5）志愿服务：法案规定联邦应向志愿者提供协助，指导和鼓励志愿者参与步道的计划、发展、维护和管理。

---

①　张宇翔．美国国家风景游径规划实践及其启示［J］．规划师，2017，33（6）：139－145.

（四）《国家步道法案》的借鉴

随着我国经济的快速发展，人们的户外休闲需求不断增长。步道建设无疑是满足大众户外需求的一个极为有效的途径。同时我国拥有丰富的步道和历史资源，开发步道不仅能利用和保护这些资源，还能让人们享受这些资源。《国家步道法案》的出台使美国国家步道系统走上了规范化、规模化和快速化的发展之路。因此，我们应充分借鉴美国步道建设的经验。首先，在国家层面上应高度重视中国国家步道系统的建设与发展，交通部、文旅部、农业部等相关部门应组建国家步道系统管理部门，对国家步道系统进行研究、开发和管理①。其次，形成由国家主导，地方政府、非政府机构、社会团体和个人共同参与的多层管理体制。最后，主管机构应给予技术支持，鼓励指导公众和社会组织参与步道的管理开发，推进中国国家步道系统的建设。

二、美国阿巴拉契亚步道建设的案例解析

阿巴拉契亚国家步道又称阿巴拉契亚国家风景步道，得名于所贯通的阿巴拉契亚山脉。它位于美国的东海岸，北起缅因州卡塔丁山的巴克斯特峰，南至佐治亚州的斯普林格山，全长约3600公里，是世界上最长的步行山道，共经过14个州、8座国家森林，6个国家公园以及60个州立公园及森林公园。

自1937年全线贯通后，因其独特的人文情怀、合理的选线规划、成熟的管理体制吸引了大批户外徒步爱好者，也成为众多国家步道建设的模板，因此对其进行案例分析具有重要的借鉴价值。

（一）阿巴拉契亚国家步道的历史沿革

1. 初步建成（1921～1937年）②

1921年，林务员及地区规划师马凯在所写的“阿巴拉契亚步道区域规划项目”一文中初步阐述了阿巴拉契亚国家风景步道建设的可能性以及其供周边地区居民休闲娱乐、调整身心的目的。1923年，在马凯和地区志工的共同努力下，第一条路段在纽约州开通。1925年，在马凯的号召下和思想建议下，在华盛顿特区召开了首次阿巴拉契亚步道商议会议，成立了美国东部首个关于步道建设的组织“阿巴拉契亚步道协会”，并在联邦机构协调下，开展了步道线路勘定、串联、修建等工作。

---

① 林盛兰，余青．基于法案的美国国家游径系统［J］．国际城市规划，2010，25（3）：81－85.

② Bridget Helwig，Eric Otto，Patrick Nelson. The National Trails System Issue Brief［EB/OL］．［2009－03－12］．http：//www. forestry. umn. edu/courses/RRM4232/National_ Trails_ System. pdf.

1930 年，负责此项目的律师迈伦·艾弗里绘制了阿巴拉契亚步道的线路图，然后组织大批志愿者用 7 年时间建成了全线贯通的阿巴拉契亚步道，如图 3 -2 所示。

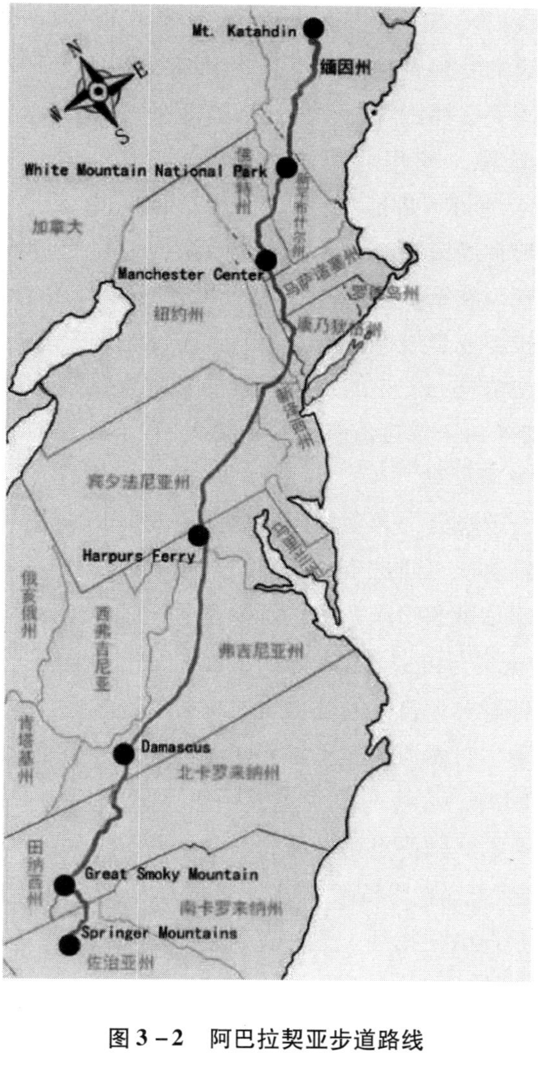

图 3 -2 阿巴拉契亚步道路线

资料来源：Appalachian Trail Conservancy Local Management Planning Guide Revised April 2009.

这时期的建设规划与思想为后期的完善奠定了坚实的基础，形成的组织也为后期合理的管理体制提供了后备力量。

2. 受损与修复阶段（1938～1967 年）

在这一时期，受自然灾害、经济萧条、特别是“二战”以及“战后”的土地开发等带来的影响，使阿巴拉契亚步道年久失修，无法满足徒步通行的需要。1951 年，在阿巴拉契亚步道协会的呼吁下，联邦政府通过了国家资助步道计划，通过国家下拨的资金以及志工的协作使阿巴拉契亚步道重新通行。

阿巴拉契亚步道的受损直接说明了管理和维护体系的缺失，也从侧面说明，步道的可持续发展需要法律法规使管理、维护落实到地。

3. 完善、成熟阶段（1968 年至今）

1968 年美国国会通过《国家步道系统法案》标志着这一时期的开始。

阿巴拉契亚步道在法案中被列为国家步道系统中的两个创始单位之一，由国家公园管理处负责管理和维护。完善的管理和维护体系，以及法案中对志工的管理、要求，使阿巴拉契亚步道拥有了明确的管理机构、准确的维护个人。在联邦政府、州，以及各个协会、志工的协作努力下，成为世界步道系统的建设典范。

（二）阿巴拉契亚国家步道蕴含的精神理念

1. 荒野精神与尊重自然①

荒野精神发源于曾经是一片荒野的美国东北海岸，它不仅仅只是拓荒精神，还是创新、试验并且勇于不断进步的精神，本质上是一种新的生活理想和生活理念，阿巴拉契亚国家步道的建设初衷是供周边地区居民休闲娱乐、调整身心，是对“荒野精神”的重塑与再造，也是对荒野精神中自由的追求。

荒野精神也蕴含着对大自然的敬畏与尊重，阿巴拉契亚国家步道的规划与建设，最大限度地尊重了自然原貌，不是用建设与规划改变自然景观，而是将步道建设融入自然中。同时，沿线的风景也展示着美国人对自然的向往。如卡塔丁山，阿巴拉契亚步道的北部终点站。因为亨利·大卫·梭罗，它成为了北美东部最振奋人心的山巅之一。在 1846 年那次著名的攀登行动中，梭罗声称要直面大自然的原始灵魂，并在山顶找到了他一直苦苦追寻的东西，他后来写道：“这就是我们所认识的那个地球，从混沌和黑暗中孕育诞生。”

2. 生态精神与自然保护

生态精神可以理解为在人类文明与自然的对立中协调出来的自然和谐相处，摒弃为发展、建设而破坏自然环境的错误思想。美国阿巴拉契亚步道的路线规划

① History and Facts About the National Trails System [EB/OL]. [2008]. http://www.american-trails.org/resources/feds/40yearfact.html.

就从自然保护入手，体现了生态精神。

相关研究表明，山脊通常是野生动物的主要交通走廊；同时，噪声更容易从山脊传向山谷等广阔区域。因此，为了避免干扰步道沿线的野生动物的正常活动和减少噪声污染，阿巴拉契亚步道规划与建设避开了山脊。

3. 人文精神与以人为本

步道作为一个休闲憩息地其最终目标仍是为人服务，因此，在步道建设中为徒步爱好者、观光者服务的人文精神在步道的设施建设上处处体现。

阿巴拉契亚步道每隔16～19公里就有一个三面遮风避雨、一面开口的遮蔽棚，有水源、厕所等设施，整条步道共有240个遮蔽棚，每个遮蔽棚可供8～10人野营，整条步道上的遮蔽棚可同时为2500名左右的徒步旅行者提供适当遮蔽的休息场所，同时部分特殊的通道可以满足残障人士等旅行者的特殊需求。

（三）设计规划

1. 路线设计规划①

路线选择需要经过一系列野外考察，并在广泛征询当地居民意见和建议后，选择出景色优美、适宜户外游憩且安全的线路。阿巴拉契亚步道的雏形是由周边居民组成的志工共同规划修建的，因此在线路设计上最大程度地符合周边居民的利益。

在自然环境保护方面，路线设计融入了自然而非让自然环境服务于路线，因而阿巴拉契亚步道也被称为“绿色长廊”，在大多数时间里，徒步者看到的景色几乎是一样的：参天的树林，林间的小道，和并不开阔的前方。

在行政区域方面，阿巴拉契亚步道横跨14州，需要各州政府、联邦政府的共同协作完成路线规划，1925年成立的“阿巴拉契亚步道协会”，以各州参与的组织形式，解决了行政管辖混乱的局面，促进了路线设计与选择。

2. 游憩设施设计规划②

（1）节点标识。因自然环境的限制，阿巴拉契亚步道周围树木葱郁，且步道普遍较窄。徒步者会因此迷路或在遇到危险情况时无法摆脱，因此在进入步道、替代步道、支线步道处需要节点标识为徒步者提供方向指引。

（2）重要标志。由于海拔、气候等原因阿巴拉契亚步道及周边天气阴晴不

① Morgan Sommerville. Appalachian Trail Fieldbook：Maintenance and Rehabilitation Guidelines for Volunteers［M］. Lyme：Appalachian Trail Conference，2003.

② 余青，林盛兰，莫文静．美国国家游径系统开发与管理研究——以阿巴拉契亚国家风景游径为例［J］．国际城市规划，2013（4）：108－114.

定，潮湿多雨，坡度陡峭，蚊虫密集，且存在具有攻击性的野生动物，因而阿巴拉契亚步道每隔数公里就可见重要的安全提示标志，如在熊出没的地区会有标志物写有“Bear Cable”。

（3）露营地（过夜设施）。主要包括庇护场所和帐篷营地，上文中提到，阿巴拉契亚步道设计因地制宜，阿巴拉契亚步道每隔 16 ~ 19 公里就有一个木制的三面遮风避雨、一面开口的遮蔽棚，且一些原始居民的房屋也被保留下来，可以作为过夜设施。

3. 其他基础设施设计规划

阿巴拉契亚步道系统内的排水系统目的是将水与步道相分离，尽可能多地将水排出步道外，避免步道本身被水流侵蚀。此外，系统内还设计了排水沟渠、水槽、阴沟等排水设施将水流排出步道。

考虑到步道建设可能对周边植被和土壤类型造成改变，也会对周边景观带来视觉上的冲击，因此在生态环境保护设施方面，步道设置靠近斜坡或悬崖，使步道与环境保持更高的融合度。密集的植被遮蔽步道，降低噪声传播并降低雨水对步道土壤的冲蚀。

（四）管理体制

1. 宏观管理机构

在宏观层面，依据国家步道法案的规定，国会授权国家公园管理处作为国家管理机构，宏观管理机构还包括美国国家森林管理处等。而其中最重要的管理机构和组织是隶属于国家公园管理处的阿巴拉契亚步道公园办公室，阿巴拉契亚公园办公室在战略上对步道发展进行指导，制订发展战略计划，并对阿巴拉契亚步道协会的微观实施工作提供支持。

2. 微观管理机构

阿巴拉契亚步道协会和多个州立机构、30 多家地方步道维护俱乐部负责步道的微观管理，即具体措施的执行。如步道志工的组织与管理，设施的定期维护，监控限制流量等。

（五）美国国家步道系统法案的影响

1. 阿巴拉契亚步道建设资金来源趋于稳定

因法案强调国家步道系统开发与管理是一项非营利性的公益事业，国家对其公益性投入是步道建设的主要资金来源，卡特总统任期内拨款 1 亿美元购买阿巴拉契亚步道沿线的私人土地或过境权，与此同时，阿巴拉契亚步道维护与持续建设广泛接受社会各类资金的支持与资助。

2. 阿巴拉契亚步道现行管理体系形成

形成了多层级分工合作的管理机制，总的来说，由内政部与农业部对阿巴拉契亚步道系统实施宏观管理，制订步道发展的战略计划。而在步道日常管理中，其主管机构还需与该步道所在州、地方政府以及非政府组织等共同协商决策。

3. 志工队伍专业化

法案规定联邦应向步道志工提供设备、工具、技术手段等方面的协助，指导与鼓励志工参与到步道的计划、发展、维护和管理等事宜中，进行步道具体的开发和维护。在法案影响下，阿巴拉契亚志工日趋专业化、服务也稳定化，使步道及相关基础设施的维护精细化，促进了整个步道系统的可持续发展。

阿巴拉契亚国家步道历经近一个世纪的发展，在规划与建设过程中，时刻围绕其发展的目标，时刻坚持人与自然的统一，在管理与维护方面充分发挥当地社区居民、志工的作用，并形成了宏观与微观结合完善的体系，实现了步道的可持续发展，成为国际公认的步道建设典范。对其进行分析，借鉴其理论与经验，对我国国家步道的发展具有重要的价值和意义。

三、美国国家步道系统的主要经验与启示

（一）中国国家建设系统可融入传统文化与中华民族精神

我国有着异常丰富的步道资源，如丝绸之路、茶马古道、剑门古道等，不难发现这些资源都具有历史悠久的共同特点，因此建立步道的情感联结，将步道融入中华民族精神和传统文化，如丝绸之路是我国繁盛历史的见证，可以从历史入手，从选线、基础设施等方面凸显历史。再如茶马古道，是一条民间国际商道，可以从建设方面以及宣传方面凸显我国古代商人的坚毅、诚实等优良品质①。

（二）出台相关政策、法律、法规保障步道规划、建设及维护

美国国家步道系统法案对阿巴拉契亚步道从三方面产生了积极影响，我国相关机构应结合我国步道发展现状与特点，尽快出台相关政策详细阐明国家步道系统建设实践规划、区域规划；以及国家步道建设标准、细则等，同时加强法律、法规完善，以保证现有已建成步道的维护和可持续发展，在相关法律、法规中应明确步道长期维护的资金来源、管理模式以及相关土地使用权等问题②。

---

① 丁洪建，贺剑，刘剑箫．中美比较视角下的北京市步道系统规划探索［J］．规划师，2017（2）：98 – 103.

② 刘亮亮，贾云龙．国内外游径系统研究综述［J］．贵州商学院学报，2015，28（3）：37 – 40.

（三）宏观与微观管理体系具体到位

在国家政策、法律重视基础的宏观层面，由国家交通运输部牵头，联合国家文化和旅游部、国家体育总局、国家住房和城乡建设部、国家林业和草原局等相关机构组建国家办步道系统管理部门，对国家步道系统的研究、开发与管理进行宏观指导与协调。

在微观层面，应形成地方政府、相关机构、社会团体和个人等共同参与的多层级管理体制，地方政府主管部门应该提供技术与设备上的支持，同时充分利用社会资源与资金，鼓励民众与非政府组织积极参与到步道的开发与管理工作中来，共同推进中国国家步道系统建设①。

（四）发挥中国国家步道在发展区域经济和扶贫中的作用

步道是人们与自然资源、历史文化和遗产遗迹等的特殊联结，国家步道系统的建设可以发挥区域联动效应，促进步道周边第三产业的发展，如酒店、餐饮等的发展；若形成跨省、自治区的步道可以形成产业互补效应，从而拉动区域经济发展。

同时步道作为一种休憩、娱乐资源可以提升人民的生活水平，提高人民的生活质量，因此，可以利用步道作为扶贫工程的补充，引导贫困却拥有步道资源地区的群众参与步道建设、步道维护甚至亲身体验步道，对于我国扶贫的推进和国家步道系统具有重要意义。

第二节　英国国家步道系统理论与实践

一、英国国家步道系统介绍

（一）国家步道系统的发展过程

1. 起源与开端（1935～1949 年）②

这一阶段，户外步道活动逐渐盛行，同时受美国阿巴拉契亚步道的启发，1935 年 Tom Stephenson 提出了建立奔宁线（Pennine Way）的设想。

---

① Haisheng H，Yanping Z. Flagstaff Urban Trails System and its Inspiration for the Construction of China National Trails System. ［J］. Journal of Landscape Research，2014（Z2）：189－197.

② 迟永明．国外国家步道规划建设分析与借鉴［J］．中国林业经济，2019（3）：124－128.

2. 计划与起步（1949~1965年）

第二次世界大战之后，为保护英国特色地区免受战后快速工业化的破坏，《国家公园与走进乡村法案》于1949年出台，国家公园、国家杰出风景和远足路线运动得以发展。这一阶段，步道系统建设上升到国家层面。

3. 形成与完善（1965年至今）

1965年，奔宁线全线开通，此后，英国步道系统网络开始发展。最终形成了包括英格兰、威尔士的国家步道和苏格兰的远足道在内的英国国家步道系统。目前，英国有19条国家步道，总长约4000公里。

（二）国家步道系统介绍

国家步道系统的宗旨与原则：为了确保国家步道与其所在的区域景观协调，并满足步道用户的要求，确保舒适的步行。每条步道都因其独特的自然文化景观而有着不同个性。

为了使每条国家步道能充分展现其特色，英国要求每条步道需要根据《国家步道品牌管理指导纲要》进行规划建设。国家步道规划的三个原则：一是最大限度地挖掘用户乐趣；二是保持地区的生态、文化和景观特征；三是为不同行程的用户提供设施服务信息①。

1. 管理体制

形成了包括国家、地区和地方在内三个层次的管理体系。国家层面：进行宏观调控和财政拨款，有关机构包括公路局、林业局、环境、食品和农村事务部、环境局、乡村地理信息组织和地图局等。在步道的具体管理和维护上，各地区有其对应的行政组织负责事务。

2. 建立国家步道标准的原则

（1）路线标准。规划步道路线标准的目的是为步行者提供一条穿越最美风景的步道，使每一位步行者都能轻松安全地走完全程。步道应与周围地形景观融为一体，同时方便人们使用。具体包括：

1）线路应具有连续性，道路条件符合法律标准；确保游客最佳视觉享受，可以轻松到达景点和想去的地方。

2）道路和交叉口如无必要不要使用硬化路面；确保过境点的安全性，不要使用交通繁忙或危险路段；对于渡口、马道、骑道和桥梁都有相关规定。

3）当线路有障碍物时，确保能轻松通过。

---

① 徐克帅，朱海森．英国的国家步道系统及其规划管理标准［J］．规划师，2008，24（11）：85－89.

4）定期对路面进行维护确保长期使用，路面应使用天然材料，并与周围景色相协调；尽量使用当地可回收材料。

（2）景观廊道标准。制定步道景观廊道标准的目的是确保步道中的景观走廊具有最高的视觉质量，从而更好地维护步道所在地区的景观、生态和自然文化遗产，最大限度地控制不利于步道周围景观发展的因素。具体包括：

1）保留历史特征，对其进行保护和管理。

2）栅栏只能在农业和安全需求的情况下使用。

3）视野不应出现不合适的物体遮挡，不应出现刺眼的事物。

（3）设施标准。国家步道设施标准的目的是确保步行者的安全，并在步行观景时能有的舒适体验。具体要求有：

1）设计风格、建筑材料应与景观、历史特色相结合。

2）确保设施维护良好，以达到安全、舒适和易于使用的效果。

3）对所有边界实行最低限制进入。

4）为方便游客，确保门可以从两侧轻松打开和关闭。

（4）服务标准。制定国家步道服务标准的目的是确保步行者在旅途中能享受充分的服务，从而获得良好体验。

1）主要出发点、停靠点和目的地点要有公共交通抵达，如果没有公共交通到达，应建立小型、无障碍的非正式停车场。

2）留宿地、露营地和休息设施应在主要出发点、停靠点和目的地点的一英里范围内。

3）每条步道都应设有取水处或下一取水点的信息；设置马车停车场和拴马桩；定期清理步道上牲畜粪便。

（5）信息提供标准。制定国家步道系统信息标准的目的是确保每条步道上的信息易于识别，确保人们能合理安排行程。具体要求有：

1）确保信息的准确、有趣和相互关联，提供连续信息，方便游客阅读；在社交媒体公开联系方式，便于步道相关事务的管理和反馈。

2）国家地图局测绘地图可获得步道的路线地图信息。

3）用多种语言印刷信息；每条步道都设置不同语言的印刷品信息包括步道简介、导游手册、住宿和交通指导手册等，并标明联系方式；马道、骑道和机动车道都要提供相应的信息；提供有关当地历史、自然和地址等信息；建立国家步道系统官网，提供每条步道的详细信息。

（6）标识系统标准。国家步道标记系统标准的目的是使徒步旅行者能够在指导下轻松地使用步道。具体要求有：

1）路标要有国家步道系统标志；路标的颜色根据路况的不同而设置；在方向指示牌两面都标注信息；设计风格统一，与周围环境协调；在游客相对密集的路段，起点、终点和停靠点要标注关于停车场、公共交通、路况和其他服务的信息。

2）路标不应有错误符号；若有临时改道信息，应及时向游客提供信息，在相关路口提前提供信息，同时信息应在相关网站和地方旅游信息中心发布，并说明改道持续时间。

二、英国奔宁线案例解析

（一）奔宁线发展历程

奔宁线的设想源于英国记者和漫步者汤姆斯蒂芬森，灵感来自美利坚合众国的类似步道，特别是阿巴拉契亚步道。1935 年，斯蒂芬森在《每日先驱报》上提出了这个概念，后来他游说议会建立一个正式的步道。1965 年，奔宁线被乡村机构指定为英国第一条国家步道。奔宁线沿着奔宁山脉延伸，被称为“英格兰的支柱”。虽然奔宁线不是英国最长的路线，但漫步者协会称它为“英国最著名和最艰难的路线之一”①。

（二）奔宁线介绍

奔宁线是一条 268 英里（429 公里）的步行路线，从德比郡的 Edale 到苏格兰边境的 Kirk Yetholm。它横跨英格兰高地景区，从峰区、约克郡山谷，北奔宁山脉和诺森伯兰郡的哈德良长城到切维厄特。奔宁线穿过 3 个国家公园、北奔宁山区自然风景区、2 个国家级自然保护区和 20 个特殊科学兴趣点。各种各样的栖息地使其成为欧洲观察春季和初夏繁殖跋涉等鸟类的最佳地点之一。奔宁线上的地形多种多样，在一些地方，如 Malham Cove 和 High Force，步道平滑而坚固，但在其他地方，步道可能狭窄且不均匀或潮湿且有沼泽，如图 3－3 所示。

奔宁线长期以来一直受到步行者的欢迎。在 1990 年，乡村委员会报告显示，每年有 1.2 万名长途步行者和 25 万名日间步行者使用全部或部分步道。他们进一步估计，步行者为沿途的当地经济贡献了 200 万英镑（1990 年），直接提供了 156 个工作岗位。

在日常维护上，步行的普及导致地方的地形受到严重侵蚀，因此当局也采取相关措施恢复其状况，包括将路段转移到更坚固的地面，并在较软的地区铺设石

① 英国国家步道网站［EB/OL］. https：//www. nationaltrail. co. uk/pennine－way/trail information.

图 3-3　奔宁线路线

资料来源：英国国家步道网站：https：//www. nationaltrail. co. uk/pennine - way。

板或压板。这些措施虽有效地减少了破土的程度，但由于步道建设入侵自然景观，因此这一行为也经常受到批评。

在住宿上，除了许多提供住宿的私人场所外，沿途还提供了许多青年旅社。

由于奔宁线的大部分路线都是公共人行道，因此骑马或骑自行车的旅客无法进入这些路段。为了给予他们类似的路线，Pennine Bridleway 也正在开发中（主要路段已经开放）；这条路线通常与奔宁路平行，但在德比郡南部略微向南延伸。

在管理方面，奔宁线由路线涉及区域的 13 个高速公路局管理。步道管理由奔宁国家步道合作伙伴协调。

在志愿服务方面，Peak District 国家公园，约克郡山谷国家公园和诺森伯兰郡国家公园等区域会有志愿服务机会，人们可以通过奔宁线官网查询相关信息。

在地图信息方面，Aurum Press 制作官方的国家步道指南。该指南定期更新，所有详细信息会有专人进行检查。除了指南外，在英国国家步道网站，还会提供纸质和数字化的地图。

三、英国步道建设的启示

可以看出，英国建立国家步道系统的目的是保护自然文化遗产和满足大众户外游憩的需求。

当前，我国正步入休闲时代，大众户外休闲的需求日益增长。通过国家公园、国家步道系统的建设，提供公益性的户外休闲场所将是我国满足人们日益增长的户外休闲需要的应对措施之一。英国成功的经验和管理标准是我们进行国家户外休闲系统的重要借鉴。具体有以下建议措施①②：

（一）高度重视前期规划，确保后期管理

政府应从建设规划和运营维护等方面开展相关工作。在开发前，认真调查研究，广泛征求意见，充分分析和讨论，确保步道规划的科学、系统和可行性，为步道的综合作用奠定规划基础。建立政府层面的工作组织，负责协调步道的后期维护和推广，动员社会力量，鼓励社会团体和志愿者组织参与步道系统的运营和维护，扩大步道的影响。同时，建立了一个多层次的管理组织机构。制定有关步道管理和运营维护的相关政策法规，明确管理和责任主体，提出管理和保护要求，确保步道的可持续健康发展。

（二）确保步道的生态功能和网络流畅性

步道的生态功能是一个良好生态网络的基本功能，应注重对步道生态环境的保护和建设，步道是一个开放的有机系统，因此步道开发要关注整体性，将步道开发与生态规划、土地空间规划等结合起来协调和谐发展。同时，应通过各种先进的规划方法，确保不同类型步道的连接性，保证步道的网络流畅性，实现步道建设的规模效应。

（三）步道规划的等级和功能组合

城市和地方的不同区域层面，对步道进行针对性的规划建设，重点是步道的生态保护，休闲娱乐和社会文化。步道与城市公园绿地和开放空间相结合，绿色空间连接独立和分散的绿地，形成一个综合的步道网络，为人们创造步道空间。

（四）普及步道理念

通过大众媒体营造良好氛围，深入步道理念的传播，让大众了解关注步道，让建设步道成为全民共识，减少施工阻力，为步道的后期开发与维护奠定群众基础，提高步道的使用效率和经济价值。

---

① 林朝晖．国外绿道休闲运动场所建设经验及其启示［J］．体育学刊，2018，25（6）：73－77.

② 国外绿道建设典型案例及其启示［J］．北京人大，2013（9）：9－11.

第三节　中国台湾地区步道系统理论与实践

一、中国台湾地区步道发展历程

台湾岛是一个多山的岛屿，山区面积占该岛总面积的2/3，低平地地区约占1/3。东部和中部的大部分地区是高山和丘陵。中央山脉、雪山山脉、王山山脉、阿里山脉和海岸山脉就像起伏的龙，位于台湾岛上。从东北到西南，统称为台湾山脉。台湾丰富的地质和地形景观丰富了自然系统，风景秀丽。

在20世纪70年代，中国台湾地区逐渐发展了森林游乐，最初发展在两个方向：登山步道和森林游乐。其步道系统于20世纪90年代开始进行了初步酝酿，当时由于中国台湾地区爱好登山的人群越来越多，为了给其提供更好、更安全的服务，当地部门请相关协会调查全中国台湾地区最热门的登山步道，为将来的形成的步道系统做初期调研。2001年，当地部门开始着手进行全中国台湾地区的步道系统规划，并将其纳入相关重点发展计划中。2002年当地部门协调有关单位规划和整合岛上的登山健行步道系统，并规划、设计和选择路线。定制规范，如设施和服务，管理和维护，以及第二年的标准制定。2004年，在当地部门的主导和地方机构、社团、志愿者的配合下，借鉴世界各地先进经验，在短期完成了中国台湾地区步道系统的初步规划，并选出14条具有特殊自然景观或人文历史的步道。2008年当地部门又完成了14个区域步道系统，56个子区域步道系统的规划，如表3-2所示。

中国台湾地区步道系统一开始以地理区位作为分类标准，主要分三种：高山步道——位于海拔3000米以上山区步道；中级山步道——位于高山与郊山之间，海拔1500~3000米；郊山步道——位于海拔约1500米以下的山区步道。后来结合地理区位和步道特色两类标准，分为四大类：高山步道——步道主体分布于高山地区的步道；郊山步道——步道主体位于郊野地区的步道；海岸步道——步道主体位于海岸地区的步道；历史步道——分布于上述地区，但具有特殊历史文化代表性的步道。

表 3-2 中国台湾地区步道建置发展及执行的阶段进展

执行策略	阶段进展
一、规划步道系统蓝图	1. 步道系统蓝图规划
	2. 步道系统建置发展计划
二、订立步道设置管理规范	3. 步道系统设计规范
	4. 步道识别系统设计
	5. 步道设置管理要点
三、自然人文史迹资源调查	6. 步道自然人文调查
四、整建维护步道路面设施	7. 环境景观总顾问
	8. 步道规划设计、整建维护
五、步道系统经营管理监测	9. 步道监测系统出行建置
	10. 步道环境经营管理
六、导览网站管理资讯系统	11. 步道导览网站规划与建置
	12. 步道管库资讯系统规划与建置
	13. 步道电子报发行
	14. 步道吉祥物命名与推广
七、环境教育与宣传行销	15. 步道摄影计划
	16. 步道书画计划
	17. 步道地图、宣传单页或解说图册出版
	18. 召开各种训练班、研讨会、座谈会
	19. 健行登山、徒步走等活动筹划办理
八、公众参与及步道认养	20. 步道认养
	21. 步道结合社区林业、社区营造

二、中国台湾地区步道建设与维护

中国台湾地区步道系统的建设采用从宏观到微观的方式，从步道的建设开始，然后扩展到各个级别的步道。步道的建设不仅包括小径本身，还包括步道配套设施的硬件和软件的构建。步道系统以环境资源的可持续发展为规划原则，并考虑到其他休闲娱乐系统的发展。中国台湾地区步道系统的规划主要由主管林务的部门进行。还邀请其他有关政府单位、专家学者、登山协会和环境保护团体一起进行谈判和讨论。在 2005 年达成了初步共识。在课堂环境属性的前提下，完成了 14 个布道系统的蓝图规划。此外，相关林务部门还设计了“步道识别章”，并通过大家的设计选择了最合适的设计，传播了中国台湾地区的历史和文化。

中国台湾地区步道注重与自然生态环境的互动，由于中国台湾地区的地貌特征与独特的生态环境。独特的自然环境可以通过步道得到展现，同时步道也会为自然环境的保护带来危害。由于中国台湾地区人力、物力和经费的约束，当地部门决定制订计划分期执行。计划如下：以全岛步道系统为脉络，串联全岛旅游区及景观点，以此延伸公共设施范围，形成自然旅游景观网络；发展多功能的步道系统，促进合理利用，依据各步道、景观点的自然人文资源及原始乡土特色发展，发展不同强度的旅游及服务设施，为游人提供不同的游憩体验。步道系统的建设会给人们带来以下好处：

（1）有利于放松身心，促进传统文化。步道一般建在风景秀丽，自然资源丰富，人力资源丰富的地区。它们可以为游客提供以慢节奏欣赏风景的机会。这些被遗忘的风景通过建立步道而回归到我们的生活中。

（2）有利于强化身体素质，陶冶情操。如今，人们的生活水平有了很大提高，但运动变得越来越少，导致人们的身体素质逐渐下降。今天的社交休闲运动盛行，步道非常适合我们的运动需求。通过步道的运动不仅增加了观看的参与度，而且还使游客能够在美丽、放松的环境下培养情感和锻炼身体。

（3）有利于保护生态环境。人们现在追求高质量的发展。在发展中也必须注意保护自然生态环境。现在很多地区都需要进行垃圾分类，对自然生态环境的保护不能落后。步道的建立标志着一个安全区域的划分，游客可以探索稀有的景观，并为保护脆弱的生态系统提供帮助。

（4）有利于旅游业的发展，促进当地经济发展。随着旅游业的快速发展，我们应抓住机遇，利用当地资源发展旅游业，促进当地经济的发展。通过步道，可以向公众展示美丽的风景，让人们有机会体验美丽的风景。这部分收入可用作初步基金，为改善当地基础设施做好准备。

学者徐铭谦把步道志工的概念带回中国台湾地区，找到了培养当地文化志愿者的道路，并提出了志愿者的“工作假期”。意思是志愿者支付一定的费用并在休息日工作的生活方式。霞喀罗古道志愿者的工作假期为两天一夜，大量结合了当地部族的部落文化元素，包括进山仪式、与部落居民捣麻薯等。为了控制步道的承载能力，每次最多招募 20 名志愿者，许多人前来报名，包括上班族，教师和学生。步道志愿者在路上设置了导流木、排水沟和修剪木梯，并享受完成每项任务后成就感。截止到 2011 年，中国台湾地区步道志愿者（志工）投入人数为 1000 人，在各地完成约 1600 米的步道，以步道工程造价 5000 新台币/米来计算，步道志愿者在步道工程中实际贡献800万新台币。

近年来，随着旅游热潮的到来，徒步旅行和生态旅游活动正变得越来越流行。与此同时，随着中国台湾地区步道系统的建立，步道和森林资源的利用和频率已经具有一定的规模。为了增强游客体验的深度和安全性，对步道的主动维护和管理变得更加重要。

在当地政府资源有限的情况下，如何维护步道系统是管理中的一个重要问题。有时候步道可能只是落叶堵住了排水沟，或者只是一块倒下的木头或石头挡住了路，但当地政府部门系统由于种种原因，可能对这些不能及时地进行任何回应。因此，当地政府提到了美国阿巴拉契步道协会的做法。政府负责大型建设项目（风灾整修，桥梁安装等）。其他简单的跟踪维护工作邀请志工协助实施。他们使用志愿服务为自然环境尽最大努力，同时获得最真实、最亲密的徒步体验。

志工是从另一个角度去看自然，目的是转变公众的娱乐方式，从自然的消费者转变到生产者（或参与者），并反馈自己的力量参与资源的维护和建设。一方面，志工减少了公共部门的维护和管理资金。另一方面，志工也让公众直接表达对中国台湾地区步道和森林资源的感受。由于志工为步道努力工作并经历了维护步道的艰苦工作，更珍惜所拥有的宝贵资源。避免过度消费，让森林环境和自然步道可持续运营。

现在中国台湾地区的志愿服务人力和观念逐渐普及，当地林业部门开始积极利用志愿者的公众参与意愿，希望将公共和私人资源结合起来，共同创造优秀的生态旅游体验环境。自2006年以来，“步道劳工志工”得到了推广。通过步道的工作假期，逐渐招募热爱环境保护的志愿者，以促进步道环境的教育，扩大保持森林的行列。

工作假期是一种结合生态和文化的新型休闲形式，是一种新形态的生态环境维护志工服务形式。步道工作假期主要在节假日或学校假期举行。步道志愿者需要支付交通和住宿费用，进入山林进行小规模的步道修复和清洁，了解步道的历史和自然生态，学习简单的项目。社区的工作通过实际修复步道，组织环境劳动，获得身心休息和满足来为社会服务。

人们最近关注回归自然，健身和养生。长期以来，登山和徒步旅行一直是中国台湾地区人们接触大自然的主要途径。中国台湾地区的自然小径拥有丰富的生态资源，人文历史故事和壮观的景色，对各种山地活动爱好者更具吸引力。我们用眼睛和脚印来感受这些步道，但你有没有试过用手和心，甚至手脚和身心来体验真正的灵魂？是否想抛弃日常琐碎的事情，并在一个美丽的环境中与一群热情的人一起工作？中国台湾地区民众可以参加步道工作假期，成为一名步道志愿者，感受到身体在劳动中的力量和活力，在实现目标后享受成就的喜悦和成就感，并在劳动过程中成为中国地区步道守护者。

步道的工作假期为2～3天。在工作期间，大部分野外劳务都是必需的。每条步道的维护工作都是根据当地环境的需求设计的，不同的建设项目是为满足生态工程的规划和人力而设计的操作。当地政府根据具体情况会招聘志工。欢迎所有热爱中国台湾地区自然环境的人士加入志愿服务行列。虽然这是一个非常有吸引力的假期方式，但注册成为中国台湾地区步道志工仍然需要有意识地遵循一些基本的预防措施。

三、中国台湾地区的“国家步道”系统介绍

国家步道系统是由当地林业部门在公园、风景区和森林游憩区推广的步道系统。自2002年以来，它已被列入当地政府推动的重点发展计划。其目的是整合自然娱乐场所，提供多样化的娱乐体验，开发具有低环境影响的多样化生态旅游，并使自然资源可持续运营，同时考虑到生态保护，经济发展和社区福祉。中国台湾地区已有14条步道系统，以下进行介绍：

中央山脉步道路线：中央山脉的步道系统，以太平山至北大武夷山间的中央山脉山脊为主体，步道路线由太平山南北湖山段、南湖中央尖段、甘薯无明段、奇莱能高安东军段、丹大山列段、秀姑峦山列段、关山卑南段及北大武夷段8段步道组成。其中部分路线经过保护区和山体管制区，进入前需要申请。

阳明山步道路线：东起风柜嘴，经由石梯岭、擎天岗、竹篙山、七星山、大屯山、面山，西到向天山。其特色为：阳明山步道系统是中国台湾地区最具有火山及地热活动特色的步道，也是与城市距离最近的步道，步道环境优美，很受人们欢迎。

淡兰—东北角海岸步道路线：目前主要步道分为三段，分别是草岭古道、隆岭古道和三貂岭古道，步道的支线有灿光寮山—无耳茶壶山—基隆山步道。其中草岭古道、隆岭古道位于东北角海岸国家风景区，三貂岭古道、基隆山—灿光寮山步道位于瑞芳镇内。这里包括清代时期中国台湾地区唯一官道淡兰古道，这里是看日出、晚霞、海景视线最好的地方。

插天山步道系统路线：插天山步道系统位于台北县、桃园县和宜兰县交界处，主要以桃源县复兴乡和台北县乌来乡两个原住居民乡为主，连接东眼山、满月圆、内洞、明池森林游乐区以及拉拉山自然保护区和插天山自然预留地。福巴

越岭古道位于台北县、桃园县交界，古道纵贯天山北部山区，连接新店溪与大汉溪。这里具有浓厚的人文气息，涵盖了当地部族的人文历史，步道上还有雾林和巨木组成的生态环境。

霞喀罗—鹿场连岭步道路线：包含霞喀罗古道、鹿场连岭的田村台—桧山及曙光至二本松路段。霞喀罗古道与田村台—桧山—观雾、和白山—桧山段都是位于新竹县尖石乡与五峰乡界，其他路段位于苗栗县泰安乡，属于雪霸国家公园范围，部分路线经过山地管制区，进入须事先申请并获得许可。

苏花—比亚毫路线：苏花古道路线北起苏澳，沿途经过东澳、乌石鼻、南澳到花莲新城，但其中部分已毁坏。比亚毫古道路线则由宜兰县四季向东经过蓄拉瓦、比亚毫、金洋、茂边到碧侯到南澳。这里的苏花古道是中国台湾地区清朝开关的三条主要古道之一。

雪山群峰步道系统路线：包含了大霸线段、武陵四秀线段、雪山东峰线段、志佳阳线段、雪剑线段、大雪线段及鸢嘴—稍来—小雪线段，连接大雪山森林游乐区，西面经过观雾森林游乐区，与鹿场连岭步道毗邻，北可衔接霞喀罗古道到鹿场连岭步道系统。部分路线经过保护区和山地管制区，进入须事先申请获得许可。这里沿线高山林立，包含中国台湾地区第二高峰在内的百岳十九座，有白木林、黑森林、草原等高山植物和深谷、悬崖峭壁、高山湖泊等特殊地景。

合欢—能高越岭步道系统路线：合欢越岭道从阁阁口起，经过燕子口、锥麓断崖古道、慈母桥到天祥，再自白杨步道经新白杨、合欢山到雾社。能高越岭步道位于南投县和花莲县交界，西起雾社，沿着塔罗溪上行、越过南投县与花莲县交界的中央山脉能高鞍部，然后下木瓜溪抵达花莲，全长约 83 公里，其中雾社—屯原和奇莱—花莲段已经开辟为山道。部分路段景观保护区和山地管制区，进入前须申请获得许可。其中合欢越岭古道是日治时期中部三条最著名的越岭道之一，也是现在中横公路的前身。道路沿线可俯瞰立雾溪，体验太鲁阁峡谷，能高越岭是最重要的东西供电路，有“电力的万里长城”的美誉。

关门步道系统路线：西起水里经丹大温泉、关门山，东至富源森林游乐区，步道向南可连接中央山脉脊梁步道的丹大山路段，向北可转奇莱能高东军段接能高越岭步道系统。包含清代关山古道，西起水里、经拔社埔、地利、巴库拉斯、卡社、拉夫郎社、丹大温泉、关门山、伦太文山，东起富源。关门步道是清代修筑的少数几条横贯中央山脉的抚番道路，修筑历史超过上百年，是清代最晚开凿的开山抚番道路。

海岸山脉步道路线：海岸山脉连接花莲和台东之间，北从花莲市花莲溪溪口，东临太平洋西接台东纵谷平原，与中央山脉并列延长约150公里，可分成南北两段。北段介于花莲溪与秀姑峦溪之间，多在海拔1000米以下，以992米的猫公山最高。南段较高，位于秀姑峦溪至卑南大溪，多在海拔1000米以上。这里自然资源丰富，景观极具海岸山脉特色。

阿里山步道路线：主要包含玉山横贯古道西段、塔山古道等具有人文特色的步道，还有部分临近阿里山铁路的周边路段。阿里山步道系统的特色，是早年阿里山地区部族狩猎道路和战道。

玉山横断步道路线：包括玉山群峰步道、清代八通关古道。玉山横断步道大部分位于玉山公园范围内，由台18线转楠溪林道即可抵达登山口，其中台18线也可向西接到阿里山森林游乐区，或向北接台21线转东埔道路进入八开关古道。部分线路经过保护区及山地管制区，进入前须申请获得许可。玉山横断步道系统主要特色以玉山及八通关古道为主，其中玉山山脉是台湾岛最高的山脉，玉峰是台湾岛所有山岳海拔第一，同时也是东南亚地区的第一高峰。而八通关古道是台湾岛最早横贯东西三条越岭古道之一，也是台湾岛目前唯一列名为一级古迹的古道。

关山—内本鹿越岭步道系统路线：古关山越岭道由六龟经宝来、桃源、透仔火、小关山、海诺蓝山、利稻，连接关山越岭道到关山，内本鹿越岭道从拉库音溪上游向新武吕溪移动，再向荖浓溪流域和内本鹿扩展的重要社路，路线西起六龟，经藤枝、溪南山、石山、见晴山、云山、朝日、常盘、嘉嘉代、清水等地，经红叶温泉至鹿野。另外，关山—内本鹿越岭步道系统以历史人文为主要特色，包括关山越岭道、古关山越岭道、六龟特别警备道以及内本鹿越岭道四条路线。其中越岭道部分路段已开辟为南横公路，为早期布农族峦社与郡社群的东西迁徙路线。

南台湾步道系统：分布于台湾岛的南端，包括屏东、台东县等范围，主要整合了古鲁凯步道、古台湾步道系统和廊桥卑南步道系统三个子系统，各个子系统再包含多段步道和古道，也有部分步道经过保护地和山地管制区，进入前应事先申请并获得许可。

中国台湾地区有很多步道，从中脱颖而出成为重点的步道，一般都具有如下特点：具有在资源特色方面自然资源的代表性，文化历史的代表性或景观代表性。此外，综合考虑资源的可用性，娱乐所花费的时间，使用小径的难度，娱乐使用的气候限制以及环境的潜在风险。在避免对生态环境的冲击的前提下，长程且整体环境串联性良好的特点的步道。

四、主要经验及启示

步道本身会构成一个系统，虽然是人为设计出来的，但也是根据人们探索自然、发现自然的具体需求而设计出来的。步道的前期准备与设计要素、选线、设计、铺装以及可能出现的安全问题等各方面都必须做好准备。以步道为脉络，串联各个景区景点，形成多元稳定的旅游网络。步道能增加人与自然的自然互动，培养正确的环境伦理素养，加强人与自然的良性互动。中国台湾地区步道建设标准高，配套设施齐全，采用生态工法技术理念，步道建设、维护经验值得借鉴。

维护管理及监制：适时整理维护步道系统各类设施，延长步道使用寿命，保护民众安全，避免因设施不规范造成安全问题。要按时进行步道使用情况的监测，并按时评估步道的使用情况，步道维护人员根据相关问题，按时维修。

相关部门提供各方机会参与步道维护管理，开启多元参与机制，创造步道新循环。另外，也可以组建步道志工团队，这种非营利性组织一起参与步道的维护。鼓励民间团体认养步道，提供相关步道清洁维护等劳动业务。

大陆地区自然资源丰富，地形复杂多样，可以借鉴台湾地区步道发展的以下几点：

（1）建立了完善的功能体系，依山就势，分散景点布局，通过交通串联景区各个节点，形成“线、点、面”彼此联动的内部格局。

（2）将创意文化植入到关联活动中，少数民族文化的植入，融入到各种主题活动中。

（3）通过打造丰富多元的文化活动，继承与发扬民族文化，将文化特色做到极致。

（4）铺设步道前，首先是考察当地的地理、地质、文化历史、步道的传统工法、就地寻找材料等，综合考虑后设计出最合理方案，其次才是动手。

第四节 加拿大国家步道系统理论与实践

一、加拿大地势特征

加拿大东部是一个丘陵地区，南部是与美国接壤的大湖和圣劳伦斯地区，地势平坦，有多个盆地。西部的科迪勒拉山脉，是加拿大最高的山脉。许多山峰海拔都在4000米以上，北部是北极群岛，有许多山丘和低山。中部是平原区，最高的山洛根峰位于落基山脉西部，海拔5951米。

说到对大自然的热爱，也许这个地球上没有任何地方可以与加拿大相提并论。可以看到加拿大人对徒步的热爱。事实上，加拿大有很多布径在世界上都很有名。有些依赖于长度，有些依赖于高度，同样是独一无二。加拿大的布道建设较早，并注重生态保护和人文环境，拥有优美的自然环境和悠久的历史。由于具有顽强的生命力和强烈的吸引力，布道的建设虽然不需要大规模的工业建设，但需要能在原油路基上开辟一条狭窄的土石路。人们可以沿着小径深入森林和山谷，锻炼身体，培养气质，感受大自然的美丽。有些小径只能连接景点和景点之间的道路，有些小径可以成为自然风景，成为游客的热门景点。

步道系统为游客提供了深入大自然的主要网络。除了向公众提供用脚去走，用眼睛去看，更多的是提供一个户外场地，每个人都可以体验它，展望国家步道系统的未来发展，除了高品质的户外活动外，希望通过良好的山地活动，人们将从大自然中学习，借鉴不同的生活经验，从精神层面建立人与人、人与自然的和谐关系。

国家步道建设的目的主要是为了提高休闲体验的质量，增加户外休闲的机会，提供自然学习的场所，减轻娱乐的压力。步道选择的三个要素：第一，步道的资源特征；第二，步道开发对环境和生态的影响；第三，娱乐的安全性和适用性。

二、加拿大国家步道实践

（一）环境依托型——世界最长的步道

The Great Trail 是加拿大的非营利项目，从1992年发起，旨在通过各类大大小小的步道把整个加拿大从东到西连接起来。2017年8月26日，终于在项目设立26年后，赶在加拿大庆祝150周年国庆之际，完成全线贯通，成为世界上最长的徒步旅行步道。大步道可以说是加拿大的万里长城，全长2.4万公里，横跨加拿大东西两岸向北直抵北冰洋海岸，穿越加拿大全境，联通三大洋的13个省1.5万个社区，80%的加拿大人可以在30分钟内从社区走上大步道。

在大步道上，除了汽车之外，可以使用任何交通工具。徒步旅行者可以遇雪滑雪，遇水开船，遇山爬山，遇到平原骑自行车。The Great Trail 以独特而壮观的形式展示了加拿大的美丽和多样性，一次又一次地触动了徒步者的灵魂。从大西洋沿岸的圣约翰大广场出发，沿着克豪斯步道穿过沃特福德山谷，穿过北针叶林到康塞普申湾。沿着功勋河乘坐渡轮前往新斯科舍省，进入迷人的阔叶林。这里村庄古雅，海景迷人。当穿越芬迪湾时，将会看到世界上最高的潮汐。之后，步道进入落基山脉。悬崖边的大角羊的惊鸿一瞥，沼泽地麋鹿和狼影影绰绰，瀑布也不远。沿着湖泊，白杨和云杉森林进入寒冷森林的深处。壮观的喀斯特地貌就在面前。盐湖边缘的岩石被盐和风霜侵蚀，形状宏伟，令人着迷。大道分为两段，蜿蜒穿过北方针叶林，北极寒带苔原至北冰洋海岸，或经沃森湖至伊努维克，穿越荒野地区，穿越育空高原森林，进入北极圈。废弃的铁路，古老的淘金路，自古以来土著人民使用的山路，荒野探险之路，以及散落在山中的古老小径共同构成了这条传奇之路。当一个人分阶段走过这条路时，环境资源局下属的国家公园管理办公室会给他发一枚奖章，许多徒步旅行者将此作为无上的荣耀，如图 3 –4 所示。

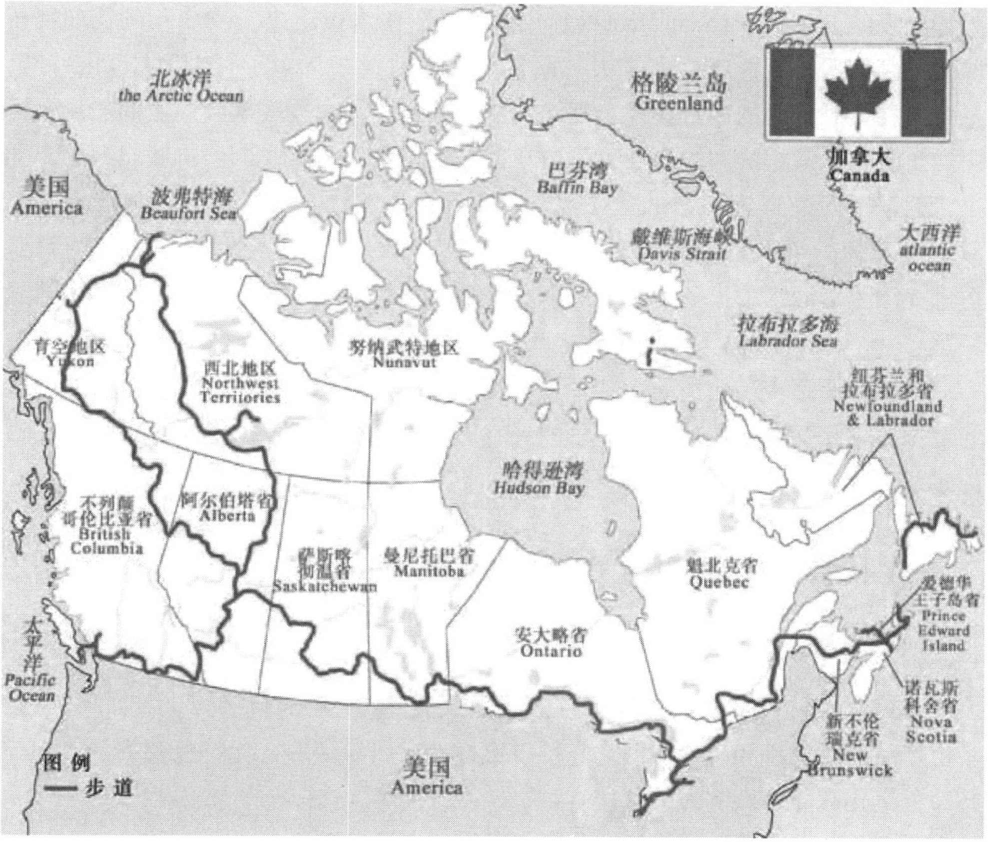

图 3 –4 加拿大步道

大步道是从景观、历史、文化、自然和社会的各个方面展示加拿大的巨大媒介。它是一个“国家象征”，将国家的美丽与民族精神联系在一起。只要人们沿着这条路走过山路过河，他们就可以到任何一个角落踏上加拿大的每一寸土地，更好地了解这个国家的自然和人文景观。

大步道是加拿大的一项重大举措。通过大步道，可以带动全国旅游业，整合国家独特的自然资源。在尊重自然而不破坏环境的前提下，建造了一条独特的大型步道，向世界各国展示加拿大的美丽。The Great Trail 的主要任务是组织交通，连接拥有丰富自然资源和人力资源的区域，以便行人可以轻松到达他们想要去的地方。此外，The Great Trail 充分利用了小径所处的质量或特殊环境，并在与环境相关的位置完成其最基本的导游功能。

（二）感官体验型——最“晃”的游步道——卡皮拉诺空中吊桥步道

横跨卡皮拉诺河谷的原始吊桥建于 1889 年，由苏格兰土木工程师乔治·格兰特·麦凯（George Grant Mackay）用麻绳和雪松木板建造。1903 年的钢丝吊桥取代了缠绕吊桥。这座桥在过去被原住民称为“笑桥”，因为当风吹过山谷时，悬索桥在风中摇摆的声音就像人类的笑声。悬索桥的底部覆盖着湍流的悬崖，深山和急流。悬索桥的两侧是各种松树和雪松树，高大挺拔，风景自然而原始。如今，这条坚固的索道吊桥长 137 米，高 70 米。两端用钢筋混凝土加固，并于 1956 年重建。桥下是卡皮拉诺河的湍急河流，茂密的森林树梢，在桥上行走，仿佛在绿色的海水中！随着卡皮拉诺吊桥越来越受欢迎，越来越多的游客来这里参观。

卡皮拉诺空中吊桥步道专注于多种感官体验，如视觉、听觉、触觉和嗅觉。通过感官关注和表达，如多种颜色和美妙的声音，它为步道提供了更直接和丰富的感官体验。它为游客提供了特殊的感官体验。

（三）文化主题型——亚伯达省玉米“二维码”迷宫

这是一个面积为 28760 平方米的“二维码”玉米迷宫。最令人惊奇的是，这个二维码绝对不是一个摆件。当乘坐直升机飞越玉米迷宫时，通过窗户，然后扫描迷宫，可以自动跳到农场的专属网站。

亚伯达省玉米“二维码”迷宫赋予了文化主题和灵魂，使其生动，并且是步道产品的新卖点和价值来源。它可以更好地突出景区的文化特色和内涵，加强其特色文化和品牌影响力的塑造。

（四）艺术创意型——冰川天空步道

冰川天空步道坐落于冰原大道之中，是由低碳环保的材料建筑而成，距离哥伦比亚冰原及冰川探险中心仅几分钟的路程。这个弧形天空步道从悬崖峭壁外伸出30米远，游客可以沿着完全开放的峭壁步道抵达辛华达峡谷上方280米的玻璃地板观景台。在天空步道上，游客可以享受新华达峡谷直到贾斯珀国家公园的山脉，享受冰川之美的兴奋，感受鸟儿飞翔的瞬间。站在这里，有一个拥有数千年历史的天然宝库。向上看，许多壮丽的冰川和山景都在你的面前，环顾四周，会发现这里独特的生态系统和无尽的生态景观。这种体验也是许多人的考验，只有那些有勇气挑战自我的人才有机会欣赏这一独特的景观。这条天空步道是世界上最独特的生态系统。冰川天空步道是一项创新且重要的举措，将允许所有年龄段和不同类型的游客以最直接和最简单的方式体验冰原大道。

以特立独行的创意形态为第一设计要素塑造步道，它是产品的亮点并吸引公众。突破原始或传统的思想和行为模式，这些步道具有“艺术品”的属性，成为游客唤醒意识和治愈灵魂的良药。

三、加拿大国家步道系统的主要经验及启示

加拿大国家步道系统有着非常悠久的历史和相对完善的体系，还拥有纯粹自然的美景。在西方流行的大地审美、风景审美等不同角度的审美体系中，生态的完整性都是非常重要的考量因素。政府有关部门和志愿者参与国家步道的管理，大量资本对国家步道进行投入，将国家分散的步道进行整合利用，为人们生活健身提供方便。根据各地区自然、人文条件和经济发展水平，以自然要素为依托和构成基础，因地制宜，绿色发展，节约集约利用资源，保护生态环境，注重可持续发展。

任何一条声名远扬的步道都具备两个显著特征，原始优美的生态环境和历史悠久的文化，我国地貌奇特多姿，山川河流纵横交错，有着五千年的悠久历史文化，浓厚的历史文化底蕴是步道得天独厚的优势，如丝绸之路、茶马古道等。在保护上，要规范徒步者的运动环境和范围，避免活动时随意无序，注重生态文明的同时兼顾徒步者的安全。在开发上，要创造品牌赛事，创意历史文化活动。让历史融入步道，使步道传播文化，才能使步道成为活生生的百科全书，焕发出顽强的生命力，犹如万里长城般光彩照人，影响深远。我国的步道建设可以借鉴以下原则：

（一）以人为本的原则

建设步道的服务型团体是居民和游客。因此，在线路选择、功能设计、服务匹配、规模控制和安全保护方面，以人为本的人文情怀应该随处可见。要以人的

情境为核心，以人为主，以周围环境为一体，进行人性化的建筑设计。

（二）生态保护原则

要注重对生态环境敏感性的分析，充分尊重当地生态环境和场地，以生态环境保护为先，减少对植被和生态环境的破坏，尽量减少对生态环境的不利影响。维护生态系统的稳定性、物种多样性和自然真实性。

（三）规范化原则

人无法则穷，国无法则乱。加拿大国家步道的建设由相关政府部门，社会福利组织和志愿者共同维护。中国有关部门应建立与之相适应的管理体制和机构。同时，还应该出台一系列法律法规，规范国家轨道的维护和建设。

（四）协调性原则

国家政府机构和社会团体有自己的角色和部门，彼此密切相关，应该做好分工，以实现保护步道和满足人民需求的最终目标。

第四章　国家登山健身步道系统建设发展环境分析

第一节　国家登山健身步道系统构建的 PEST 分析

PEST 分析是指宏观环境的分析，P 是政治（Politics），E 是经济（Economy），S 是社会（Society），T 是技术（Technology）。在分析一个行业所处的背景的时候，通常是通过这四个因素来进行分析行业所面临的状况。

进行 PEST 分析需要掌握大量的、充分的相关研究资料，并且对所分析的行业有着深刻的认识，否则，分析很难进行下去。经济方面主要内容有经济发展水平、规模、增长率、政府收支、通货膨胀率等。政治方面有政治制度、政府政策、国家的产业政策、相关法律及法规等。社会方面有人口、价值观念、道德水平等。技术方面有高新技术、工艺技术和基础研究的突破性进展。

改革开放以来，随着经济的迅速发展，人民生活水平显著提高，根据马斯洛的需求层次分析理论，人们对休闲娱乐方面的需求不断提高，这为登山健身业的发展提供了很好的契机。此外，国家相关政策和法规的不断实施和完善，使休闲健身行业内部也发生了很大改变和调整，为登山业的发展提供了很好的基础，我们通过对政治、经济、社会和技术等因素进行分析，来确定这些因素的变化对登山健身业发展所带来的影响。

一、政治环境

政治环境包括一个国家的社会制度，执政党的性质，政府的方针、政策、法令等。不同的国家有着不同的社会性质，不同的社会制度对组织活动有着不同的限制和要求。即使社会制度不变的同一国家，在不同时期，由于执政党的不同，其政府的方针特点、政策倾向对组织活动的态度和影响也是不断变化的。因此，在制定行业战略时，对政府政策的长期性和短期性的判断与预测十分重要，行业战略应对政府发挥长期作用的政策有必要的准备；对短期性的政策则可视其有效时间或有效周期而做出不同的反应。

休闲时代的全面来临和全民健身浪潮的兴起，随着人民生活水平日益提高，人们对体育健身、休闲、旅游的需求日益增加，尤其在近几年，各种形式、不同内容的体育活动与老百姓的生活更加紧密。2014 年，国务院印发《关于加快发展体育产业促进体育消费的若干意见》（国发〔2014〕46 号），明确提出了倡导积极健康的生活方式，提高生活质量，激发全民参与到体育活动的浪潮中来，并将全民健身上升为国家战略，推动全民健身在全国范围内的实施，把全民健身作为产业发展和扩大。

国务院印发的《全民健身计划（2011－2015 年）》（国发〔2011〕5 号）提出，要充分利用公园、绿地、广场等公共场所和山水等自然条件，建设公共体育设施以及健身步道、登山道等户外运动设施。

2016 年，国务院办公厅印发《关于加快发展健身休闲产业的指导意见》（国办发〔2016〕77 号）中提出，要充分挖掘水、陆、空资源，研究打造国家步道系统和自行车路网，重点建设一批山地户外营地、徒步骑行服务站、自驾车房车营地、运动船艇码头、航空飞行营地等健身休闲设施。

2016 年，中共中央、国务院印发《“健康中国 2030”规划纲要》，统筹建设全民健身公共设施，加强健身步道、骑行道、全民健身中心、体育公园、社区多功能运动场等场地设施建设。

2016 年，《国家林业局关于大力推进森林体验和森林养生发展的通知》（林场发〔2016〕3 号），要加强森林体验（馆）中心、森林养生（馆）中心、森林浴场、解说步道、健身步道等基础设施建设，完善相关配套设施。

2018 年，国务院办公厅印发《关于促进全域旅游发展的指导意见》（国办发〔2018〕15 号），建设美丽宜居村庄、旅游小镇、风情县城以及城市绿道、慢行系统，支持旅游综合体、主题功能区、中央游憩区等建设。改善公路通达条件，提高旅游景区可进入性，推进干线公路与重要景区连接，强化旅游客运、城市公交对旅游景区、景点的服务保障，推进城市绿道、骑行专线、登山步道、慢行系统、交通驿站等旅游休闲设施建设。

《体育发展“十三五”规划》中提出，到 2020 年，人均体育场地面积要达到 1.8 平方米。

2018 年，国家体育总局、发展改革委等 12 部委联合印发《百万公里健身步道工程实施方案》。方案提出，到 2020 年，力争在全国每个县（市、区）完成 300 公里左右健身步道建设，以此为载体，推动全民健身活动广泛开展，带动县域经济发展，助力脱贫攻坚，决胜全面小康。健身步道投资少、见效快、承载力强、容量大，是全民健身的重要载体。国家登山健身步道系统的构建既能提升我国公共户外游憩空间服务品质，也顺应了低碳时代“美丽中国”发展的需要。

《百万公里健身步道工程实施方案》（以下简称《方案》）的指导思想紧密贯彻党的十九大精神，全面实施“百万公里健身步道工程”，旨在丰富群众身边的体育设施，广泛开展全民健身活动，加快推进体育强国建设，深入推进全民健身与全民健康深度融合，不断满足人民群众日益增长的健身需求。同时，该《方案》由多部委协同治理确保方案落地。健身步道的规划建设和可持续发展离不开多部门的协同治理，此次发布的《百万公里健身步道工程实施方案》，是由体育总局、发展改革委、财政部、国土资源部、住房和城乡建设部、交通运输部、水利部、农业部、新闻出版广电总局、林业局、旅游局、国家标准委 12 部位联合发布的。

我国始终走和平发展之路，长期以来政局稳定，在党的领导下，各项方针政策的执行力、可持续性都非常高，这为登山健身行业的发展提供了良好的外部环境，国家针对旅游、休闲、健身而制定的相适应的法律法规及行业标准不断完善，政府也在不断加大重视程度，期望以此为契机，形成当地良好的投资环境，达到招商引资的目的，同时推动全面健身活动广泛开展，以提高广大国民的身体素质。

二、经济环境

经济环境包括宏观和微观两个方面的内容。宏观经济环境主要指一个国家的人口数量及其增长趋势，国民收入、国民生产总值及其变化情况，通过这些指标能够反映国民经济发展水平和发展速度。微观经济环境主要指行业所在地区或所服务地区的消费者的收入水平、消费偏好、储蓄情况、就业程度等因素。这些因素直接决定着企业目前及未来的市场大小。

GDP 即国民生产总值反映了国家的经济整体实力，近几年来，我国的国民生产总值都呈上升趋势，随着我国经济的不断发展，中国休闲健身行业面临重大发展机遇：中国经济持续快速增长，必将对休闲健身需求增长发挥基础性的支撑作用；城乡居民收入将稳定增长，这将进入世界旅游界公认的旅游业爆发性增长阶段。随着经济的发展，人民的生活水平日益提高，人们的可支配收入和闲暇时间变多了，这为人们的休闲健身动机的产生创造了条件。另外，人们的养生意识提高了，更多人参与了以健身疗养为目的的健康疗养旅游。还有，人们的受教育水平提高了，大家对精神文明的追求也上升了，于是有更多的人有了休闲健身的机会。

2013 年以来，GDP 增速逐年放缓，传统的外需驱动型经济模式受到挑战，转变发展方式、优化经济结构、转换增长动力，是我国经济持续健康发展的必然要求。与 2013 年比，2017 年第一产业和第二产业增长相对缓慢，以商品和服务为主的第三产业对经济增长的拉动作用较为明显，我国经济转向高质量发展阶段，如图 4－1a、图 4－1b 所示。

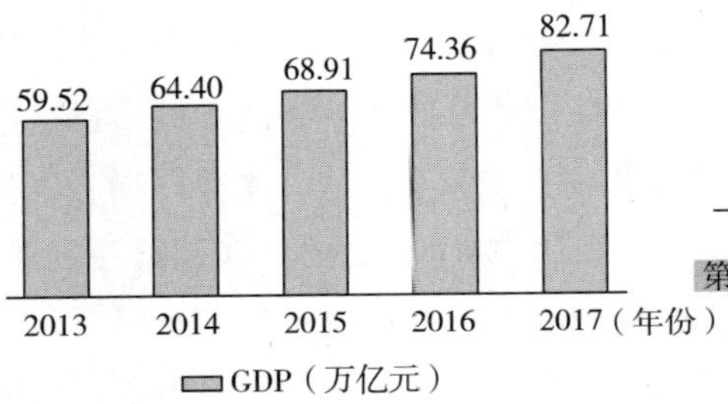

图 4－1a　2013～2017 年我国 GDP 增长

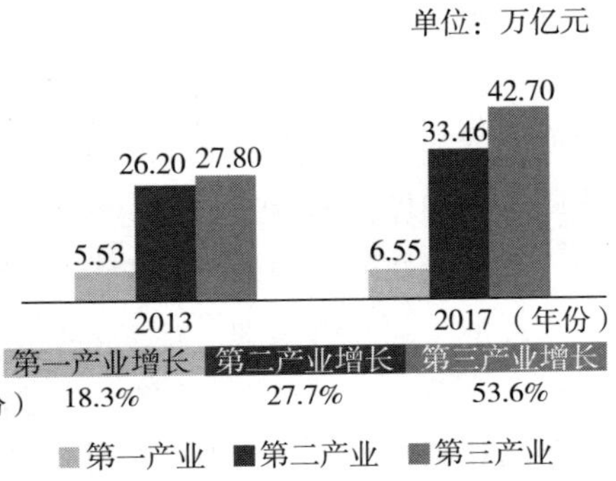

图 4－1b　2013 年和 2017 年三产增长

与 2013 年对比，2017 年以衣食住为代表的生活刚需型消费占比均有所下降；而以教育文化娱乐、交通通信、医疗保健和生活用品及服务为代表的品质消费占比均有所提升，这表明居民的消费结构升级，对文娱、服务性消费有较高的需求，品质消费不断提升，居民对美好生活的需要日益增长，如图 4－2 所示。

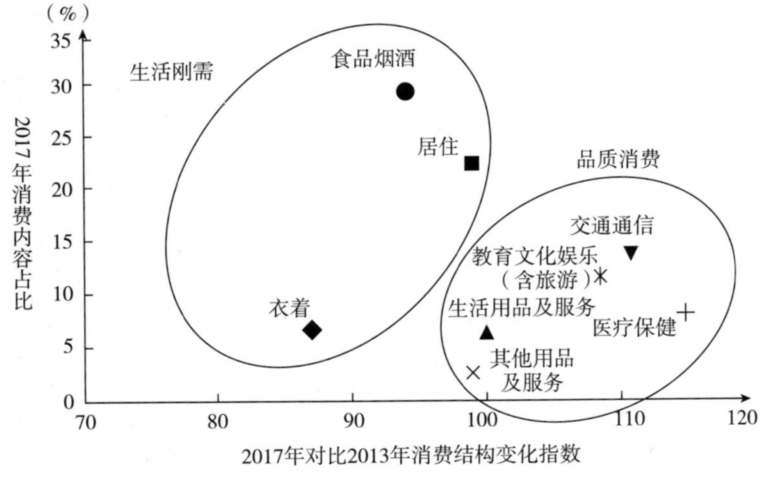

图 4－2　2017 年对比 2013 年居民消费结构变化

经济基础决定上层建筑，人们的基本物质需求得到满足之后，就会转向文化需求。随着经济社会的快速发展，人们对生活质量有了更高的标准和追求，同样人们参与休闲娱乐的欲望越来越高。体育旅游作为旅游市场的一种新产品完全符合人们健身休闲与娱乐的需求，而体育旅游是建立在一定经济基础和收入水平上的高层次的消费活动，它与一个地区的经济水平成正相关关系。因此，中国经济的快速发展，既促进了群众休闲健身的需求，更为中国体育旅游的发展提供了强大的经济基础。

随着我国社会经济快速发展，国民休闲时间的增加，户外游憩活动的日渐火爆，以及便利而频繁地回归自然和接触自然需求的日趋强烈，呼唤着中国国家步道系统的发展。国家步道系统是一种重要的国民休闲设施及空间。我国自然文化资源丰富多样，有着异常丰富的步道资源，如丝绸之路、茶马古道等，为国家步道系统开发建设奠定了极好的资源条件。

三、社会环境

社会文化环境包括一个国家或地区的居民教育程度和文化水平、宗教信仰、风俗习惯、审美观点、价值观念等。文化水平会影响居民的需求层次；宗教信仰和风俗习惯会禁止或抵制某些活动的进行；价值观念会影响居民对组织目标、组织活动以及组织存在本身的认可与否；审美观点则会影响人们对组织活动内容、活动方式以及活动成果的态度。

随着我国经济的快速发展，居民的受教育程度不断提高，消费水平也发生了较大的改变，对休闲健身的需求也急剧提高，使登山健身得到飞速发展。不同年龄阶层的登山健身需求也逐渐增加。老年阶层因为退休后不再工作，也有稳定的收入，再加之对健身养生的需求，登山健身市场规模庞大。青年阶层刚踏入社会，对登山、探险等新鲜事物有浓烈的兴趣，加之需要休闲来缓解工作、学习的压力，也有很大的市场，也是登山的主力军。

从文化的角度来看，登山是一项勇敢者所进行的探险活动，是人类向更快、更高、更强方向发展的进取精神的体现，更是一个民族、一个国家积极向上的表现。登山，不只是攀爬山壁、享受一览无遗的美景以及体验野外生活的活动，登山也是一种挑战，既要冒生命危险，又要备尝艰难困苦，登山十分刺激，其魅力无法阻挡，但登山过程充满挫折，有时甚至会危及生命。登山所带来的启发和乐趣，其魅力已不仅限于是消遣或运动，更能令人为之着迷，有时甚至欲罢不能。从古时起，登山就是受很多人喜爱的运动。李涉曾写过《登山》：终日昏昏醉梦间，忽闻春尽强登山。因过竹院逢僧话，又得浮生半日闲。袁枚（清）也作过一首《登山》：焚香扫地代诗成，一笑登山倚杖行。爱替青天管闲事，今朝几多白云生。

《2017 年中国人运动报告》数据显示，近一半的人已经让运动成为生活习惯，可以做到每天运动。11.41% 的人也同样保持高频率的运动，每周坚持运动 4 ~6 次，24.42% 的人每周适当运动 3 次以内，仅有 16.42% 的人几乎从不运动。而在运动方式的选择上，63.2% 的运动人士选择走出室内，到公园、户外进行户外运动。随着全国各地方公共健身服务体系的日趋完善，国人运动意识越发强烈。也有越来越多的人将运动变成一种习惯以及生活方式，开始享受健康生活。健身步道位于户外，可以很好地满足人民群众的需求。

四、技术环境

技术环境除了要考察与行业所处领域的活动直接相关的技术手段的发展变化外，还应及时了解国家对科技开发投资和支持的重点、该领域技术发展动态和研究开发费用总额、技术转移和技术商品化速度、专利及其保护情况等。

国家登山健身步道系统，即一个区域内所有登山步道的连接及其附属区域、设施的综合，详细规定了步道路面建设标准、统一的标识系统、完善的安全体系，注重科学健身与环境保护，强调权威性、科学性、严谨性。其标准由中国登山协会制定、由国家体育总局批准颁布并向全国推广，是国家权威的 NTS 综合标准体系。国家登山健身步道由具有步道规划设计资质的单位进行规划设计，按照国家《登山健身步道配置要求》修建，由中国登山运动管理中心验收合格并投入使用。

第二节　国家登山健身步道系统构建的 SWOT 分析

SWOT 分析，即基于内外部竞争环境和竞争条件下的态势分析，就是将与研究对象密切相关的各种主要内部优势、劣势和外部的机会、威胁，通过调查列举出来，并依照矩阵形式排列，然后用系统分析的思想，把各种因素相互匹配起来加以分析，从中得出一系列相应的结论，而结论通常带有一定的决策性。运用这种方法，可以对研究对象所处的情景进行全面、系统、准确的研究，从而根据研究结果制定相应的发展战略、计划以及对策等。

S（Strengths）是优势、W（Weaknesses）是劣势、O（Opportunities）是机

会、T（Threats）是威胁。按照企业竞争战略的完整概念，战略应是一个企业“能够做的”（即组织的强项和弱项）和“可能做的”（即环境的机会和威胁）之间的有机组合。

SWOT分析方法从某种意义上来说隶属于企业内部分析方法，即根据企业自身的条件在既定内进行分析。SWOT分析有其形成的基础。著名的竞争战略专家迈克尔·波特提出的竞争理论从产业结构入手对一个企业“可能做的”方面进行了透彻的分析和说明，而能力学派管理学家则运用价值链解构企业的价值创造过程，注重对公司的资源和能力的分析。SWOT分析，就是在综合了前面两者的基础上，以资源学派学者为代表，对公司的内部进行分析（即20世纪80年代中期管理学界权威们所关注的研究取向），与以能力学派为代表的产业竞争环境的外部分析（即更早期战略研究所关注的中心主题，以安德鲁斯与迈克尔·波特为代表）结合起来，形成了自己结构化的平衡系统分析体系。与其他的分析方法相比较，SWOT分析从一开始就具有显著的结构化和系统性的特征。就结构化而言，一是在形式上，SWOT分析法表现为构造SWOT结构矩阵，并对矩阵的不同区域赋予了不同分析意义。二是在内容上，SWOT分析法的主要理论基础也强调从结构分析入手对企业的外部环境和内部资源进行分析。

从整体上看，SWOT可以分为两部分：第一部分为SW，主要用来分析内部条件；第二部分为OT，主要用来分析外部条件。利用这种方法可以从中找出对自己有利的、值得发扬的因素，以及对自己不利的、要避开的东西，发现存在的问题，找出解决办法，并明确以后的发展方向。根据这个分析，可以将问题按轻重缓急分类，明确哪些是急需解决的问题，哪些是可以稍微拖后一点的事情，哪些属于战略目标上的障碍，哪些属于战术上的问题，并将这些研究对象列举出来，依照矩阵形式排列，然后用系统分析的思想，把各种因素相互匹配起来加以分析，从中得出一系列相应的结论而结论通常带有一定的决策性，有利于领导者和管理者做出较正确的决策和规划。

一、优势与劣势分析（SW）

（一）优势分析

1. 生态优势

国家登山健身步道可最大程度地避免与日俱增的户外爱好者自助出行带来的运动环境不规范、活动随意无序、安全事故频发等负面问题。步道建设采用生态工法，使步道最大程度地融入自然，最低程度地减少对环境的破坏和冲击，可使局部自然环境形成无须大量人力维护的“自主涵养”的生态体系。

2. 文化优势

国家登山健身步道系统的建设将散落的人文景观资源以自然线性景观的方式串联起来，构成了展示文化的景观元素、传承地方文脉的自然风景线。它的建设起到了保护文化景观资源、体现了地方文化氛围和文明程度的作用，可使部分渐被遗忘的历史文化资源重放光芒，体现步道文化价值。

3. 经济优势

国家登山健身步道借助其完善的系统，贯穿沿线休闲旅游资源，实现区域内自然和人文景观资源有机串联，优势互补，并使之系统化，为游客提供多样的游憩体验，形成一个大的运动旅游区域，推动地区休闲旅游产业的构建和发展，为地方百姓提供“创收、增收、就业”良机，为地方经济发展创造崭新的价值。同时，步道建设费用低，能够使最少的建设资金在短期内发挥最大的效用。

4. 价值优势

国家步道作为政府公益性质项目，为大众提供了一个开放、公平、自由、多样的户外运动空间，满足了不同性别、不同年龄、不同阶层社会群体的户外运动需求，凸显了户外健身运动的复合价值，延伸了全民健身空间，探索出适合我国公共事业建设的可持续发展模式，是服务型群众体育项目发展的典范。

（二）劣势分析

与完善的美国国家步道体系相比，我国步道存在类型单一，相应的法律法规和技术标准尚未建立，对国家步道的规划、建设以及建成后的运营、管理和维护没有进行明确的界定等问题。

1. 步道未成体系，社会认知度低

我国国内登山健身步道建设时间短，政府机构尚未从公共产品的视角对国家步道开发与建设进行全面的统筹，没有形成完善的步道系统，影响了综合效益的发挥。我国目前登山健身步道产业尚处于起步阶段，市场规模小。美国每年的登山步道规划、设计、研发市场值将近 10 亿美元，而我国每年的相关费用尚不足千万元。由于步道社会认知水平不够，步道建设和管护过程中公众参与性差，以致步道在现实使用过程中，对沿途自然生态环境、文化景观等造成冲击。

2. 步道可达性差，步道间缺乏有效联通

当前建成的登山步道的进入缺乏明显的导视标识，且与公共道路系统缺乏有效的连接，使登山者不能方便地感知和利用。我国国家登山健身步道现状规模较小，导致步道各自为政，相互之间缺乏良好的联系，降低了登山步道的便捷度和可达性。

3. 步道建设水平低，配套设施不完善

在国家登山健身步道法规和制度建设层面，虽然2010年5月中国登山协会制定了《国家登山步道标准》，但该项标准在步道体系认知、步道建设技术规范等方面尚不完善，不能完全作为国家宏观层面的技术指南和规范。在登山步道设计层面，生态保护、文化景观保护、景观美学等理念尚未得到完全贯彻，步道建设没有上升到科学的理论水平和全面正确的认知程度，导致步道建设对生态环境产生破坏，步道人工痕迹重，线性空间与节点空间设计简单，景观序列差，降低了使用者体验度。在步道建设层面，通过对建成登山步道的调查研究发现，公众对国家登山健身步道反映的问题主要集中在基础设施建设和配套方面，如卫生设施不健全、标识系统不完善、使用说明不详尽、沿途休息点设计不人性化等。

4. 步道规范不健全，建成后管理维护差

国家登山健身步道建成后的管理、维护和运营也是需要正视的问题。目前我国国家登山健身步道系统的管理维护机制仍未建立，主要停留在建设上，政府相关职能部门管理权责不明，在建设过程中体育部门、旅游部门、规划部门、交通部门等有相关机构都有参与，但对后续步道管理和维护没有明确权责界定，客观上导致步道在运营、管理时无据可依，这给国家步道的持续发展和安全使用带来了挑战。

二、机会与挑战分析（OT）

（一）机会分析

1. 宏观政策支持

2016年6月23日，国务院发布《全民健身计划（2016－2020）的通知》。10月25日，中共中央、国务院发布《“健康中国2030”规划纲要》，指出通过完善全面健身公共服务体系，建设健康城市和健康村镇来优化健康服务，提高全面健身素质，普及健康生活。同日，国务院办公厅发布《关于加快休闲健身产业的指导意见》。12月22日，国家旅游局和国家体育总局共同颁发《关于大力发展体育旅游的指导意见》。2018年3月16日，国家体育总局、发改委等12部委联合印发《百万公里健身步道工程实施方案》。

以上政策、方案都明确提出将全面健身上升到国家战略，相关政策的颁布实施反映出，国家对休闲健身的发展要求越来越高，大力支持群众参与体育锻炼、支持体育事业发展的良好的社会氛围，对大力发展休闲健身产业提出并制订了具体的目标方案，为国家登山健身步道的建设带来了良好的发展契机。

2. 国民经济提高

经济基础决定上层建筑，我国经济水平持续增长，群众越来越关心自己的健康，城乡居民体育锻炼的意识增强，参加体育锻炼的积极性提高，意识和积极性的提高必将为相关产业带来巨大的商机。近年来，我国第三产业发展的增长率最高，发展势头迅猛，属于第三产业的登山健身必将有很大的发展空间。

（二）挑战分析

1. 如何解决建设用地、资源合理利用、环境保护等问题

国家登山步道串起的旅游资源包括森林公园、自然保护区、湿地公园、国家公园、风景名胜区、地质公园等自然遗产地和古村、古镇文化遗产地等，如何实现国家登山步道与途经旅游地相关资源的衔接，和对上述相关资源的有效保护是国家登山步道需要认真研究的课题。

无论是维持国家登山步道的持续发展还是满足游客的基本需求，都需要建设基础性和必要性的管理、服务、经营设施；但是基于资源保护，这些地方对建设用地具有严格的限制，因此在国家登山步道沿途搞经营性设施、配套服务设施就会遇到瓶颈。土地也只是其中一个重要层面，在资源利用、环境影响等方面都会遇到当前法律法规的紧箍，总体来说，怎样规避上述问题、突破瓶颈，实现特许经营是首先要思考的问题。

2. 如何建设科学的经营管理模式、实现造血式持续性发展

如此巨大工程投入谁去投资？如果政府投资，后期的修缮、维护将是一个非常大的负担，这需要大量的持续性资金投入。能否如同高速公路一样，国家登山步道由企业与政府合作进行管理经营？但国家登山步道和高速公路又不一样，高速公路更多的是提供社会基础性出行服务，其流量规模较大且比较稳定，企业有利可图，因此愿意去投；然而国家登山步道更多的是提供旅游服务，其流量规模肯定较小，前景如何未可知，企业多不愿意投。即使企业愿意投，又将如何获得回报。

第三节 国家登山健身步道系统构建的 RMP 分析

一、RMP 分析的概念

RMP（昂普）分析是由我国知名学者吴必虎于 1999 年提出的理论，主要是

针对区域旅游开发面临的新局面和新问题所制定的一种系统的工作流程，目的是在进行可行性研究和制定发展规划时，保证提出的解决方案切合实际并且具有科学依据。“R”、“M”、“P”三个字母分别代表 Resource（资源）、Market（市场）、Product（产品），这一理论分析流程即以旅游产品为中心，进行 R 性分析（Resources Analysis）和 M 性分析（Market Analysis），再以此为基础进行 P 性分析（Product Analysis），并最终提出以旅游产品为中心的规划框架①，如图 4－3 所示。

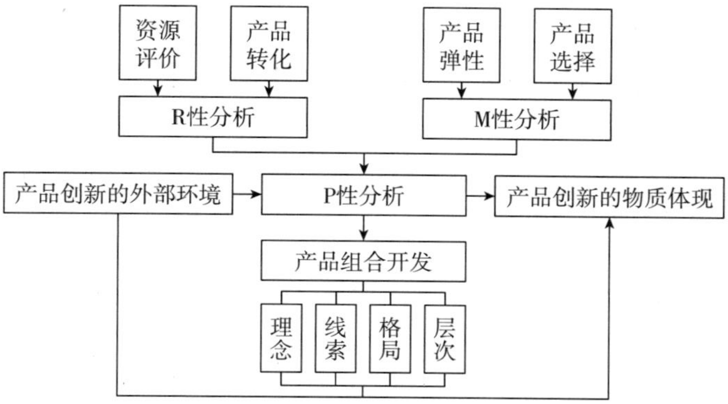

图 4－3　RMP 分析模式

二、国家登山健身步道系统构建的资源（R 性）分析

登山健身步道作为一种体育休闲产品，必然是需要以特定的自然资源为前提来进行系统构建的。国家体育总局中国登山协会于 2010 年出台的《国家登山健身步道标准》对登山健身步道做出了定义：以登山为基本方式，在山地上修建的、以健身为目的的步道（区别于旅游步道等）。从定义中可以看出，登山健身步道建设所需要的最基础资源当属山地资源。我国国土面积广阔，其中山地面积就占总陆地面积的 1/3，可以说我国拥有异常丰富的山地资源，这也是对于国家登山健身步道系统构建来说非常有利的自然资源条件。

当然，值得注意的一点是，并非所有的山地地形都适合建设登山健身步道，在进行线路规划和可行性研究时，需要通过地理系统分析或实地考察的方式排除

① 吴必虎. 区域旅游开发的 RMP 分析——以河南省洛阳市为例［J］. 地理研究，2001（1）：103－110.

很多不适宜建设登山健身步道的地区，并且将符合条件的地形地段设计成可连接的徒步路线。根据国家体育总局发布的《健走步道配置要求（标准）》，登山健身步道的选址应选择在海拔3500米以下的山地中，选线以坡度5～25度的路段为宜，坡度超过25度的路段须设台阶。坡度过低的路段与寻常走路无异，不符合登山的定义，也无法达到预想的健身效果；而坡度过高的路段即使设置台阶，也会让寻求锻炼的普通人遇到困难，甚至有受伤的风险。

除了最基本的对于山地地形和坡度的要求之外，登山健身步道对于沿途的景观和生态环境也有一定的要求。因为归根结底，健身步道是偏向于“全民健身”的一种体育休闲产品，而不是探险类的体育产品，因此，除了注重健身这一方面的功能性之外，也要注重徒步者的休闲体验。登山健身步道往往是一条很长的、需要耗费徒步者较长的时间和较多的体力才能走完的线路，如果没有沿途优美的自然景观或吸引人的历史文化资源，徒步者很容易感到疲乏和厌倦。从安全和环境保护的角度来看，登山健身步道还应避开可能发生山体滑坡、山洪暴发、易发泥石流、风雪灾害等地质不稳定、易发生地质灾害和自然灾害的危险区域；应尽量避开生态环境脆弱、资源易于遭到破坏和野生动物经常活动的区域。因此综合来看，国家登山健身步道的建设对于资源方面的要求并不低，只有满足了以上几个条件，才能真正称之为可用的步道资源。

2016年，国家体育总局、国家发展改革委、交通运输部等八部委联合印发了《山地户外运动产业发展规划》，其中提出了“三纵三横”的全国山地户外运动战略布局。“三纵三横”是以自西向东地理层级的划分作为基准，包含了我国地势的三大阶梯、山川地貌的特点；以自北向南的温度带划分以及地形地貌等差异作为参考，包含了气候、植被、景观、水文、地质、人文等各种特色。以现有的山地户外运动聚集区为标准，包含了徒步、自行车、自驾游、漂流等项目。这一战略布局的提出，也为国家登山健身步道系统的构建提供了极大的参考价值。特别是处在我国地势第一阶梯的西部地区，西部地形以山地和高原为主，有着壮丽的自然景观，步道资源丰富，十分适宜进行登山健身步道的建设工作。2016年由民间组织策划的实地考察队伍从云南大理出发，跨越了四川、重庆、西藏、青海、甘肃五个省份，由南至北纵穿了横断山脉的腹地，以期“自下而上”推动建设成中国首条长距离国家步道——横断天路，如图4－4所示。

图 4－4 横断天路线路

这条被打通的步道全长 2500 公里，沿途集合了雪山、河流、冰川、峡谷等多种多样的自然风光，涉及的知名景点就有虎跳峡、哈巴雪山、雅拉雪山、三奥雪山、三江并流等，穿越了 20 多个少数民族生活的区域。可以说无论是从自然资源还是文化资源的角度，只要在规划步道线路时规避高风险的路线，能够让更多的人参与进来，这就是一条极具代表性的国家登山健身步道，甚至会成为每个徒步者的梦想。2017 年 3 月，由民间组织发起的“横断天路”项目完成了路线勘测和信息采集工作，这也就意味着距离更多的人真正能踏上这条步道的日子越来越近了。

（一）资源评价

对于我国的登山步道系统构建来说，有如此丰富的山地资源为依托，就决定了步道资源绝对不会贫乏，甚至依然很丰富。关于步道资源的评价，我们可以参考中国台湾地区步道考察的两类因素：一是步道的潜力因子，即步道具有的资源特色；二是步道的限制因子，即步道规划与开发的难度、潜在的危险以及步道建设对生态环境造成的冲击。并应用步道资源潜力评估分析表和限制因子评估分析表，采取地理系统分析或实地考察的方式对步道资源进行定性评价①。

在“横断天路”的例子中，由 18 人组成的队伍通过实地考察的方式完成了路线勘测和信息采集的工作，并在后续推出了关于横断步道的相关书籍，建立了网站，这些资料为人们提供了包括 GPS 轨迹、海拔上升和下降、村庄、标志性景点、补给点、危险标示、物种信息、人文现状等各种实用信息。正是有了这样的资源评价等前期准备工作，国家登山健身步道系统的构建才能持续开展。

（二）产品转化

国家登山健身步道系统的构建作为一项大工程，想要实现从资源到产品的转化需要一个较长的从规划到实施的过程，其中也存在着一些难点，例如，要保证整个足够完善的步道系统构建体系和合理的布局，覆盖服务设施的同时又不能破坏敏感的生态条件等。但国家顶层设计的介入能够保证从资源到产品这一转化过程的可实现性，不论需要投入多少资金和多久的时间。截至 2018 年末，国家登山健身步道已先后建成 23 条，总里程超过 1900 公里。而毫无疑问的是，这仅仅是个开始，目前正在修建中以及正在规划尚未修建的登山健身步道线路也不在少数，且未来还会继续增加，其中就包括前文提到的“横断天路”步道项目。前期的实地考察工作结束之后，横断步道的初步构建已经有了良好的基础，但具体实施起来依然存在着不小的难度，比如如何能够保证在如此长的一段徒步距离中生态环境不会遭到破坏，特别是考虑到在步道投入使用后商业化程度可能会越来

① 丁洪建．基于 GIS 的国家登山健身步道的建设适宜性评价——以北京昌平国家登山健身步道规划为例［J］．城市发展研究，2015，22（9）：109－114．

越高的问题。而在这样贴近自然的步道环境中，既要保持原生态的属性，还要投入一定的基础设施以保证徒步者的休闲游憩体验，这又是一个需要保持微妙平衡的问题。这些问题大部分能够通过国家介入管理得到解决，当然还需要一段时间的探索。毕竟我国步道资源的开发还处于早期阶段，即使考虑到生态环境的可承载量，依然有着巨大的可开发空间。2018 年，包括国家体育总局在内的 12 部委联合发布《百万公里健身步道工程实施方案》，登山健身步道作为百万公里步道中重要的组成部分，将在未来创造一个庞大的市场。

三、国家登山健身步道系统构建的市场（M 性）分析

（一）产品弹性

当国家登山健身步道体系完成构建并最终被推向市场时，它的定位应该是一种体育旅游产品，这一类产品的特点是往往具有较高的收入弹性，根据马斯洛的需求层次理论，人们只有保障了自己日常的基本需求，有了较高的可支配收入，才会考虑进行旅游这种较高层次的消费。但是国家登山健身步道与其他体育旅游产品的不同之处在于，作为一项国家级的民生工程，这些步道基本上都是完全免费开放给民众的，因此在进行市场分析时无须考虑收入弹性大小的问题。

（二）产品选择

除了考虑收入弹性之外，旅游市场的消费者在决定选择什么样的旅游产品时，又会产生新的偏好问题。在产品选择方面，距离的远近起到决定性作用，70% 以上的人都会选择中短途旅游产品。国家登山健身步道系统是一项覆盖全国大部分地区的工程，也就是说不同地区的旅游者都可以自由选择距离自己所在地区最近的登山健身步道进行休闲健身体验，这就大大降低了登山健身步道这种体育旅游产品的弹性系数。而其免费的特点无疑会吸引更多的游客群体，并体现出大众化的特点，也完全符合“全民健身”的理念。如果部分地区的登山健身步道能够将自然风景资源与其特有的历史文化资源相结合，将会以组合式产品的形式产生更大的吸引力，在旅游市场中占据更重要的地位。

同样以横断天路步道为例，如果把这条步道作为一种体育旅游产品来分析，相比于其他国家登山健身步道，它还具备很多特殊的吸引力，比如线路最长、平均海拔最高这样的特点，对于很多徒步者来说是十分有价值的。其劣势可能在于对于人口更为密集的东部地区来说，时间和交通成本较高，而且尽管勘察人员在规划步道路线时已经避开了较为危险的路线，但相比其他步道来说完成的难度依然较大，相对来说更吸引专业性较强的户外登山徒步爱好者，“全民”的意味被

削弱了。不过横断步道还有一个很大的优势在于，其沿途的景观也是无可替代的。前文提到过，横断天路沿途集合了雪山、河流、冰川、峡谷等多种自然风光，涉及虎跳峡、三江并流等多个景点，并且穿越了20多个少数民族生活的区域。这种带有西部特色的多种自然景观与沿途少数民族文化多样性的交融，同时具备“生态+体育+文化”的旅游产品组合完美契合了旅游市场的发展趋势。从这一点上讲，横断步道具备其他旅游产品无法替代的优势，它未来的具有广阔的市场前景。

四、国家登山健身步道系统构建的产品（P性）分析

旅游产品本身是一种复合概念，游客购买到的并非真实存在的产品，而是一种体验。对于国家登山健身步道来说，以“全民健身”的理念系统为基础，营造原生态的行走氛围，既关注健身属性，又为游客带来生态旅游甚至历史文化旅游的体验，是实现资源到产品转化的基本思路。

（一）产品创新的外部环境

众所周知，旅游业属于第三产业，也就是服务业的一种。随着时代的发展，卖方市场转变为买方市场，旅游产品之间的同质化严重，游客越来越关注在出行过程中收获的精神愉悦，也就是一种体验。在一些探险旅游项目中，这种体验经济已经体现得淋漓尽致，游客愿意花高价去获得畅爽的体验。而在步道项目中，虽然并非探险旅游项目，但是游客所追求的不论是身体上的锻炼还是目之所及的风景，也都并非物质产品，而是精神属性的产品，这就决定了国家登山健身步道这一产品创新的着重点在于强调游客体验。这一点可以从两方面来实现：一方面是从产品的健身属性来讲，要从运动科学的角度出发，听取各方专家的建议和意见，控制步道路线的长度、坡度、难度等方面，让运动强度适中，路线合理，保障游客的人身安全；另一方面是从产品的生态属性来讲，要尽量保持步道沿线包括步道建设自身的原生态景观，尽量利用和改造原始山路、古道、隔离带等原有历史性路径，对不符合《国家登山健身步道标准》要求的道路予以提升和改造。在“横断天路”项目中，实地勘察的队员们就很清楚自己的目的，在规划路线时避开了有危险的路段，从普通人的角度出发，选取最适宜的路线，既不会太吃力，又具备一定的挑战性，最重要的是保障人身安全不出问题。在这样的基础上，设计一条带有原生态属性的国家登山健身步道，既不是“纯野路”，也不是完全开发好的硬化路面，而是“中间状态”的路线，力图让游客舒适、安全地充分融入大自然。

（二）产品的组合开发

旅游产品本身一般就是组合产品，包括吸引物、交通、住宿等方面，而旅游规划的本质就是研究其组合的规律并给出最优的组合开发方案。就国家登山健身步道来说，在系统构建时要建设有理念、有线索、有格局、有层次的体系，为游客提供深刻的徒步体验。

“全民健身”就是国家登山健身步道的理念系统。这一项整体工程都是以“全民健身”理念为基础来建设的。自从2008年开始，北京奥运会引发了民众对于体育锻炼的热潮。2009年，经国务院批准，将每年的8月8日设为全民健身日，“全民健身”的概念由此正式提出。2016年，国务院印发了《全民健身计划（2016－2020）》，近年来国家也逐步落实了很多惠及全民的体育项目，其中就包括国家登山健身步道。构建一个基本上覆盖全国的步道体系，而且连带配套的服务设施免费向大众开放，从本质上真正符合“全民”的基本理念。

“原生态”是国家登山健身步道的基本线索。虽然步道的基本属性是健身属性，但大众之所以选择登山步道而不是其他的方式以达到健身的目的，就是因为登山健身步道巧妙地将健身与生态旅游结合在了一起，让人们获得亲近自然的愉悦体验。《国家登山健身步道标准》中重点强调的一点就是要保持步道建设及沿途景观的原生态，力图让游客获得最佳体验。因为在整个徒步过程中，始终伴随着游客的就是这种原生态的体验，如果在途中有一点其他的因素破坏了生态徒步的氛围，就会让游客获得的体验急剧下降。

国家登山健身步道系统要构建一个基本覆盖全国的格局。国家登山健身步道是由中国登山协会受地方政府委托而参与指导、评审的示范性公民绿色基础设施，原则上每个地级市只能申请一条，但在经济发达、人口密集的地区可申请多条。自2009年至今，我国已完成23条国家级登山健身步道的建设，总里程超过1900公里，同时，还有13条、约1000公里的国家登山健身步道正处于规划或建设阶段。2018年，国家体育总局等12部委印发《百万公里健身步道工程实施方案》，可见在未来，健身步道必将成为大面积覆盖全国的基本工程。

步道从资源到产品的转化还应具备层次性。要相对突出重点，如步道资源极为丰富的地区，分批分段完成国家登山健身步道系统的构建。2009年，中国第一条国家级登山健身步道——宁海国家登山健身步道落成，该步道由中国登山协会指导，北京山岳美途公司规划设计，以全程人工手作的方式，完成了中国登山健身步道行业的零的突破。类似这样标志性的事件必将带动当地及邻近区域体育产业的发展和区域经济的增长，也为国家登山健身步道系统的构建打下了坚实的基础，事实的发展也恰恰印证了这一观点。

通过对国家登山健身步道系统构建进行 RMP 分析，并以横断天路项目为具体案例，我们可以得出如下结论：我国拥有非常丰富的步道资源，这为步道建设提供了良好的前提条件。如今旅游市场的发展趋势和游客在旅游产品选择上的偏好也证明了国家登山健身步道建设的可行性和必要性。最后对产品创新环境和开发模式的分析给出了步道建设的整体方案，以发挥其预期的综合效益。

第四节 《百万公里健身步道工程实施方案》解读

2018 年 3 月，国家体育总局、发展改革委、财政部、国土资源部、住房和城乡建设部、交通运输部、水利部、农业部、新闻出版广电总局、林业局、旅游局、国家标准委联合研究制订了《百万公里健身步道工程实施方案》（以下简称《方案》），明确了该方案的主要目标为“到 2020 年，力争在全国每个县（市、区）完成 300 公里左右健身步道建设，以此为载体，推动全民健身活动广泛开展，带动县域经济发展，助力脱贫攻坚，决胜全面小康”。《方案》深入贯彻落实了党的十九大精神，为接下来开展的健身步道建设工作提供了强有力的抓手。

前文所说的登山健身步道，实际上是健身步道的其中一种。健身步道可分为登山步道、健走步道、骑行步道等，不同类型的健身步道可以在不同地形地貌的区域进行建设。近年来健身步道的规划与建设基本上已经步入正轨，结合已有的经验，深入理解《方案》的理念、原则、保障的重点内容，对于健身步道建设工程的实施有着重要意义。

一、因地制宜，科学规划，坚持可持续发展的建设理念

健身步道的建设对自然资源有着一定的要求，不同类型的健身步道也应当在不同的环境进行规划与建设。规划的科学性和合理性，直接决定了健身步道建设工程能否顺利实施。《方案》提出了“根据各地区自然、人文条件和经济发展水平，以自然要素为依托和构成基础，节约集约利用资源，保护生态环境，注重可持续发展”的理念，指出在规划时应“从实际出发，做到城乡统筹，因地制宜，串联城乡户外开放空间，立足全局，互联互通，形成科学合理的网络化建设布局，利用山、林、湖、田、路等，统筹科学规划，有序协调推进”。

从宏观层面，在进行健身步道工程的建设规划时，要做全面、系统的考虑，统筹各地情况，构建一个覆盖全国的完整体系，在步道总里程、覆盖面积等各项指标达标的同时，不能忽视补齐基础设施短板、构建配套的监督管理体系和后续运行与维护等方面的工作，尤其需要强调的是生态环境的保护和资源的节约利用，打造“绿色”、健康的步道环境，实现人与自然的和谐发展。

从微观层面，虽然《方案》表明要在全国每个县（市、区）覆盖健身步道，但不同地区的自然环境、人文条件和经济水平之间存在着较大的差异，在规划和建设时要从实际出发，具体问题具体分析，以可持续发展的建设理念为基础，针对不同的区域采取不同的规划战略，同时与各地已有的全民健身设施相结合，有重点、分步骤地推进各项工作顺利进行。

二、融合创新，发挥效益，助力决胜全面小康的工作原则

健身步道工程的建设和运营需要融合与创新才能发挥出达到预期甚至超出预期的综合效益，其中不仅包括经济效益，还有更高层面的社会效益。《方案》提出了“创新健身步道的建设以及运营理念，丰富健身步道的使用方式，提高利用率，拓展产业业态，推动健身步道与休闲产业的互动融合，发挥辐射带动作用，促进区域经济发展”的原则，同时《方案》中也指出了目标完成的时间节点是2020年，正是全面建成小康社会的关键时刻，百万公里健身步道工程方案的实施，无疑也是助力决胜全面小康社会的重要一环。

《方案》还在工作要求中提出了具体的几项融合与创新的举措：

一是要和自行车、定向越野等运动项目相结合。骑行步道能够满足自行车运动的运动场地要求，为自行车运动爱好者和赛事举办者提供了绝佳的机会，大大减少了自行车运动在城市中发展的阻碍，也避免了以往的自行车赛事路线要么选在郊外，要么影响城市交通的尴尬局面。而对于其他山地户外运动如定向越野、露营等来说，各类健身步道的建设也能够大大便利各项户外运动的开展，丰富群众的户外运动种类，满足不同人群的健身需求。

二是要和航空飞行营地、汽车自驾运动营地、运动休闲特色小镇等结合。相对来说，航空飞行营地、汽车自驾运动营地等项目目前还比较冷门，健身步道工程的开展，可以以其特有的串联作用，为这些项目的发展创造很好的机会。结合城市公共空间体系的建设，健身步道能够吸引更多户外运动爱好者走进营地和小镇中，通过多种体育项目的融合和体育产业业态的扩展，真正形成“体育＋”的发展模式，通过促进体育消费辐射区域体育产业发展，进而带动区域性经济

增长。

三是要和美丽休闲乡村建设、全域旅游等相结合。相对于城市来说，乡村不论是用地空间还是生态环境都有着明显的优势，其更接近原生态的特点十分适宜发展户外休闲产业，当然也是健身步道工程的实施重点之一。同样是依靠健身步道的串联作用，将美丽休闲乡村、现代农业庄园等串联起来，既能提升乡村旅游业的吸引力，又能打造多种旅游产品的组合开发模式，是发展全域旅游的有效方法之一。

四是要和脱贫攻坚、带动群众增收结合。2020 年我国将全面建成小康社会，消灭贫困人口，同时百万公里健身步道工程也将在 2020 年完成目标。这也就意味着当下及未来一段时间，既是健身步道工程方案落实的关键期，也是打赢全面脱贫攻坚战的关键期。将二者相结合，能够在两方面都获益，起到事半功倍的效果。具体体现在对于有条件的贫困县，在健身步道规划上给予重点支持，同时挖掘地方特色与健身步道相结合，发展乡村生态旅游等项目，进而带动贫困地区的经济发展，助力脱贫攻坚。

其他方面，除了融合与创新之外，还需要提高健身步道的利用率，切实把健身步道用起来，避免它成了“花瓶”“装饰品”，真正发挥出健身步道本应有的综合效益。因此要加强对健身步道的宣传，吸引更多人，特别是最基层的群众，参与到健身步道的锻炼中，争取形成一股“全民步道”的热潮，同时注意相关配套基础设施和监管体系的跟进，确保人们用起来，而且用的满意。

三、政府引导，多方联动，确保合力推进的工作保障

百万公里健身步道工程，是国家体育总局、发展改革委负责牵头，国土资源部、财政部、住房和城乡建设部、林业局等多部委参与，地方实施、多方参与的工程项目，同时对各地市、县政府提出了管理与多方协调的要求，充分发挥政府在健身步道工程建设过程中的引导作用，同时注重多部门联动。除此之外，还要充分调动社会力量积极参与健身步道的建设与运营，合力推进健身步道的发展。《方案》中提出，要从“广泛开展全民健身活动，加快推进体育强国建设”的高度，充分认识健身步道工程的必要性和重要性。切实加强组织领导，强化沟通协调，认真研究、及时解决项目实施过程中出现的各种矛盾和问题，共同推动健身步道的建设。由此可见政府对这项工程的重视程度与保障力度。

这种多元协作主要体现在两方面，一方面，《方案》中给出了明确的责任分工，首先，由国家体育总局和发展改革委编制《健身登山步道总体规划》，推动

“百万公里健身步道工程”实施，随后以国家体育总局为首的各部门共同研制健身步道的建设方案并制定健身步道及相关健身设施的建设标准、技术规范、管理和服务标准，确保前期的准备工作万无一失。其次，土地资源局的工作重点在于优化土地利用政策，优先安排用地计划指标支持健身步道建设；财政部介入，研究建立多渠道筹集资金的管理机制，鼓励和引导社会资本进行健身步道的建设和运行维护；新闻出版广电总局支持具备条件的地方体育频道对于健身步道以及相关活动的节目制播，营造全民健身的良好氛围，积极推广健身步道运营的先进经验和做法，促进健身步道的良性发展。最后，各部门共同组织健身步道工程项目实施，督促地方做好健身步道的建设，加强健身步道监督管理，完善服务保障体系。这一套清晰的分工体系就是健身步道工程建设与运营最有力的保障。

另一方面，这种保障还体现在建设和运行维护资金上。《方案》中明确：一是统筹现有资金渠道予以适当支持；二是争取结合交通、水利、农业、林业等基础设施项目建设予以支持；三是鼓励和引导社会资本投入。这种多元资金投入模式使各地能够建立稳定的健身步道工程建设和运行维护的投入和保障机制，按照分级负担、各有侧重的原则，统筹现有资金渠道支持规划建设，并协调相关部门予以支持。同时，鼓励和引导社会资本参与能够确保建设项目不留资金缺口。这就为健身步道工程的建设与运营提供了稳定的资金保障。

健身步道投资少，见效快，承载力强，容量大，是全民健身的重要载体，但尚未走进千家万户。各部委联合制订的《方案》为健身步道的建设提供了具体的工作指导，为健身步道的快速发展提供了良好的契机。深刻理解《方案》，遵循因地制宜，科学规划，坚持可持续发展的建设理念，贯彻融合创新，发挥效益，助力决胜全面小康的工作原则，并建立政府引导，多方联动，确保合力推进的工作保障，才能更好地推进百万公里健身步道工程的建设，推动全民健身活动的广泛开展，真正实现带动经济发展，助力脱贫攻坚，决胜全面小康的最终目标。

第五章　国家登山健身步道系统建设成效及典型案例

第一节　我国登山健身步道系统建设历史演进

一、生根萌芽阶段（2010 年以前）

从历史意义上来讲，我国最早的健身步道是长城，长城是目前世界上最长的健身步道，建立初期用来防御外敌，后来逐渐集休闲旅游、健身、观光于一体，以其磅礴的建筑与悠久的历史深受国内外各界人士喜爱。我国健身步道建设起步于港台地区，港台地区在登山步道建设方面从理论到实践做了大量的工作，步道系统经过多年的建设相对完善，登山步道系统体系基本形成①。

大陆的登山健身步道建设起步较晚，2009 年中国第一条国家级登山健身步道——浙江宁海国家健身步道落成，完成了中国登山健身步道行业零的突破。

二、成长探索阶段（2010～2016 年）

国家体育总局登山运动管理中心（中国登山协会）是中国国家登山健身步道的积极倡导者与推动者，2010 年，由浙江宁海健身步道为建设依据，制定并发布了统一的建设标准——《国家登山健身步道标准》，并与地方政府合作建设国家登山健身步道系统，此后国内兴起健身步道浪潮。此标准由国家体育总局面向全国颁发推行，从此拉开了健身步道的建设大幕。在此标准的规范下，仅 2011 年就有 4 条国家认证线路落地，国家登山健身步道受到了户外运动爱好者的普遍

---

① 余子义，朱红军．国内外健身步道发展现状比较研究［J］．体育文化导刊，2016（4）：134－137.

赞誉和一致好评。2012 年，党的十八大报告中指出“广泛开展全民健身运动，促进竞技体育和群众体育的全面发展”，有力地推动了群众对于体育健身的激情，而健身步道以其可参与性、适用性以及经济性深受我国体育健身人们喜爱。

2013 年第二十一届全美步道会议暨第一届国际步道研讨会在美国召开，中国登山协会作为中国登山步道建设和发展的倡导机构首次受邀参会，并被授予“国际健康步道奖（Trails for Health Award）”。这是此奖项第一次授予非美国的组织和机构，预示着以国家登山健身步道为代表的中国国家步道正迈向国际性发展的新起点。2010～2016 年建成的国家登山健身步道系统多达 16 条①（如表 5－1 所示），遍布在河北、北京、山西、内蒙古、浙江、安徽、湖北、广西、新疆等省份，全长约 2000 公里。这些国家登山健身步道都已投入使用，为公众提供了科学、安全、环保、规范的健身场所，对登山健身步道的健身功能、文化古迹维护功能、环境保护功能都极为突出，有效保护了国家的山地资源的完整性。同时也形成了一条户外休闲运动的产业链，推动了社会地方经济、文化的发展，被一些专家学者高度的评价为“步道经济”。

表 5－1　2010～2016 年建成的国家登山健身步道

年份	数量（条）	名称
2010	1	广西乐业国家登山健身步道
2011	4	浙江温州大罗山国家登山健身步道 河北张家口下花园国家登山健身步道 湖北崇阳国家登山健身步道 新疆乌鲁木齐水墨天山国家登山健身步道
2012	1	浙江慈溪国家登山健身步道
2013	1	内蒙古呼和浩特大青山国家登山健身步道
2014	3	浙江德清莫干山国家登山健身步道 安徽金寨国家登山健身步道 贵州兴义城市健身步道
2015	2	湖北黄石国家登山健身步道 湖南大围山国家登山健身步道
2016	4	河南新县国家登山健身步道 四川成都金堂国家登山健身步道 四川江油太白国家登山健身步道 山东威海国家登山健身步道

① https：//baike. baidu. com/item/国家登山步道/23164331？fr = aladdin.

随着国务院下发《关于加快发展体育产业促进体育消费的若干意见》（国发〔2014〕46号），将全民健身上升为国家战略后，登山健身步道工程持续推进，各个地区依据当地自然生态环境，勘探户外地形资源，以宁海健身步道为标准，着手打造省市品牌健身步道，明确提出了倡导积极健康的生活方式，提高生活质量，激发全民参与到体育活动的浪潮中来，推动全民健身在全国范围内的实施，把全民健身作为产业发展和扩大消费的基础。

三、蓬勃发展阶段（2016年至今）

2016年，中共中央国务院印发《“健康中国2030”规划纲要》，要求统筹建设全民健身公共设施，加强健身步道、骑行道、全民健身中心、体育公园、社区多功能运动场等场地设施建设。同年，国务院印发《全民健身国家战略计划（2016—2020年）》，文件的下发，极大地促进了各地政府部门的财力、物力、人力的投入。我国健身步道作为社会经济发展到一定水平和阶段的产物逐渐发展并崛起，带动了步道周边社区及村落文化、体育、经济的跨越式发展，解决了城镇化进程中全民健身的场地困境，满足了人民日益增长的体育健身诉求。2018年，包括国家体育总局在内的12部委联合发布《百万公里健身步道工程实施方案》，计划“到2020年，力争在全国每个县（市、区）完成300公里左右健身步道建设，以此为载体，推动全民健身活动广泛开展，带动县域经济发展，助力脱贫攻坚，决胜全面小康”。登山健身步道作为百万公里步道中重要的组成部分，将在未来创造一个庞大的市场。

2016年以来，国内步道建设水平逐步提高。2009年，登山健身步道概念落地建成，从最初只能效仿国外模式，到如今做出相关创新。目前，一些步道可以将健身、旅游休闲结合起来，在步道上开展的多天活动涉及营地建设、户外装备、通信设备、后勤保障等诸多方面，由此带来的体育旅游产业价值初现端倪。一方面满足健身者的健身需求，另一方面增强游客的旅游体验感，从观赏型旅游转变为体验式旅游。政府相关部门也有相应的政策布局，加大山地户外运动产业链投入，以登山健身步道为龙头的体育旅游目的地，相信将会比传统旅游景区更加具有吸引力。健身步道在我国受着政府与国民的双重支持，在我国正处于蓬勃发展时期。截止到2019年7月，全国共建成30条国家登山健身步道，总里程超过2000公里，其中2017~2019年建成13条①，如表5-2所示。

---

① https：//baike. baidu. com/item/国家登山步道/23164331？fr = aladdin.

表 5－2　2017～2019 年建成以及在建的国家登山健身步道

年份	数量（条）	名称
2017	4	浙江淳安千岛湖国家登山健身步道 浙江松阳国家登山健身步道 浙江杭州萧山国家登山健身步道 浙江舟山国家登山健身步道
2018	3	山东临沂蒙山国家登山健身步道 山东日照五莲国家登山健身步道 浙江衢州龙游国家登山健身步道
2019	13	江苏苏州光福国家登山健身步道 浙江余姚国家登山健身步道 河南信阳鸡公山国家登山健身步道 安徽蚌埠国家登山健身步道 四川攀枝花国家登山健身步道 浙江温岭松门国家登山健身步道 （在建）河南焦作国家登山健身步道 （在建）河南浉河国家登山健身步道 （在建）河南光山国家登山健身步道 （在建）山东沂水国家登山健身步道 （在建）吉林东辽国家登山健身步道 （在建）贵州台江国家登山健身步道 （在建）四川仁和国家登山健身步道

第二节　我国登山健身步道系统建设总体状况

一、已认定的国家登山健身步道发展现状

（一）国家登山健身步道及 NTS 概念界定

1. 国家登山健身步道

国家登山健身步道属于步道，是指以登山为基本方式，在山地上修建的以健

身为目的的步道，是由中国登山协会受地方政府委托而参与指导、审核通过的示范性绿色基础设施。国家登山健身步道往往位于山林之间，通过生态工法，尽可能地维持或恢复步道周围本来的自然环境，营造原生态的行走氛围，同时又关注步道的健身属性，从运动科学的角度出发，控制路线的坡度和难度，保障合理、安全的健身运动。原则上每个地级市只能申请一条示范工程，在经济发达、人口密集的地区可申请多条。

2. 国家登山健身步道系统

国家登山健身步道系统（National Trails System，NTS）是指一个区域内所有登山步道的连接及其附属区域、设施的总和。其标准由中国登山协会制定、由国家体育总局批准颁布并向全国推广。NTS 详细规定了登山健身步道的路面建设标准、统一的标识系统、完善的安全保障体系，注重科学健身与环境保护，是国家权威的登山健身步道综合标准体系。

（二）建成时间和数量

从历史的角度出发，我国的万里长城应为世界上最早的健身步道，集军事、休闲旅游、体育健身等功能于一体，也是世界上最长的健身步道，山西雁门关长城步道目前是中国唯一的古长城国家健身步道。从总体发展看，我国健身步道是在全民健身国家战略计划中发展崛起的，是我国社会经济发展到一定水平和阶段的产物，带动了步道周边社区及村落文化、体育、经济的跨越式发展，解决了城镇化进程中缺少全民健身的场域困境，满足了人民日益增长的体育健身诉求。

截至 2018 年，我国已完成 23 条国家级登山健身步道的建设，总里程超过 1900 公里，同时还有 13 条、约 1000 公里的国家登山健身步道正处于规划或建设阶段。2009 年，中国第一条国家级登山健身步道——浙江宁海国家登山健身步道落成，该步道由中国登山协会指导，北京山岳美途公司规划设计，以全程人工手作的方式，完成了中国登山健身步道行业零的突破。2010 年，中国登山协会依照浙江宁海国家健身步道标准，制定了《国家健身步道标准（修改稿）》。并由国家体育总局面向全国颁发推行，从此拉开了健身步道的建设大幕。2014 年国务院下发《关于加快发展体育产业促进体育消费的若干意见》，将全民健身上升为国家战略，登山健身步道工程持续推进，各个地区依据当地自然生态环境，勘探户外地形资源，以宁海健身步道为标准，着手打造省市品牌健身步道。从 2014 年开始，国内兴起登山健身步道浪潮，截止到 2017 年就有 13 个国家登山健身步道落地。2016 年，由包括国家体育总局在内的 8 部委于联合发布的《山地户外运动产业发展规划》，描绘了中国计划建设的“三纵三横”山地户外运动空间布局规划，以自西向东地理层级的划分作为基准，包含了我国地势的三大阶梯、山川地貌的特点；以自北向南的温度带划分以及地形地貌等差异作为参考，包含了气候、植被、景观、水文、地质、人文等各种特色。以现有的山地户外运动聚集区为标准，包含了徒步、自行车、自驾游、漂流等项目。主要的布局架构如下：

（1）沿太行山脉的500公里步道线路，以及沿京杭大运河、串联徽杭古道、徐霞客古道的户外运动线路，共同构成的我国东部纵向山地户外运动带。

（2）西安至成都的骑行和徒步线路。

（3）沿青藏公路（西宁经格尔木、唐古拉至拉萨）的骑行和徒步线路。

（4）沿丝绸之路的山地户外运动线路。

（5）沿318国道的骑行和徒步线路。

（6）沿长江及两岸的山地户外运动线路。

2017年，时任国家体育总局副局长的赵勇在陕西省黄陵县提出了连接西安、延安、黄陵的“国家1号步道”理念，该步道为西安至成都的骑行和徒步线路（古蜀道）的北部延长线，是集华夏文明、中华历史、革命圣地为一体的户外运动“黄金线路”，未来将成为中国国家步道标准的诞生地。2018年，国务院发布《百万公里健身步道工程实施方案》文件，明确指出“到2020年，力争在全国每个县（市、区）完成300公里左右健身步道建设，以此为载体推动全民健身活动广泛开展，带动县域经济发展，助力脱贫攻坚，决胜全面小康”。文件的下发极大地促进了各地政府部门财力、物力、人力的投入，在近5年内，先后建成国家健身步道23条，遍布于河北、北京、山西、内蒙古、浙江、安徽、湖北、广西、新疆等省份，全长约1600公里。登山健身步道作为百万公里步道中重要的组成部分，将在未来创造一个庞大的市场，如表5-3所示。

表5-3　我国（已认定）国家登山健身步道建成情况

年份	数量（条）	名称
2009	1	浙江宁海国家登山健身步道
2010	1	广西乐业国家登山健身步道
2011	4	浙江温州大罗山国家登山健身步道 河北张家口下花园国家登山健身步道 湖北崇阳国家登山健身步道 新疆乌鲁木齐水墨天山国家登山健身步道
2012	1	浙江慈溪国家登山健身步道
2013	1	内蒙古呼和浩特大青山国家登山健身步道

续表

年份	数量（条）	名称
2014	3	浙江德清莫干山国家登山健身步道 安徽金寨国家登山健身步道 贵州兴义城市健身步道
2015	2	湖北黄石国家登山健身步道 湖南大围山国家登山健身步道
2016	4	河南新县国家登山健身步道 四川成都金堂国家登山健身步道 四川江油太白国家登山健身步道 山东威海国家登山健身步道
2017	4	浙江淳安千岛湖国家登山健身步道 浙江松阳国家登山健身步道 浙江杭州萧山国家登山健身步道 浙江舟山国家登山健身步道
2018	2	山东临沂蒙山国家登山健身步道 山东日照五莲国家登山健身步道

（三）地理位置分布

据表5－3资料统计，国家标准认定的登山健身步道50%集中于华东地区，尤其是浙江、安徽、山东等省份，其中浙江一省就建成8条。一方面，华东地区经济发展状况良好，市民有钱有闲，健身需求旺盛，当地政府能够捕捉市民需求，加大户外健身场地的资金投入；另一方面，东部地区靠海，健身步道环岛而建，气候宜人，植被生长茂盛，开发难度较小。相较而言，东北、西北地区经济欠发达，政府没有足够的资金投入建设，且生态环境较好的区域大多偏僻，市民健身出行不方便，开发要兼顾交通出行，建造完成后容易出现使用率不高、市民参与度低的状况，因此开发规划有一定难度，如表5－4所示。

表5－4　我国（已认定）国家登山健身步道地理位置分布

划分依据	数量（条）
华东地区	12
华北地区	2

续表

划分依据	数量（条）
华中地区	4
华南地区	1
西北地区	1
西南地区	3
东北地区	0
总计	23

（四）步道长度与类型

截止到2018年11月，全国共建成23条国家登山健身步道，总里程超过1900公里。相较于美国的国家景观步道建设总长2.56万公里，英国的4000公里，我过还处于健身步道建设初期，步道总长度上存在较大的差距。2019年我国在建登山健身步道13条，力争到2020年，在全国每个县（市、区）完成300公里左右健身步道建设。据资料显示，在步道类型划分上，美国将步道划分为四类：景观、历史、休闲、连接；英国将步道划分为三类：国家步道、游憩步道、无标志步道；日本按照使用目的与功能将步道划分为四类：自然观察路、探胜步道、登山步道、长距离自然步道；我国按步道形态划分为三类：线性、环形、网形。中国已有的步道状态分为两种：第一种是纯野路，类似走廊式的路线集合，没有固定的一条路线，大多数是优秀的驴友们用脚步丈量出来的；第二种开发得很完善，修了硬化路面、木栈道等。虽然我国划分较为笼统，但我国各个登山健身步道会按照风景资源进行不同主题的细分。如内蒙古大青山登山健身步道区段根据不同的风景资源进行分类景观打造，突出各区段步道特色，形成主题鲜明的山野型步道、纪念怀古型步道、探险步道、亲子步道、自然科普型步道等多主题的特色步道体系。

（五）建设成就

1. 步道经济初步形成

2009年浙江宁海健身步道建成，距今已有10年时间。在这期间，国内居民逐步意识到“没有全民健身就没有全民健康，没有全民健康就没有全面小康”的新时代健康价值观念，在这样的大环境下，户外健身休闲逐渐成为一种生活观念，随之需要的是需求与供给的匹配。登山健身步道体现出的自然风格、历史文明、古道山路，让现代化生活的人们更多地亲近大自然。各个省市政府依照相关政策的规定，开始投入建设步道体系。通过步道建设，将沿线景区景点、自然景观、生态资源、农业和渔业基地、农家乐等各种资源“串珠成链”，餐饮、住宿、购物、户外运动产品生产销售和农家乐等相关产业规模迅速扩大，初步形成了以登山健身步道沿线为重点、以登山健身游客为主要客源的步道经济，“美丽乡村游”成为了生态旅游业新的亮点。

2. 建设水平不断提高

2009 年登山健身步道概念落地建成，从最初的效仿国外模式，到如今做出相关创新，国内步道建设水平逐步提高。目前，一些步道可以将健身、旅游休闲结合起来，在步道上开展的多天活动涉及营地建设、户外装备、通信设备、后勤保障等诸多方面，由此带来的体育旅游产业价值初现端倪。这一方面满足健身者的健身需求，另一方面增强游客的旅游体验感，从观赏型旅游转变为体验式旅游。政府相关部门也有相应的政策布局，加大山地户外运动产业链投入，以登山健身步道为龙头的体育旅游目的地，会比传统旅游景区更具吸引力。

（六）面临的主要问题

1. 步道趋同现象严重

现有步道基本上以原有山路、森林管护道路等为基础，经过路面整理、添置垃圾桶等环卫设施而成，以提供登山健身活动空间为基本功能，步道沿线自然景观、活动内容趋同化现象明显。尤其是 2009 年浙江宁海国家登山健身步道成功建成后，后来者大多效仿前者，未加入新的创新管理模式，造成现有步道的大规模趋同。

2. 步道连通性较差

步道连通性是指健身步道景区与外部道路及公共服务体系的连接程度。由于健身步道对地理自然环境的严格要求，一般建成地与市区距离较远，这直接影响的是市民的出行便捷度与健身步道的利用效率。来登山健身步道的人群中，一般使用私家车前来锻炼的人最多；使用自行车的主要是前来徒步的驴友；步行前来的和骑电动车、摩托车的主要是附近一些村落的居民。关于“来登山步道需花费交通的时间”，健身者来登山健身步道的时间集中在 30 ~ 60 分钟、1 ~ 2 小时这两个时间段中。综上不难发现，国家登山健身步道大多地处郊区，较差的步道连通性限制了很多人的出行。

二、国民对登山健身步道的认知调查分析

（一）调查问卷基本概况

国家健身步道作为一项利民工程，受到了广大参与者的青睐。2018 年 3 月，

体育总局、发改委等12部委联合印发《百万公里健身步道工程实施方案》，方案提出“到2020年，力争在全国每个县（市、区）完成300公里左右健身步道建设”。健身步道主要包括登山道、健走道、骑行道等，主要开展山地运动、快走、慢跑等项目，建于河畔、田园、庄园、山林、郊野等区域。本次调查问卷是一份关于国民健身步道感知情况及满意度调查的问卷，目的是为国家健身步道的发展提供一些依据和建议，仅做研究所用，主要面向户外运动爱好者来收集调查结果，受访者的个人资料将予以保密。此问卷的回答将对我们了解有关信息和科学决策起到十分重要的作用，对于大家的合作和支持，我们表示衷心的感谢。

本书的调查问卷分为三部分：第一部分是调查受访者对于国家健身步道的总体认知情况。第二部分是测量受访者对于国家健身步道的整体满意程度。问卷的满意度测定项目包括5个维度、27个测项。问卷指标采用李克特量表中的五级量表法，用“非常不满意”“不满意”“一般”“满意”和“非常满意”，代表受访者对每一个测项的满意程度。第三部分是了解游客的人口统计学特征。本次问卷调查采用随机抽样方式，以博观致远体旅融合交流社群内成员为主要调查对象，于2019年8月10~13日通过过微信平台投放问卷。受时间、调查人员和经济成本等因素限制，共发放问卷95份，回收问卷95份，回收率100%；其中有效问卷59份，有效问卷率为62.1%。

（二）国家健身步道参与调查人群画像分析

本次共回收问卷95份，由于此调查目的在于了解已知晓或已参与过国家健身步道人群的认知情况及满意度，而符合此项要求的共59人（95人中有36人从未听说过健身步道），即本调查的有效问卷数为59份。问卷参与者基本情况如图5-1至图5-5所示：

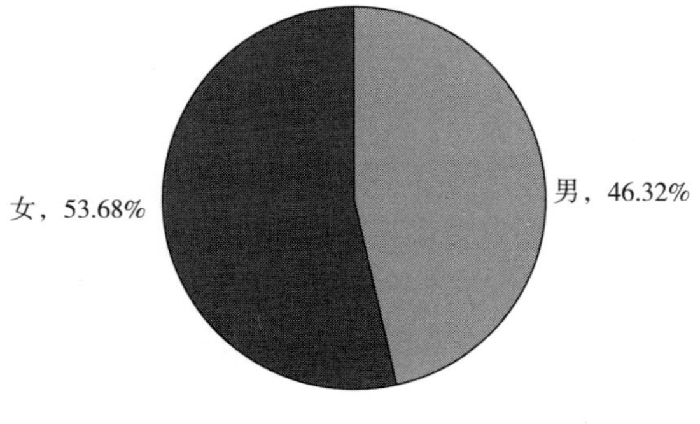

图5-1 问卷参与者性别分布

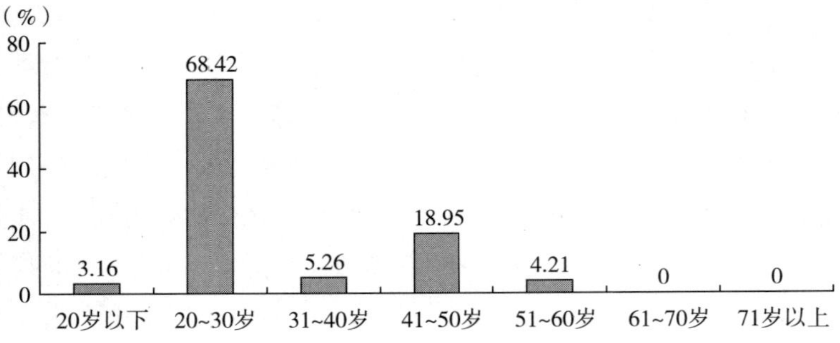

图 5-2　问卷参与者年龄分布

1. 性别和年龄特征

本次问卷调查的参与者从性别构成上看，女性占到了 53.68%，共 51 人；男性 46.32%，共 44 人；男女比例为 1.16∶1，女性参与者略多于男性参与者。从参与人群的年龄构成上看，20～30 岁、41～50 岁年龄段的人数居多，分别占到 68.42% 和 18.95%；其余的 20 岁以下 3 人，占比 3.16%；31～40 岁的 5 人，占比 5.26%；51～60 岁的 4 人，占比 4.21%；没有 61 岁以上的受访者。

2. 学历特征

在学历构成上，本次受调查者中本科以及硕士研究生学历的占比最多，分别为 43.2% 和 37.9%；中专或高中学历 4 人，占比 4.2%；大专学历 6 人，占比 6.3%；博士学历 8 人，占比 8.4%；无初中及以下学历人群，如图 5-3 所示。

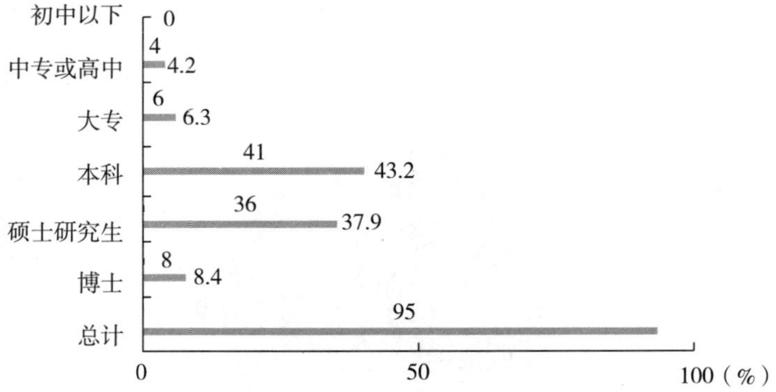

图 5-3　问卷参与者学历构成

3. 职业构成

在职业构成上，受访者中各类专业技术人员（包括教师、医生、律师、工程师、新闻、艺术、体育工作者等）占比19%；管理人员占比13.7%；一般职员占比17.9%；自由职业人员占比4.2%；5.2%的人群处于暂时失业状态，但无退休人员；学生占比最高，达到40%，如图5－4所示。

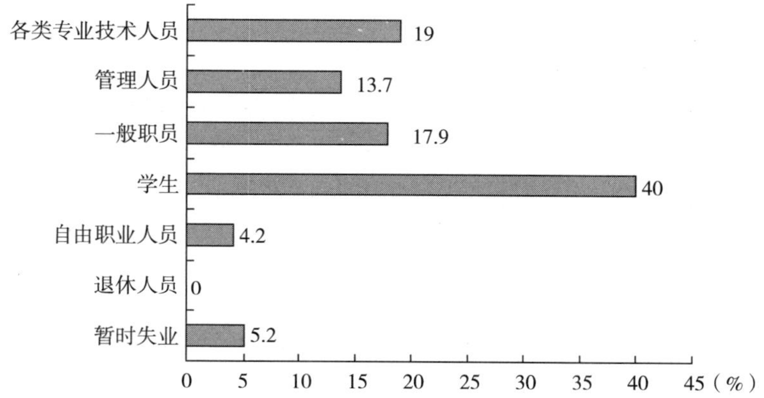

图5－4 问卷参与者职业构成

4. 收入构成

在收入调查中，月收入2000元以下的人群占比高达39%；2001～4000元的占比为18%；4001～6000元的占比为17%；6001～8000元的占比为7%；8001～10000元的占比为8%；月收入10000元以上的人群占比为11%，如图5－5所示。

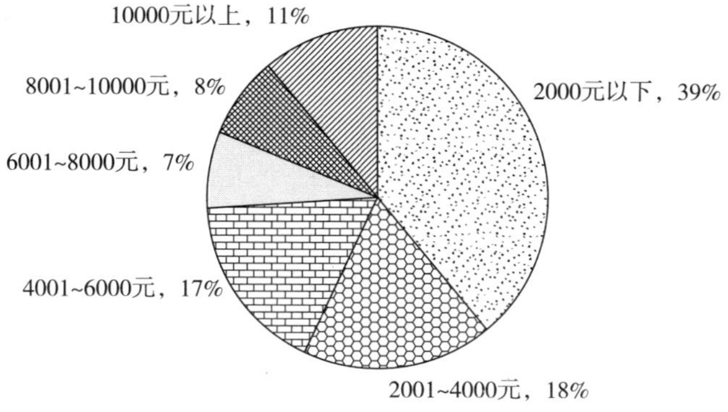

图5－5 问卷参与者收入水平分布

总体上看，本次国家健身步道认知情况及满意度调查的参与者画像为：从性别上看，男性比例略低于女性；从年龄分布看，90后、70后占主力人群；从学历层次上看，以本科及硕士研究生为主，知识水平普遍较高；从职业特征上看，主要是学生和各类专业技术人员；从收入水平上看，由于参与者以学生居多，因此整体收入水平不高，多集中在月收入2000元以下和2001～6000元，处于中等偏下水平。

（三）国家健身步道参与人群行为偏好分析

1. 对登山健身步道的了解情况

（1）总体了解状况不尽如人意。国家登山健身步道自投入使用以来，各方面的工作都取得了部分成效。由图5－6可以看出，37.9%的人从未听说过健身步道，36.8%的人对其只是有基本的了解，也许是从朋友或者家人那里了解，并未亲身体验过健身步道，因此对其具体路径、路线特色等了解得不够清晰，16.8%的人比较了解健身步道，而只有8.4%的参与者对国家健身步道非常熟悉。

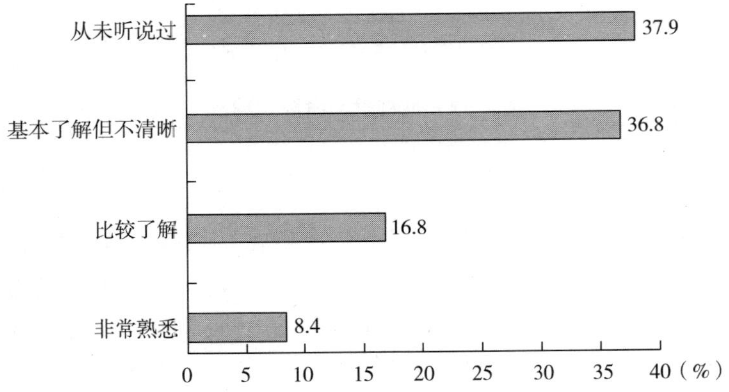

图5－6　国家健身步道总体认知情况

（2）男性对健身步道了解情况优于女性。由图5－7可以看出，男性人群中对国家健身步道非常熟悉的占比13.6%，比女性高出10%左右；男性中比较了解国家健身步道的也比女性高出7%左右；基本了解但不清晰的男性占29.6%，女性占43.1%；从未听说过国家健身步道的各自占比相当，女性占比略高于男性。对比分析可以看出，男性群体对国家健身步道的了解要比女性多，因为男性大部分空闲时间都利用于休闲健身运动方面，平时会更多地通过不同途径来找寻适宜探险、健身的途径，所以对步道的关注度要多于女性；而女性大部分注意力在于对潮流、时尚的追求，鲜有关注运动等方面的信息。

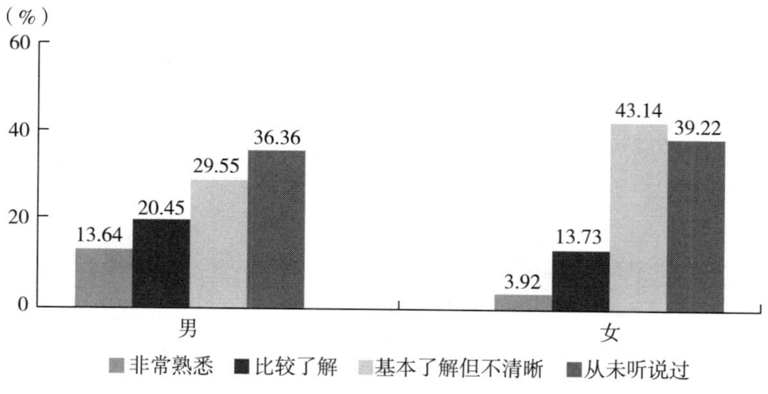

图 5-7 健身步道认知情况男女对比分析

(3) 青少年缺乏对健身步道的认知。由图 5-8 可以看出，20 岁以下的青少年以及 20~40 岁的中、青年群体对于国家健身步道比较陌生，特别是 20 岁以下的学生朋友们平时忙于学业，因此缺乏对于步道的基本认知，他们当中约 67% 的人更是从未听说过健身步道，也少有比较了解的；20~30 岁的人群忙于学业或事业刚刚起步，30~40 岁的人群重心在家庭，因此他们对于健身步道了解也不够充分；似乎随着年龄的增长，对于健身步道的认知水平递增，两者呈现正向变化趋势，他们大多处于职业生涯后期或已经退休，并且对于自己的身体状况更加重视，借助健身步道锻炼身体是非常不错的选择，因此这类人群也就更多地去关注并了解和健身步道相关的知识。另外，此项分析也说明了国家健身步道的普及水平并不均衡，特别是在青少年群体中普及度较低。

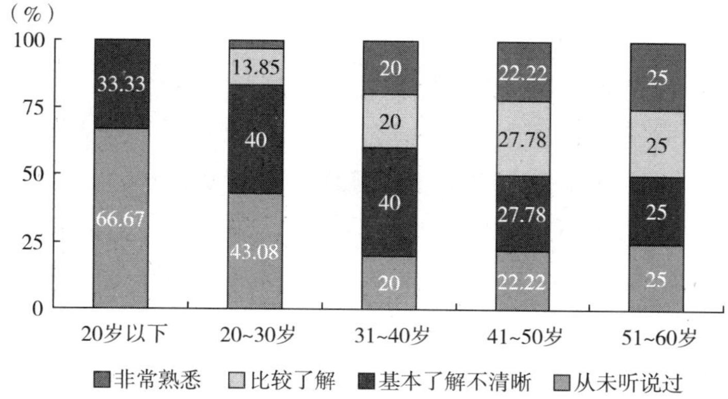

图 5-8 不同年龄段对健身步道认知情况对比分析

（4）收入越高对健身步道的认知情况更理想。由图 5－9 可以看出，收入越高的人群对于健身步道的认知情况更理想，月收入 6000 元以上的人群对健身步道更熟悉，他们当中未听说过健身步道的人数比例也比 6000 元以下的低 25% 左右，熟悉健身步道的一大部分人群被月收入 6001～8000 元的人占据。

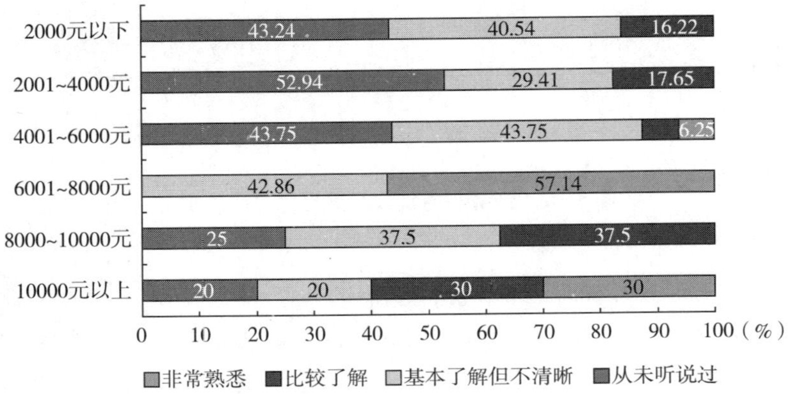

图 5－9　不同收入水平人群对健身步道认知情况分析

综上分析可见，国家在对登山健身步道的宣传力度上做得还不够到位，需要采取有针对性的方法和措施，利用发达的网络宣传等形式来让广大参与者了解并参与到国家健身步道中来，扩大健身步道受众人群的认知范围，向不同年龄段、不同职业的人普及步道知识。

2. 健身步道参与动机分析

（1）强身健体、观赏风景和放松减压是主要目的。由图 5－10 可以发现，体验健身步道人群的参与目的呈现多元化，这些多元化的健身动机，是人们选择参与健身步道锻炼活动的主要因素。总的来说，可以概括为以下几点：强身健体、观赏风景、放松减压、消遣娱乐、社会交往、减肥塑形。其中选择强身健体人数最多，共 48 人，占此调查中知悉健身步道总人数（59 人）的 81%；选择观赏风景的放松减压，分别有 34 和 33 人，分别占 58% 和 56%；以消遣娱乐为目的的有 27 人，占 46%；以社会交往为目的的有 20 人，占 34%；以减肥塑形为目的的有 13 人，占总人数的 22%；此外还有四人选择追求刺激，一人选择其他动机（可实现的其他需求）。

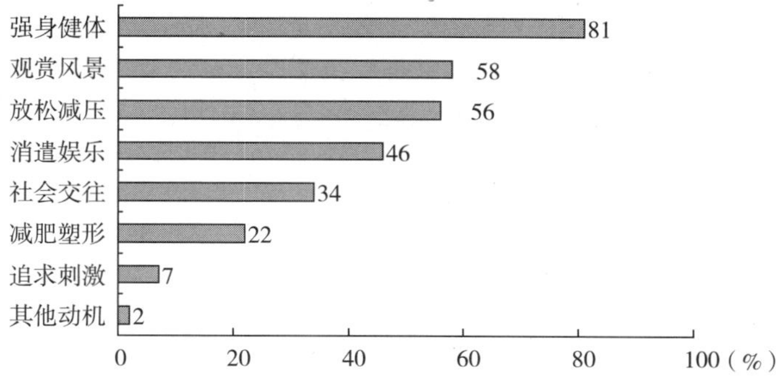

图 5－10 参与健身步道目的

（2）中青年更渴望借助步道放松减压和减肥塑形。通过图 5－11 可以看出，不同年龄的人群都希望通过参与健身步道来达到强身健体、观赏风景、社会交往、消遣娱乐、放松减压等目的；20 岁以下的人群基本没有放松减压的需求；相比 20 岁以下的青少年和 50 岁以上的中老年人群，20～50 岁的中青年想通过健身步道达到减肥塑形的目的，他们觉得好不容易有了休息时间，不想拘束于生活圈，这一部分人经济条件富足，对出行工具没有太大限制，带着全家人在步道中享受运动健身的乐趣，容易增进家庭成员之间的感情。

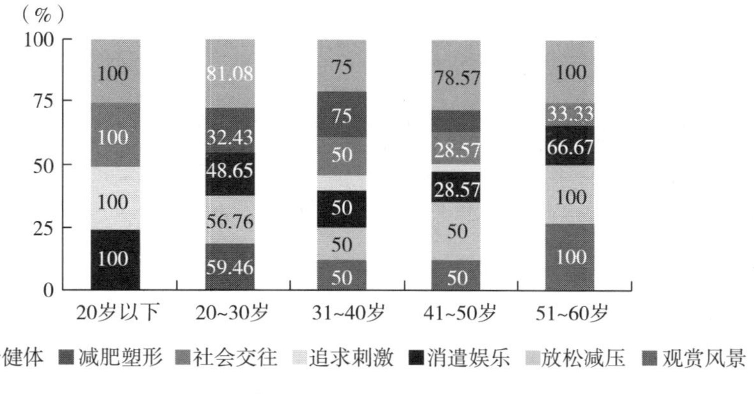

图 5－11 不同年龄段人群参与健身步道目的

在受调查的人群中，国家登山健身步道参与者进行实际意义徒步的只占少数。大家普遍认为在城市里忙碌了很长时间，迫不及待的想亲近自然，那么选择健身步道不仅可以放松身心、排解压力，还可以亲近大自然、欣赏风景，在游玩中达到了健身的目的，是一举两得的事情。从总体的调查结果可以看出，健身步道还是普遍被大众接受的，他们很愿意选择亲近自然的方式进行健身。

（3）女性偏好减肥塑形，男性希望丰富社交圈。通过对图 5－12 分析可以看出，男性和女性使用健身步道的目的大部分集中在强身健体、放松减压、观赏风景、消遣娱乐方面。特别的是，相比较而言在减肥塑形方面女性的需求明显要比男性高（35.48% > 7.14%），而在社会交往方面男性的需求又高于女性（39.29% >29.03%）。

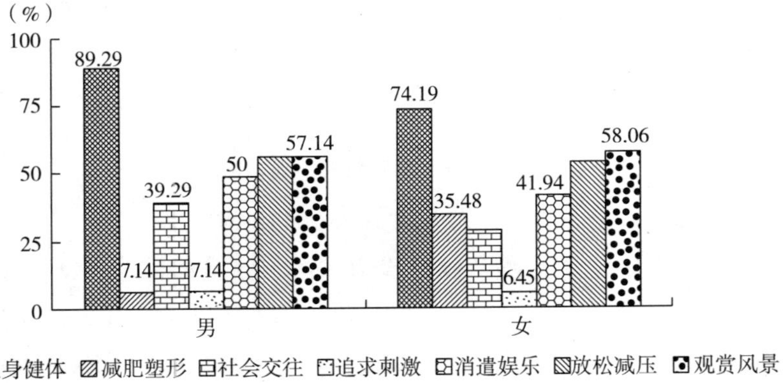

图 5－12　男女性参与健身步道目的对比

（4）健身步道利于全民健身，可带动当地旅游。本次问卷参与者中 59 人或多或少了解国家健身步道，其中 97% 的人认为健身步道主要服务于全民健身；78% 的人认为健身步道的修建可在一定程度上带动当地旅游，吸引游客到此观光，36% 的人还认为健身步道可以带动当地旅游业、住宿餐饮、农副产品等行业发展，促进脱贫；63% 的人认为健身步道有助于步道周边生态建设；有 29% 的人认为国家修建健身步道对游客来说更有安全保障；还有一人认为参与健身步道的意义在于完善自己的身心健康，如表 5－5 所示。

表 5－5　参与健身步道的意义

带动旅游	78%
促进脱贫	36%
全民健身	97%
生态建设	63%
安全保障	29%
其他（完善自己的身心健康）	2%

3. 健身步道认知路径多种多样，参与途径以个人自助活动为主

59 人中，通过他人的介绍或邀请、从互联网平台了解健身步道的较多，分别占比 47% 和 41%；通过旅行社或俱乐部组织活动中了解，占 27%；偶尔从报纸、

期刊、书籍等了解到的占24%；被户外媒体广告宣传吸引的占22%；从电视节目中了解的占15%；另外还有通过熟人介绍、官方通知、组织和管理健身步道比赛以及课题研究而了解登山健身步道的，共有7人，占12%。由此可见，目前可以了解到国家健身步道的途径多种多样，人们更注重步道的实际体验感，愿意借助互联网平台了解步道，也更愿意通过已了解或参与过健身步道的人们介绍或邀请参与其中，这种健身模式正逐渐走入大众视野，形成一定的影响力，并开始在户外爱好者、科研团队和旅游组织之间交流学习，如图5-13所示。

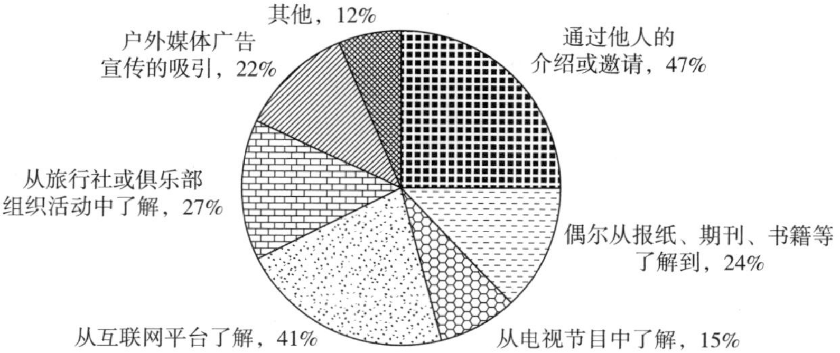

图5-13 国家健身步道认知路径

就目前健身步道的参与途径来看，76%的人选择个人自助体验健身步道；32%的人跟随户外俱乐部来参与；除此之外的参与形式还有单位组织、网络召集步道爱好者、旅行社组团；另外，还有人选择跟随各种学习组织参与到登山步道中来。由此可见，目前国家健身步道还未形成规范化的旅游路线和旅游产品，受众仍以户外健身爱好者为主，参与形式也多为自发性健身活动，户外俱乐部正逐渐引导大众了解并参与到步道健身中来，如图5-14所示。

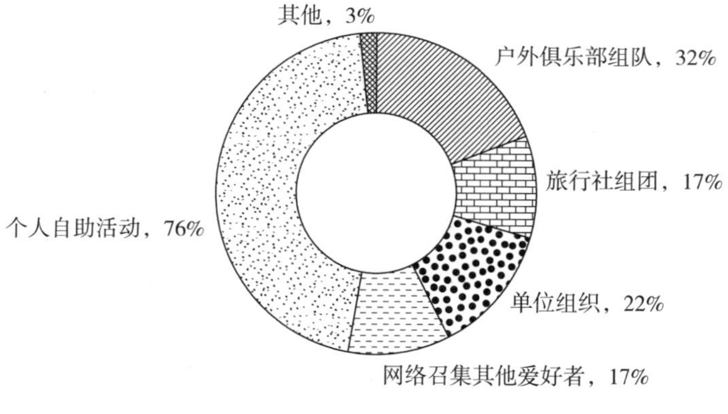

图5-14 国家健身步道参与途径

4. 未参与健身步道限制因素分析

(1) 步道基础建设不足和没有时间是限制参与健身步道的主要因素。在对参与锻炼的影响因素调查中，如图5-15所示，场地和设施等步道基础建设不足和缺乏时间成了限制参与者参与健身步道锻炼的主要原因，这部分人群比例分别占59%和58%；国家健身步道一般都远离市区，这对大众随时参与徒步锻炼有了一定的限制，选择该因素的占比49%；37%的人认为国家健身步道对参与者体力要求比较高，限制了一部分人群的参与，缺乏社会体育指导员的专业指导阻碍了参与者的参与性；各有24%的人认为缺乏健身步道参与的热情与积极性、资金不足会制约他们参与到步道中来。

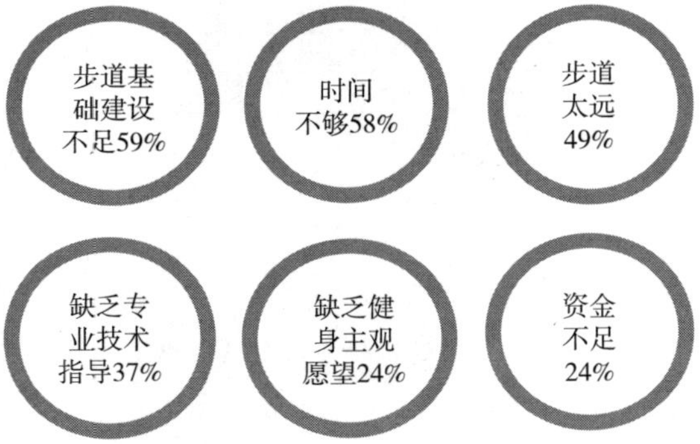

图5-15　参与健身步道限制因素分析

(2) 男性更缺乏主观健身的意愿，希望得到专业指导。由图5-16可以看出，男性相对于女性更缺乏健身的主观愿望，同时更加希望得到健身步道知识的专业指导，这说明男性由于平时工作忙碌、压力较大导致不愿意健身，疏于对自己的身材进行管理，与健身相关的知识比较匮乏。

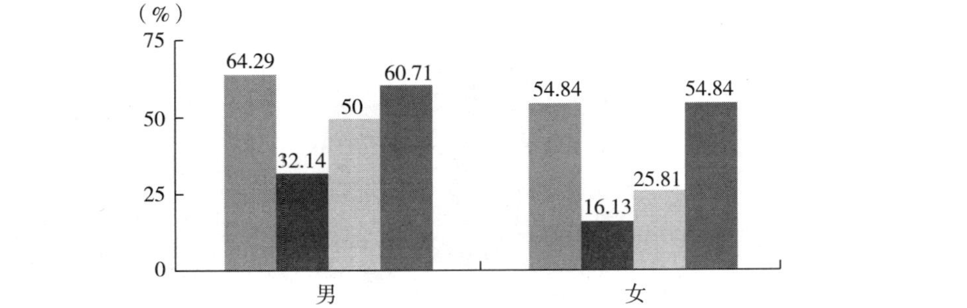

图5-16　男女性参与健身步道限制因素对比分析

（3）普遍重视步道专业知识指导，年长的人更在意距离。通过图 5－17 可以看出，除了认为步道基础建设不足和没有空余时间之外，本次调查了解过健身步道的 59 人中，36 人认为需要专业人员指导参与健身步道，23 人认为不需要，不同年龄段的人群对于健身步道知识的专业指导都比较重视；同时也或多或少地被金钱因素、距离因素制约，其中 50 岁以上人群普遍认为步道距离太远，不便于参与，而年轻人可能因为体力相对充沛，属于有车一族，对步道的距离不过分介意；20～50 岁的人群更缺乏健身的主观意愿，小孩和 50 岁以上的中年人对健身的态度相对积极。

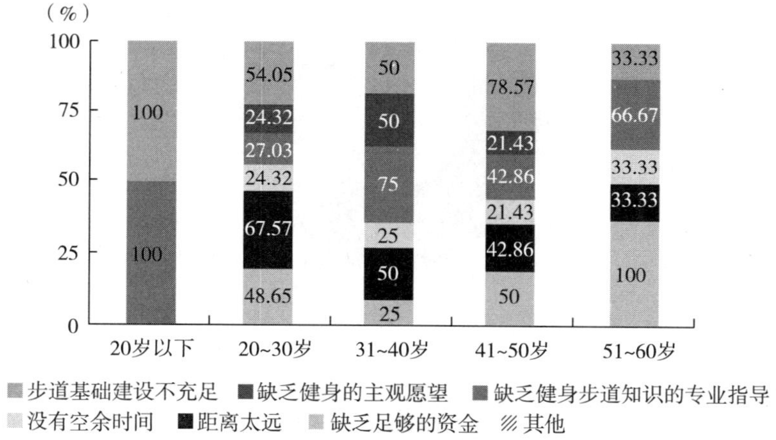

图 5－17　男女性参与健身步道限制因素对比分析

（4）金钱因素制约效果不明显，缺乏时间成为不同收入层次人群参与健身步道的主要原因。由图 5－18 可以看出，金钱因素对于不同收入人群参与健身步道的限制作用并不明显，由于参与健身步道相比于其他更加专业的户外项目成本较低，因此个人收入高低并不起决定性的限制作用；反而是时间因素起到的制约作用更加突出，不同收入层次的人群中基本都有过半数的人表示缺乏足够的时间参与到健身步道中来。

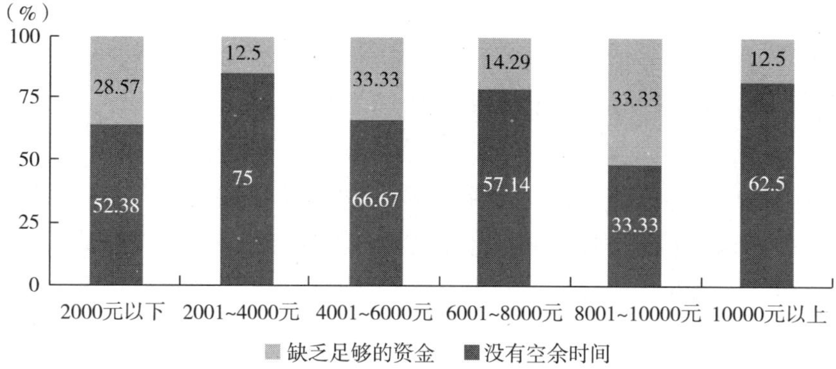

图 5－18　金钱、时间因素对不同收入人群参与健身步道的限制作用

5. 人人践行“安全之道，绿色之道”

如图5－19、图5－20所示，在健身步道使用过程中，39%的人经常注意步道设施周围设有的安全警示牌和使用说明；58%的人偶尔注意；3%的人从未注意过。说明目前大家在参与健身步道时已具备一定的安全意识，注意步道周围存在的安全隐患，科学使用步道基础设施，但个别人的安全意识仍然有待加强。

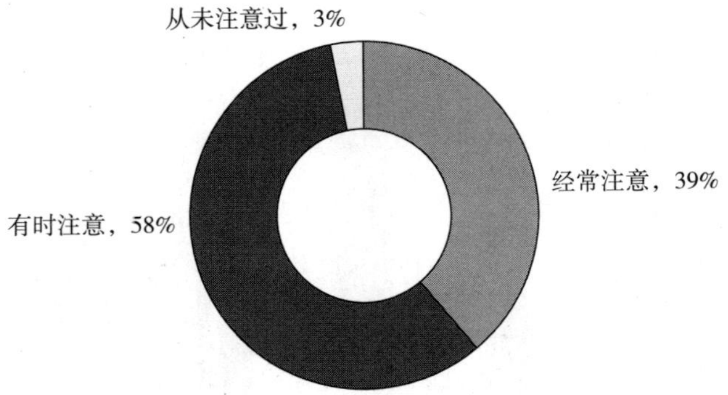

图5－19　步道安全警示牌注意程度

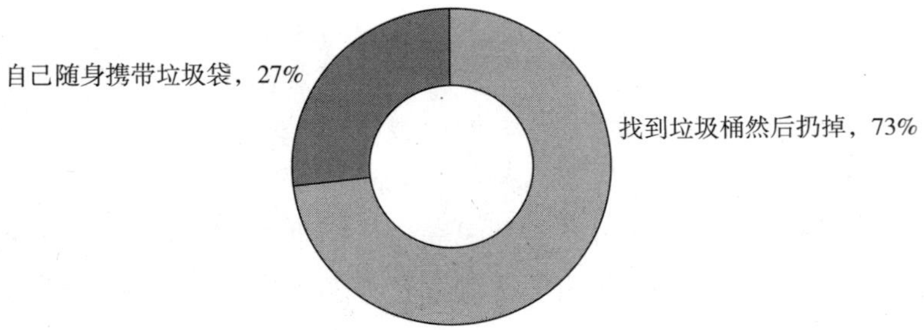

图5－20　垃圾处理方式

环保意识方面，27%的人选择自己随身携带垃圾袋，73%的人会将产生的垃圾投到步道沿线的垃圾桶内，无人选择随地乱扔垃圾，可见大家已经具备较强的环保意识，在户外能自觉做到保护自然环境、文明旅游。

6. 健身步道志愿者虚位以待

经调查发现，90%的人愿意成为健身步道志愿者，10%的人不愿意，他们的理由主要有：时间不够充裕、不知道志愿者的具体工作是什么、感觉没必要。上述结果表明，国家在宣传健身步道的同时，也需要下大力度培养更多地健身步道志愿者，选拔健身步道指导员，向民众传递步道精神，普及健身步道知识和专业技能，将步道发展为“全民健身之道”，如图5－21所示。

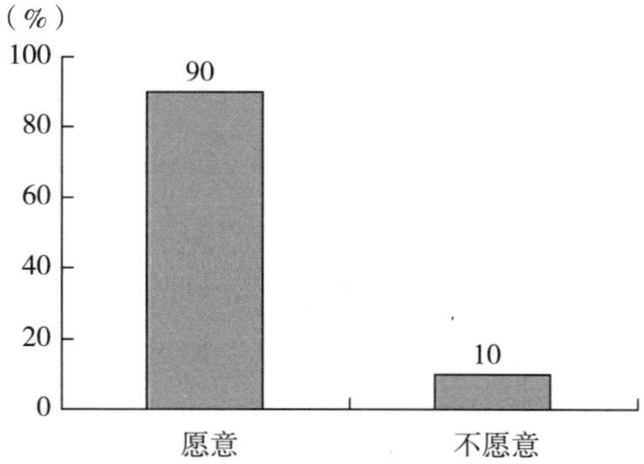

图 5－21　您是否愿意成为健身步道志愿者

（四）健身步道游客满意度情况

1. 游客对于健身步道基础设施满意度

通过分析本部分问卷结果，游客对健身步道基础设施各因子当中的步道沿线景点质量（3.51），指示牌及驿站标识等步道标识系统（3.53）满意度相对较高；而对于步道沿线景点多样性（3.44），步道选址的可达性（3.34），步道休憩区域设置的间隔距离（3.36），步道交通驳接的便利性（3.31），步道沿线垃圾桶设置情况（3.31）的满意程度处于中等偏上水平；游客反映步道沿线观景台数量较少（3.27），步道沿线洗手间设置不够合理（3.25），步道缺少休闲娱乐设施（3.29），座椅、凉亭、冲凉更衣等步道休憩设施不足（3.19），因此，这几项的满意度相对较低，但均高过了一般水平的分值，如表 5－6 所示。

表 5－6　国家健身步道游客满意度分数统计

因子	题项	非常不满意（人次）	不满意（人次）	一般（人次）	满意（人次）	非常满意（人次）	评价表现均值（总分/59）
基础设施因子（3.34）	步道选址的可达性	0	1	38	19	1	3.34
	便利的交通驳接	0	4	33	22	0	3.31
	步道沿线景点多样性	0	4	26	28	1	3.44
	步道沿线景点质量	0	2	27	28	2	3.51
	步道沿线观景台数量	0	5	34	19	1	3.27
	步道休憩设置（座椅、凉亭、冲凉更衣等设施）	0	11	28	18	2	3.19
	步道休憩区域设置的间隔距离	0	5	29	24	1	3.36
	步道路标标识系统（指示牌、驿站标志等）	0	3	23	32	1	3.53

续表

因子	题项	非常不满意（人次）	不满意（人次）	一般（人次）	满意（人次）	非常满意（人次）	评价表现均值（总分/59）
基础设施因子（3.34）	步道休闲娱乐设施	0	5	33	20	1	3.29
	步道沿线洗手间设置	1	12	19	25	2	3.25
	步道沿线垃圾桶设置	2	6	24	26	1	3.31
旅游服务质量因子（3.43）	步道路面的步行体验感	0	6	16	36	1	3.54
	步道的步行安全性	1	2	14	35	7	3.76
	小径、空间小品（雕塑、指示牌等）、游憩设施的美感度	0	8	23	27	1	3.36
	连接步道周边碎片化的景点，使景观美感增强	1	5	21	29	3	3.47
	步道区域的管理与治安	1	1	24	31	2	3.54
	餐饮、住宿、购物服务	0	5	30	22	2	3.36
	步道交通工具租赁服务（如观光车、自行车等）	1	7	22	28	1	3.36
	步道景区导游讲解服务	0	8	30	19	2	3.25
	完善的驿站服务（信息咨询、手机充电、免费无线上网等）	1	12	22	22	2	3.20
生态环境因子（3.63）	步道周边自然风景	0	2	17	36	4	3.71
	步道周边绿化情况	0	2	11	39	7	3.86
	步道周边空气质量	0	2	9	43	5	3.86
	步道周边水源质量	0	2	25	28	4	3.58
	步道沿线环境卫生状况	0	4	23	31	1	3.49
	步道各项基础设施卫生状况	1	3	25	29	1	3.44
	步道沿线的生物多样性	0	6	22	27	4	3.49

注：非常不满意 –1 分；不满意 –2 分；一般 –3 分；满意 –4 分；非常满意 –5 分；中位数为 3 分。

2. 游客对于健身步道旅游服务质量满意度

游客对健身步道旅游服务质量各因子当中的步行安全性（3.76），步道路面的步行体验感（3.54），步道区域的管理与治安（3.54），步道连接周边碎片化的景点，使景观美感增强（3.47）这几方面的满意度相对较高；对小径、空间小品（雕塑、指示牌等）、游憩设施的美感度（3.36），餐饮、住宿、购物服务（3.36），步道交通工具租赁服务（如观光车、自行车等）满意度处于一般略偏上水平；不少人认为步道景区导游讲解服务质量较差，步道沿线的驿站服务如信息咨询、手机充电、免费无线上网等不够完善，因此，满意度相对较低，如表5－6所示。

3. 游客对于健身步道生态环境质量满意度

游客对健身步道生态环境质量总体比较满意，尤其是对步道周边自然风景（3.71），步道周边绿化、空气质量（3.86），步道周边水源质量（3.58）都接近满意；对步道沿线环境卫生状况（3.49），各项基础设施卫生状况（3.44），步道沿线生物多样性（3.49）有待加强，满意度相对低一些，游客对这几项的满意程度处于中等水平，如表5－6所示。

4. 总体满意度分析

综上所述，游客目前对于国家健身步道的基础设施、旅游服务质量、生态环境质量的总体满意度适中，从对每个子系统的评分结果来看，满意度均介于一般和满意之间，保持着中立态度。其中，对步道周边生态环境的综合满意度最高（3.63），对步道基础设施建设的综合满意度最低（3.34）。由此可见，国家健身步道在基础设施建设、旅游服务质量的提升、生态环境保护等方面仍需进一步完善，如表5－6所示。

5. 现阶段的健身步道还不够完善，软硬件条件均有待加强

游客在体验过健身步道之后，从以下几个方面提出了现阶段健身步道的不足之处：其中67.8%的人认为目前健身步道选址过于偏远，交通不够便利；66.1%的人认为步道的基础设施还存在较大不足；59.3%的人认为步道维护不够及时；55.9%的人认为步道接待游客时的服务质量不高；52.5%的人认为已投入使用的健身步道缺乏专业人员的指导；44.1%的人认为步道沿途缺少宣传栏；32.2%的人认为步道生态环境建设有待加强；30.5%的人认为步道周围设置的安全警示牌和使用说明不够详尽和吸引人，如图5－22所示。

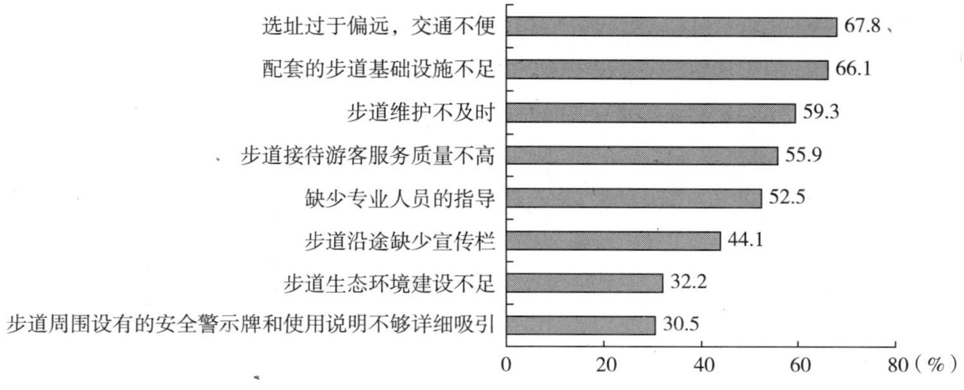

图5－22　健身步道现阶段存在的问题

（五）徒步是游客参与健身步道的主要项目

本次调查还统计了游客参与健身步道及其沿线上举办的活动类型，85%的人参与过徒步项目；各有24%的人参与过越野跑和露营项目；25%的人参与过拓展训练；22%的人参与过定向越野项目；此外还有一人表示参加过自然教育，两人表示未参加过步道及其沿线上的任何活动，如图5－23所示。

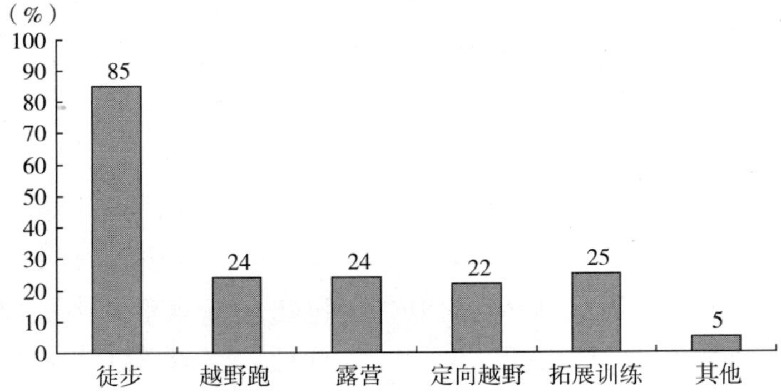

图5－23　参与健身步道及其沿线上举办的活动分类

（六）步道路线不断丰富，经典路线让人印象深刻

关于健身步道，游客对茶马古道印象最深刻，其次是宁海登山健身步道，此外还有南粤古驿道、乌孙古道、徽杭古道。还有人对福州福道、武汉东湖、安徽金寨国家登山健身步道、天梯山等路线印象深刻，或者只是参与过小段不知名的健身步道。这说明经典的步道路线体验感相对更强，同时也从侧面反映了我国日渐丰富和完善的国家健身步道体系，越来越多的步道线路被开发建设，为民众参与体验健身步道提供了更多的选择，如图5－24所示。

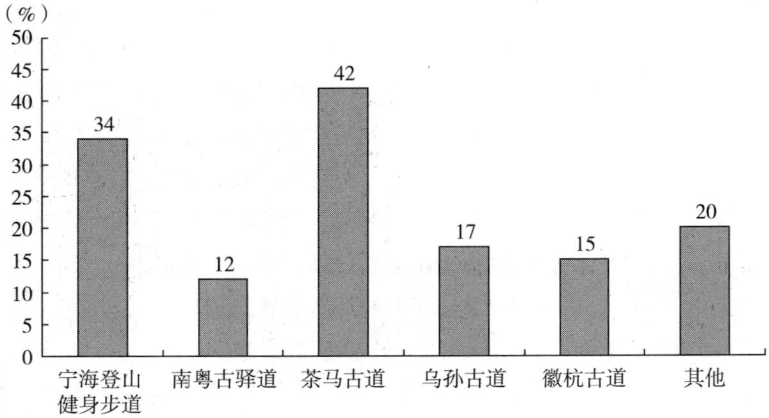

图5－24　令您印象最深刻的健身步道

三、推动国家健身步道高质量发展

在所有的感知价值中，健身步道的“旅游性”“服务性”越强，游客的满意度越高。这说明，健身步道最本质的吸引力还是其区别于其他普通公路的“旅游功能”和“健身功能”，应当以此为依据对国家健身步道未来的建设发展做出详细规划。

（一）深度开发景点，丰富解说标识，增强进入性

步道沿线部分景区建设落成后，应根据自身资源条件和自然文化特色，开发多样化的游览方式，扩大各个景区之间的差异，避免同质化现象，以满足旅游市场的多元化需求。在健身步道沿线已投入使用的服务区和观景台内，增设若干旅游解说标识介绍当地的自然风景资源、历史文化等，让旅游者在休息、观景的同时增加对当地的了解，获得文化的熏陶。在一定程度上提高步道的通达度和可进入性，在节假日出游高峰期，车流量大时，极易造成拥堵现象，应对通往景区的道路进行科学设计与管理，为旅游者提供人性化的优质服务。在继续保持自身优势的同时，充分挖掘健身步道的发展潜力，不断完善相关基础设施建设和旅游服务质量，做到真正便利市民使用。

（二）增加服务区数量，完善步道沿线建设

经调查发现，现阶段国家健身步道沿线路段及服务区和观景台的基础设施较为欠缺，应进一步完善，如建设造型美观生态环保的卫生间、增加停车位的数量、修建可以遮阳的建筑物、增加餐厅、能量补给站、休闲水吧和增加加油站的数量、设计更加明确的指示标识等。步道功能相对单一，人性化配备设施还有待改善，为了给参与者增加交流时间和提供交流平台，在健身步道规划过程中，可建设一些运动设施，比如篮球场、羽毛球场、乒乓球场等。这样才能使健身步道发展成为市民的休闲常态，无论是周末还是工作日都能随时使用也愿意使用，这样一来可以通过步道重新连接起被高速公路和城市扩张隔断的邻近地区。

（三）提高道路安全性，修建骑行专用道

一条完整的健身步道大多连通了若干个村庄，健身步道规划设计中，由于视线的通透性与灯光的使用不当会产生潜在的不安全因素，特别是使妇女、儿童、老人和身体残疾者等使用者的满意度和期望值下降，因此，步道的安全性建设也是需要重点改进的方面。在乡村路段更应提高道路的安全性，可采取在路口增设护栏和红绿灯、加强村民交通安全教育等措施。在雨雪等恶劣天气过后，及时进行路面清洁与维护，保证游客的出行安全。除了自驾车游客，诸多骑行爱好者也选择将合适的健身步道列入出游路线，建议专门修建骑行专用道，并在服务区和观景台提供相应

的骑行服务设施，设置一定数量的保安亭、摄像头等，杜绝潜在的安全隐患。

（四）改善生态环境，美化沿途景观

加强对旅游者的素质教育，如设立标语牌，提醒游客爱护环境，注意卫生。在步道沿线科学设置一定数量的分类垃圾桶，维护和改善健身步道整体环境质量，保证步道周边土壤、水源的清洁以及较高的绿植覆盖率，以及步道系统内的生物多样性，减少低级的、破碎化的景观，打造优质的健身步道生态系统。

（五）加强宣传推广，提高国内外知名度

目前，国家健身步道的知名度仍然有待提高，应借助媒体平台和营销宣传手段，如微信、微博、报纸电视杂志宣传等，加大健身步道的宣传力度，推出更多经典的国家健身步道路线，如宁海登山健身步道、横断天路健身步道。此外，我们中华民族悠久的历史文化对于外国旅游者具有极强的吸引力，可以通过拍摄制作多国语言的健身步道观光路纪录片等方式，吸引外国旅游者前来观赏体验。

本书中调查现阶段使用者对健身步道的感知和满意度评价，是一个时间剖面的横向静态研究，而不是在持续的时间中研究步道发展和变化的纵向研究。随着国家健身步道各方面建设工作的不断深入和加强，使用者的感知和满意度评价很可能会发生新的变化。此外，通过推出获得大众青睐的健身步道旅游线路，完善步道基础各项设施建设，使用者对健身步道产生的旅游效应的重要性和期望值达成共识，可以大大提高步道使用率，这将是接下来的工作重点。

第三节　我国登山健身步道系统建设典型案例——广东南粤古驿道

一、南粤古驿道的概况

南粤古驿道（如图 5－25 所示）是指 1913 年以前，在广东境内的历代朝廷官修和民资修缮的古代道路交通系统，其多用石料铺就，宽度也有严格标准，主要用于人员来往、物资运输、文书传递等，包括水路和陆路①。

① 吴磊，张新安．南粤古驿道定向运动赛事现状调查及对策分析［J］．体育世界（学术），2017（4）：51－52.

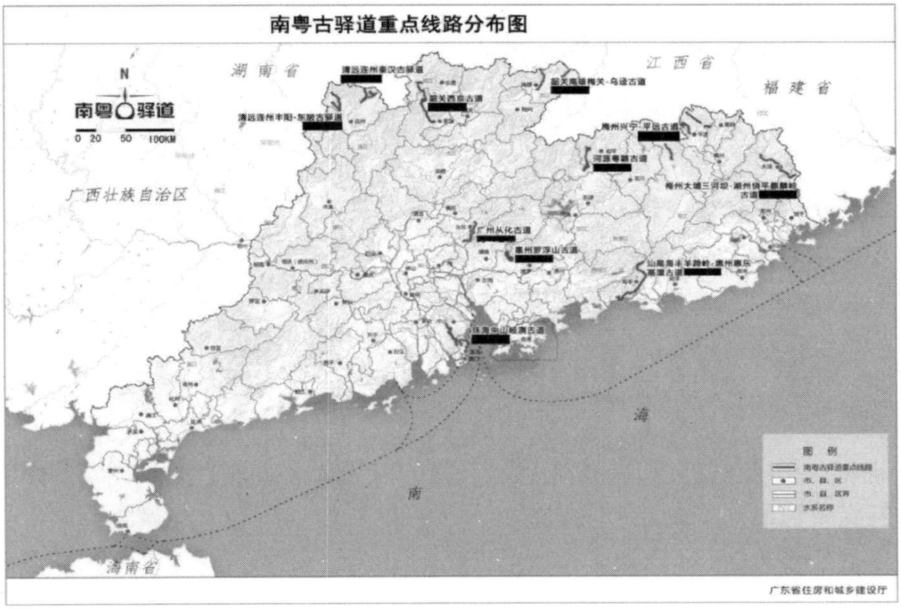

图 5－25　南粤古驿道重点线路分布

资料来源：广东省住房和城乡建设厅。

历史上，南粤古驿道在广东境内所体现出来的是巨大的经济价值，历经沧桑，洗净铅华，伴随着历史的沉淀，南粤古驿道的经济价值早已消逝，但却留下了众多的旅游资源，每一条古驿道遗存都分布着极具旅游开发价值的建筑设施、遗址遗迹、地文景观等各种类型的旅游资源，同时，古驿道多数在人迹罕至的乡村，未遭人为破坏，南粤大地上已形成了一条条自然美景与历史文化深度融合的景观长廊。

2016 年，广东省政府为了深入发掘南粤古驿道的历史文化内涵，做好南粤古驿道保护利用相关工作，省住建厅根据省政府工作部署，省住房和城乡建设厅联合文化厅编著了《南粤古驿道保护与修复指引》，“南粤古驿道”沿线区域再次复兴。

目前，据不完全统计，广东现存南粤古驿道本体共计 233 条，长达 71044 公里，其中新发现古驿道 135 条。从地区分布上看，南粤古驿道主要集中分布在粤北山区、珠三角地区的惠州市、粤东地区的汕尾市和粤西地区的云浮市，其中，粤北地区（韶关、河源、梅州、清远市）古驿道共 155 条、总长 523.5 公里，每个市内现存古驿道总长都在 100 公里以上，约占全省古驿道总长度的 70%。

二、南粤古驿道旅游发展现状

(一) 南粤古驿道旅游资源分类

南粤古驿道沿线现存的自然和人文旅游资源数量庞大。2018 年打造了 11 条重点线路，包括：韶关南雄海关—乌迳古道、韶关乳源西京古道、广州从化古道、清远连州丰阳—东陂古道、清远连州秦汉古道、河源粤赣古道、梅州大埔三河坝—潮州饶平麒麟岭古道、梅州兴宁—平远古道、珠海中山岐澳古道、汕尾海丰羊蹄岭—惠州惠东高潭古道、惠州罗浮山古道共约 700 公里。本书将各具代表性的风俗民情、历史典故、红色文化、非物质文化遗产等人文资源以及农田垦造、美丽乡村、风景名胜、地质地貌景观等自然资源进行了分类。

根据《中国旅游资源普查规范》采用的三级分类系统，南粤古驿道旅游资源按旅游资源的基本成因和科学属性分为自然旅游资源和人文旅游资源一级类型，一级类型包括 6 个二级类型，二级类型细分为 30 个三级类型（基本类型），如表 5 –7 所示。

表 5 –7　南粤古驿道旅游资源分类

一级类型	二级类型	三级类型	代表性资源
自然旅游资源	地文景观	峡谷、山丘、岩洞等风景	西京古道：广东大峡谷 高潭古道：莲花山 罗浮山古道：罗浮山 兴宁—平远古道：上举客家相思谷 秦汉古道：湟川山峡 阴那山古道：阴那山 梅关—乌迳古道：钟鼓岩 岐澳古道：凤凰山 阴那山古道：广东雁鸣湖国家森林公园
	水域风光	泉、湖泊、湿地公园、梯田	梅关—乌迳古道：孔江国家湿地公园 西京古道：南水湖湿地公园 从化古道：沙溪水库、流溪河 粤赣古道：东源万绿湖 兴宁—平远古道：龙文梯田 秦汉古道：连州地下河 罗浮山古道：白莲湖

续表

一级类型	二级类型	三级类型	代表性资源
人文旅游资源	遗址遗迹	交通遗址、军事遗址、古城遗址、历史事件发生地	从化古道：灵秀坊牌坊、广裕祠 粤赣古道：何新屋、华表塔 岐澳古道：云径寺遗址、桂峰茶亭遗址、通衢土地庙遗址、李信义堂石碑、珠江纵队司令部旧址 高潭古道：宋存庵、壮帝居 兴宁—平远古道：十二肩岭古道遗址、茶亭 梅关古道：梅关关楼、接岭桥 西京古道：象兑亭、梯云岭亭、红云村仰止亭
	建筑设施	传统建筑、名人故居纪念建筑、特色村落、宗教祭祀地等	梅关—乌迳古道：新田古村落群、株玑古巷、张九龄纪念广场 西京古道：云门寺、观澜书院、朱德祖居地 从化古道：钟楼古村、莲麻村、钱岗古村 粤赣古道：北联古村、四角楼、颍川旧家 岐澳古道：会同古村、石鼓村、孙中山故居、郑观应故居、杨殷故居 高潭古道：澎湃故居、海丰红场红宫、高潭老苏区革命纪念堂、中洞革命纪念广场 罗浮山古道：旭日古村、东江纵队纪念馆、酥醪村、红祠堂 兴宁—平远古道：高塘寨 丰阳—东陂古道：丰溪古庙、吴氏祠堂、南门楼、东坡古镇、谢氏宗祠 阴那山古道：林光寺、叶剑英纪念园
	人文活动	人物、文化节、地方风俗	丰阳—东陂古道：吴敬元祖诞日 秦汉古道：刘禹锡、韩愈 粤赣古道：醒狮 罗浮山古道：击鼓迎新、正月初二上灯、孝女诞 梅关—乌迳古道：张九龄
	旅游商品	菜品饮食	西京古道：乳源咸香鸭、瑶爽酒 从化古道：钱岗糯米糍、吕田炆大肉 丰阳—东陂古道：丰阳牛肉干、东陂腊味 高潭古道：砵仔粄 罗浮山古道：百万鸡、富贵猪 阴那山古道：盐焗鸡、梅菜扣肉

资料来源：笔者整理。

（二）南粤古驿道旅游现状

南粤古驿道以其独特的人文魅力，近几年迅速走俏成为“网红”。古驿道＋乡村、古驿道＋文化、古驿道＋红色、古驿道＋体育、古驿道＋生态等广受游客欢迎，南粤古驿道成为开放式的博物馆，成为助推乡村振兴的动力，成为传承文明和发扬爱国主义精神的桥头堡。

数据研究发现，2019 年春节期间，广东省境内 14 条重点古驿道接待游客的总量比 2018 年春节期间接待游客的总量增长了 96.99 万人次，增长率为 19.80%。2019 年春节期间共吸引游客 586.84 万人次，2018 年为 489.85 万人次。由此可以看出南粤古驿道每年接待游客的总量在逐年增加，旅游带动地方经济效应十分明显。

对每条古驿道进行单独分析，2019 年春节期间古驿道游客同比增长率平均值为 25.17%，其中，秦汉古道、西京古道、丰阳—东陂古道同比增长率均大于 30%，位于游客增长率前列，秦汉古道增长率位居第一，同比增长 58.62%，西京古道位居第二，同比增长 44%，丰阳—东陂古道位居第三，同比增长 32.05%，虽然从化古道、岐澳古道增长率靠后，但增长率也在 10% 左右，如图 5－26 所示。

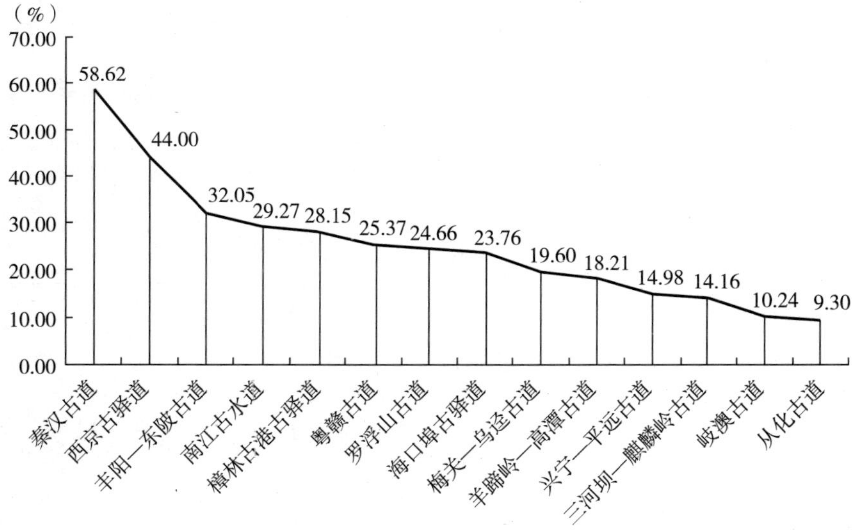

图 5－26　古驿道春节期间游客同比增长率分布

资料来源：广东省城乡规划设计研究院大数据中心。

总体来说，南粤古驿道作为广东省独特历史文化遗产，已成为了广东旅游市场的亮点，其成功吸引了城市的人们走进农村，带来了新的消费和商机，也带动了乡村经济发展，实现了精准扶贫。同时，弘扬了岭南优秀传统文化，提高了村民对家乡文化的自豪感和认同感。

三、南粤古驿道可持续开发模式

跨界融合对优化经济结构、促进产业转型升级和业态创新具有重要作用，并逐渐成为各行业领域发展的重要推动力。在体育领域，国务院印发的《关于加快发展体育产业促进体育消费的若干意见》（国发〔2014〕46 号）中明确提出了“促进体育产业与其他产业相互融合”的基本原则。体育与文化、旅游、信息等相关产业在更大范围的跨界融合正逐渐成为我国体育产业发展的“新常态”。

（一）“古驿道定向越野大赛 + 乡村文化旅游”发展模式

定向越野运动是通常设在森林、郊外、公园、古镇或是山地进行的一项集智慧、趣味、休闲娱乐为一体的实用性体育运动项目，而乡村文化旅游是指以乡村自然和人文景观为吸引物，以村庄野外为空间，集游居、野行、观赏、考察、参与、娱乐等于一体并能产生经济效益的旅游活动，可见乡村特殊的地理环境以及村落空间形态可以为定向运动参赛者提供特殊体验的运动场域。借助定向运动的项目属性，将旅游者吸引到乡村。举办定向运动赛事可以为乡村旅游发展开辟新的渠道。

南粤古驿道定向大赛从 2016 年开始至今，已经成功举办了四届赛事，群众积极活跃在古驿道、古村落、古码头、古城区。南粤古驿道定向大赛利用定向运动的户外体验性，深入挖掘沿线古村落的历史文化特性，突出“一站一特色”，促进了体育、旅游和文化产业的融合发展。运动员跟随着南粤古驿道定向大赛的脚步，跑进广东的美丽乡村，实实在在地体会到了国家全民健身战略和乡村振兴战略的发展变化中“体育 + 旅游”的美好生活。

（二）“古驿道 + 研学游”发展模式

研学游是指通过集体旅行、集中食宿的方式走出校园，拓展视野、学以致用，增强社会公德体验的活动。南粤古驿道承载着众多文化遗产和厚重的历史文化，是岭南文化的重要组成部分，也是我们坚定文化自信不可或缺的载体，是广东省发展研学游的最佳选地。

在此背景下，广东省发展创新了地方特色研学游模式，用温馨、轻松、愉快的家庭游、家乡游，将休闲娱乐与知识性、趣味性、体育健身相结合，通过体验式全域旅游模式的开发，让旅客避开人山人海的打卡式观光游览和定点定时的传统旅游方式，打造集休闲健身、家庭亲子、知识科普、红色教育、乡村发展等汇聚于一体的特色研学游。

南粤古驿道各类红色旅游活动的蓬勃开展，带来了健康文明和新风尚。古驿道活动倡导和宣传绿色环保文明的理念，旅游者以步行游径提供亲近南粤大地自然风光体验，在游览古驿道时，也充分享受到健身的快乐，充分触摸到当地优秀的传统文化，提升了对家乡对祖国的自豪感。南粤古驿道研学游旅游模式也为广东省全域旅游、乡村振兴的工作展开发挥着重大作用。

（三）“古驿道＋文化＋互联网”发展模式

古驿道历史悠久，沿途村落历史风貌保存较完整，传统古村落与南粤古驿道的文化联系及村落自身的历史故事是广东省珍贵的文化遗产和精神传承，同时也是宣传推广古驿道、弘扬优秀传统文化、推动乡村振兴的重要渠道。自 2017 年起，广东省教育厅、文化厅、体育局等 5 厅开始筹办“南粤古驿道文创大赛”。通过对陶艺、新闻传媒、建筑等八大类作品的征集和展览，带动广泛社会大众参与到文化创作中来，让社会各方了解、关注和投身古驿道的保护利用工作，扩大文化遗产的辐射范围。

文创大赛是一次多部门统筹、多专业融合、多元化产品的“跨界大设计”探索。大赛利用城市新媒体宣传推广，将南粤古驿道与民众巧妙“绑定”。线下，在全广东组织 6 站作品展览会，为优秀的文创作品提供集中展示的机会，通过事件营销等方式提升古驿道文创产品的知名度。

在线上，“南粤古驿道文创大赛”通过中国南粤古驿道网、微信公众号、微博、电视直播、手机 App 等使南粤古驿道成为持续性话题，吸引全国各地乃至世界各地的更多优秀创意同人、创意企业来广东体验古驿道景观，分享对古驿道文化的理解，以非物质文化遗产的发展作为纽带重建广东人民对乡村的归属感和认同感，吸引外迁人口回流，让南粤古驿道文化真正回归大众生活。

（四）“古驿道＋扶贫脱贫”发展模式

根据普查调研，现存南粤古驿道遗存在分布空间上与省定贫困村分布高度契合，在南粤古驿道沿线左右两侧纵深 5 公里范围内的省定贫困村数量多达 1320 个，约占全省贫困村总数的 60%，此外，现存的 70% 古驿道遗存集中于粤东、粤西、粤北山区，包括南雄梅关古道、乳源西京古道和连州秦汉古道等在内的古道沿线区域，都已成为广东精准扶贫工作主战场。

省住房和城乡建设厅在推进南粤古驿道保护利用工作过程中，充分发掘了古驿道沿线村庄的历史文化资源，例如，以“弘扬岭南优秀传统文化，整合沿线自然、人文等特色资源，带动乡村经济发展，实现精准扶贫”为宗旨，一方面，策划古驿道主题文体活动为农村特色产业打响品牌。如定向越野大赛，不但将全民健身、绿色出行等理念通过赛事传播到乡下，更加强了村民与外界的交流，也让前来参加活动的商家发现了新的商机，为“养在深闺人未知”的特色农产品提供了更广泛的销售渠道。另一方面，在特色农产品产销环节实施帮扶指导。南粤古驿道保护利用带动旅游业发展，提升了特色农产品的销量，有关部门引导特色农产品进行地理标志商标注册，以品牌效应促进当地发展，提高农民收入。与此同时，将古驿道历史游径与乡村振兴产业发展线相结合，并创造大量适合于村民的就业岗位和吸引外出务工人员返乡的条件。

（五）“古驿道＋智慧信息化”发展模式

智慧化和信息化是南粤古驿道乡村旅游发展必不可少的手段，南粤古驿道旅游可持续发展更离不开现代信息技术的支持，因此“古驿道＋智慧信息化”型的发展模式将会成为未来推动南粤古驿道旅游实现可持续发展的关键。

在信息化时代，政府主要是利用信息化手段，提高各级主管部门的办公效率，实现主管部门对经营主体的服务优化和有效监管；面向经营主体主要实现在线服务、宣传推广和电子商务应用功能，以促进乡村旅游各方资源的有效整合；面向游客重点通过信息化手段提升旅游服务质量，围绕游客外出旅游的各项需求打造一体化、一站式信息服务平台，以提升游客旅游体验。南粤古驿道旅游智慧信息化将最大限度地满足政府管理部门、乡村居民、古驿道旅游经营者、古驿道旅游投资者以及古驿道旅游消费者的需要，实现多方的资源共享和信息互动，不仅推动南粤古驿道的不断更新、紧跟时代步伐，进一步提升南粤古驿道知名度和影响力，而且让南粤古驿道从一个鲜为人知的新名词，逐渐成为一个实实在在、广为人知、喜闻乐见、为民享用的旅游精品。

四、南粤古驿道可持续开发启示

（一）坚持“开发保护，保护开发”原则，实现可持续发展

南粤古驿道沿线分布着很多古道、古城、古村、古墓、古亭、古陂等历史文化遗产，沿线又有森林、峡谷、河流、湖泊等典型地貌特色的自然资源，文化和自然景观等旅游资源丰富。这些能被我们所看到的旅游资源都是经历漫长的过程才逐渐形成，具有不可再生性，一旦被人为破坏，便再无法修复。因此，在开发中必须坚持保护第一、可持续利用第一的原则。本着“保护当地生态环境、发掘弘扬当地历史文化”的可持续发展理念，科学有效地稳步发展。

（二）突出文化特色，走精品化路线

实现乡村旅游可持续发展的前提是实现旅游产品的不断更新。旅游产品的开发设计应着重突出旅游资源特色，建设精品旅游资源，这些是吸引游客的关键因素。南粤古驿道旅游资源的最大特色是历史文化资源丰富，也就是说，文化特色

是南粤古驿道上最具吸引力的资源。基于此，在旅游资源开发和活化利用过程中，在尽量保持自然和历史形成的原始风貌的前提下，以个性化、多样化、主题化、文化化为目标，发展种类丰富、层次复合的南粤古驿道特色旅游产品，抢占市场，构建具有可持续竞争力的旅游产品体系。

（三）加强基础设施建设，推进智慧化建设步伐

加强配套基础设施建设，能提高游客的体验感受。加强南粤古驿道旅游区域的道路交通规划和建设，设置轨道站点、客运站、公交车站等，避免出现因旅游高峰造成交通拥挤；规划和建设服务设施系统、标牌系统和交通连接系统，为徒步南粤古驿道游客提供停车、休息、交通、方向等服务；努力提高住宿条件和接待能力，建改酒店、青年旅馆、民俗度假村、汽车营地、露营区，以满足不同游客住宿的不同需求，为他们提供更多的选择；支持公共设施升级改造，优化公厕网点分布，增加临时厕所等，并从游客需求的角度增加公共设施；完善乡村旅游地信息化基础设施，提高公共信息服务水平和乡村旅游行业管理效能，为乡村旅游的可持续发展提供现代化、智慧化支持。

第四节　我国登山健身步道系统建设典型案例
——浙江宁海国家登山健身步道

一、宁海步道的发展历程

宁海国家登山健身步道是中国第一个符合国家标准的登山健身步道，位于浙江省宁波市宁海县，简称宁海步道。宁海步道发展至今大致可以分为三个阶段，如图 5－27 所示。

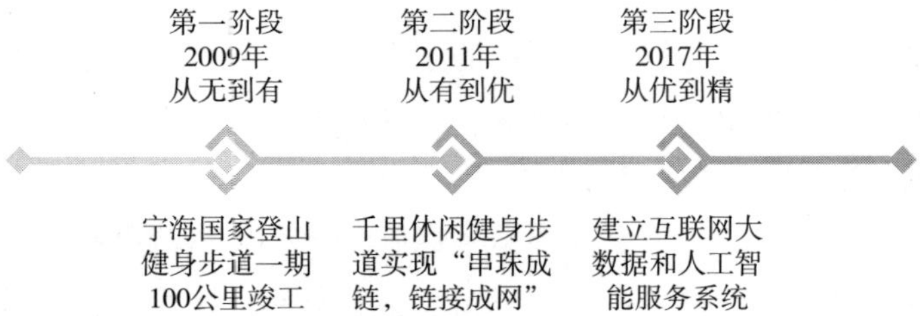

图 5－27　宁海国家登山健身步道发展阶段

第一阶段是从无到有。2009 年 12 月底，宁海国家登山健身步道一期 100 公里竣工，并于 2010 年 4 月在宁海召开国家登山健身步道全国现场会，仅投入使用一年就吸引了 45 万人次到宁海步道出游。宁海步道是把徐霞客古道、官道、现有和废弃的山间小路重新修建，覆盖所有乡镇街道、古迹遗址、90% 以上的行政村，荣获中国全面小康十大民生决策奖，并且在 2010 年 4 月被国家体育总局授予“国家登山健身步道示范工程”称号。

第二阶段是从有到优。400 公里的健身步道于 2011 年 3 月开工，2012 年 5 月完成遍布宁海城乡各地、总里程达到 500 多公里的“千里休闲健身步道”。2011 年宁海投资 7000 多万元建设休闲公共自行车租赁体系，依托千里登山步道，把休闲农居和休闲观光农业基地串联起来，实现了“串珠成链，链接成网”。

第三阶段是从优到精。2017 年，宁海将美丽大通道建设作为工作重点，大力发展绿色休闲、银色养老、古色文化、碧色山泉、蓝色海湾、彩色田园、特色民宿“七色美丽经济”，同时大力推广“互联网 + 体育”，把计算机和信息技术融入健身步道建设中，实现健身步道管理的智能化。

二、宁海步道的系统布局

宁海国家登山健身步道是我国第一条国家登山健身步道，由一条主线路、两条辅助线路和若干条支线路组成，总长超过 500 公里，跨越宁海县 1843 平方公里县域，步道建设中主要系统布局主要由四部分组成。宁海国家登山健身步道是国家体育总局向全国推广的“国家登山健身步道示范工程”，被称为“千里休闲健身步道”，为登山爱好者提供了科学、安全和环保的登山健身场所，如图 5 – 28 所示。

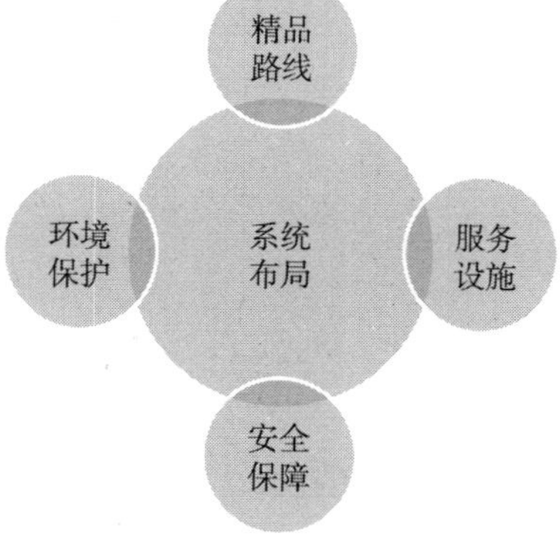

图 5 – 28　宁海国家登山健身步道系统布局

（一）精品路线系统

宁海步道把历史人文气息融入到建设过程中，同时，把传统的户外运动同旅游与全民健身有机结合在一起，如表5－8所示的宁海县国家登山健身步道部分推荐路线，满足了在欣赏自然风貌的同时，开展了登山健身、徒步远行和野外探险等活动。

表5－8　宁海县国家登山健身步道部分推荐路线

序号	线路	线路总长	途中景观
1	雁苍山—洞口庙	10公里	溪流、竹林、林场、古道、古寺
2	龙潭—外袁	15.1公里	溪流、瀑布、茶园、林场、高山草甸、竹林
3	里辽—叶岙	14.9公里	山村、丛林、防火带、纪念馆、革命遗址、废村
4	坑龙王—王干山	17公里	古寺、古道、古村、茶园
5	石舌章—牛台	19公里	古道、茶园、密灌、丛林、海洋湿地
6	逐步环线	3.4公里	竹园、溪流、界桥、古村
7	龙宫生态沟环线	5公里	古道、溪流、峡谷、瀑布
8	兰丁至灵山	15.2公里	丛林、竹林、古寺、林场、防火带、红枫古道
9	冠峰环线	6公里	山路、古道、高山湖泊、竹林、古村
10	三麓潭环线	4.5公里	溪流、丛林、古道、水上乐园、新农村别墅农居
11	桑洲—麻岙	5公里	古道、梯田、茶园、古寺、古树
12	龙宫—温泉	13.9公里	古道、丛林、溪流、水库、防火带、温泉
13	张辽—望海岗	14.8公里	古道、香榧基地、废村、界碑、茶场
14	冯家—外袁	11.2公里	古道、高山草甸、田园风光
15	西林水库—龙潭	12公里	丛林、林荫道、水库风光

资料来源：宁海国家登山健身步道官网。

（二）服务设施系统

根据《国家登山健身步道标准》的要求，登山健身步道的配套设施包括接待站、露营地、休息站、报警点和标志系统。宁海登山健身步道根据实际情况，实现了服务设施的优化布局，在不同的路线上都有关键的休息点和服务站可以给登山健身者提供便利，如表5－9所示，在登山步道推荐路线的关键节点都配有相关的服务设施。

表5-9 宁海县国家登山健身步道部分关键节点及服务设施

序号	线路	关键节点及服务设施
1	雁苍山—洞口庙	洞口庙有农家乐，吉祥寺有素斋，可露营，龙潭坑护林点
2	龙潭—外袁	龙潭村有农家乐，东海云顶有宾馆，可供吃饭
3	里下王—木坑头	此线路需自带干粮，长田头可露营
4	坑龙王—王干山	长洋岭天灯寺有素斋，凌云庵可露营，王干山有农家乐
5	干坑至沈坑岙	干坑有农家乐，岩头罗可露营
6	逐步环线	逐步有农家乐，清水溪营地可露营
7	杜鹃山环线	瓦窑头村和许家山村有农家乐，王社村有露营地
8	兰丁至灵山	上林或下林可提前预约在村民家用餐，下林可以露营
9	冠峰环线	冠峰有农家乐，有大型露营地并可提供用餐和住宿
10	三麓潭环线	双林村有较大规模的三麓潭山庄，也有家庭式的别墅农居
11	桑洲—麻岙	此线路南山章、夏家都有农家乐，山头槽可以露营
12	龙宫—温泉	龙宫有农家乐，温泉可择地露营
13	张辽—望海岗	后辽废村、望海岗可露营
14	岭峧—东山桃园	东山桃园可供接待休息，并配有露营地
15	妙相寺—许家山	瓦窑头村和许家山村有农家乐，王社村有露营地

资料来源：宁海国家登山健身步道官网。

（三）环境保护系统

宁海登山健身步道的建设工程一直秉持爱护环境的精神，步道规划设计保持了原始生态风貌，整个步道系统建设包括落叶步道、砂石步道、木栈道、砾石道等，仅对道路进行了简单地清理和修整，同时，木道、石道、台阶路等人工铺设的步道全部采用环保材料。

为了减少游客登山活动带来的游憩冲击，宁海步道系统全程设有垃圾桶。同时，对沿途村落的村民宣讲环保知识，强调垃圾分类的重要性。此外，为了步道的可持续发展，实施生态式的公共厕所，登山者可以在距离水源地、露营地或者步道至少40米处挖掘简易厕所，并且有最少30厘米深的限制。生态厕所将有机肥料作用于周边植物，避免了污染，实现了循环再生的功能，如图5-29所示。

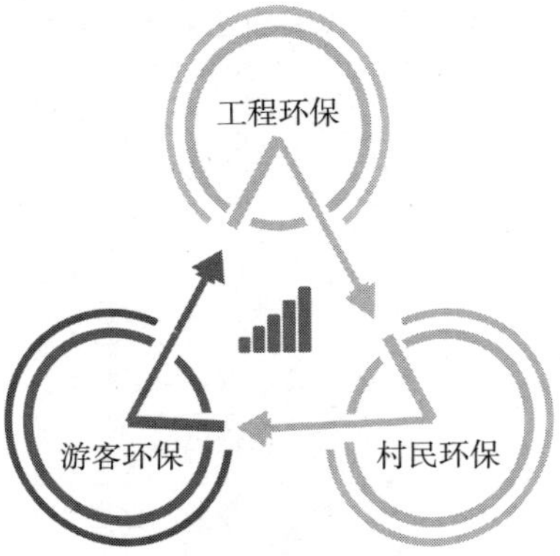

图 5－29　宁海国家登山健身步道环境保护系统

（四）安全保障系统

登山健身步道的安全保障非常重要，路线的布局必须要有完备的标志体系，在相应地段设置各类标志，对登山健身步道、自行车道及区域道路关键节点进行全覆盖。同时，构建完善的登山健身步道安全保障系统需要建设报警点、救援站、救援通道、避难场所、定位设备等，提供专业的应急医疗救援服务。

宁海登山健身步道设计了全套的步道标志，分别有建筑标志、地形标志、警示标志、指示标志（报警设备、定位设备、救援小队、救援设备）和路标。宁海登山协会义务为登山步道配套工程设置了户外救援队，并且制订了相应应急方案，并配备了通信设备及救援设备。宁海登山步道系统首次运用了“太阳能定位杆”，可以在迷失方向时提供导向定位。宁海登山健身步道具备统一完善的路标、安全警示标系统，拥有内地首个完善的户外安全救援体系，如图 5－30 所示。

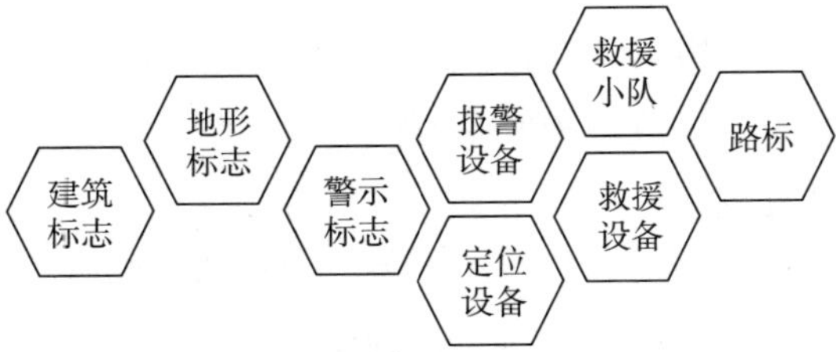

图 5－30　宁海国家登山健身步道安全保障系统

三、宁海步道的发展模式

（一）智慧登山发展模式

宁海县国家登山健身步道以移动互联网为核心，在智慧导航平台配备了门户网站、后台管理系统、移动端 App 和微信平台 4 个部分，是多个体系构建的“宁海智慧登山”系统。同时宁海步道还建有宁海登山步道路径和附属设施数据库，设有农家乐及餐饮介绍、热门景点和步道推荐，如图 5 －31 所示。

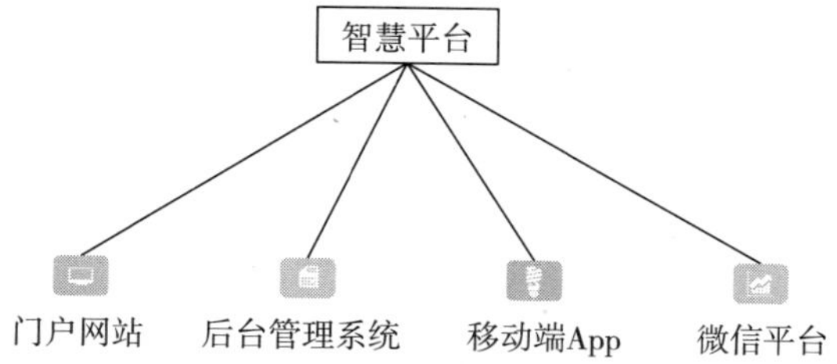

图 5 －31　宁海县国家登山健身步道智慧平台结构

同时，宁海智慧登山 App 的诞生，既能够为来宁海的登山爱好者提供全方位、多角度的智慧登山服务，也能给组队登山、赛道设置等管理带来便利。App 的线路个性化选择、标志定位、户外安全救援、社会化服务等系统一应俱全，实现了线路建设生态化、线路选择多样化、线路标识统一化、配套服务全程化等运用功能。

宁海县国家登山健身步道智慧导航平台技术先进、系统架构设计合理、功能丰富、登山步道数据库信息丰富，在登山步道导航领域属国内首创。宁海在智慧登山的发展道路上将加强对系统的进一步优化，完善登山步道数据，调整和优化系统界面，与旅游大数据、农办数据等进行对接，实现大数据分析和可视化表达。

（二）全业融合发展模式

1. 步道 + 农业

在步道串联下，将散落各地的户外场所、农家乐和农业产业基地有机结合，带动了当地农业的发展，给农民增添了获取财富的新途径。如今，每年在宁海健身步道上行走的人数超过 300 万人次，沿途农家乐接待近 200 万人次，直接收益 2.1 亿元。同时，宁海胡陈乡东山桃花节和宁海的白枇杷节都已经连续举办十二届，进一步提升了宁海农业的发展。2017 年，步道沿线的民宿总量达到 260 家，带动农产品销售额达 6000 余万元。

宁海登山健身步道已成为全国运动休闲产业发展的一个样本，是农业增效、农民增收的富民之路，如图 5 －32 所示，宁海县人均 GDP 在步道经济的辐射作用下不断提升，宁海的绿水青山真正成为了“金山银山”。“步道 + 农业”的发展模式有利于促进乡村振兴战略，加快农业标准化、品牌化、数字化发展，落实宁海县政府"品牌兴农"要求，以品牌效应来带动农业的发展，从而助推农民增产增收，助推宁海的美丽乡村建设。

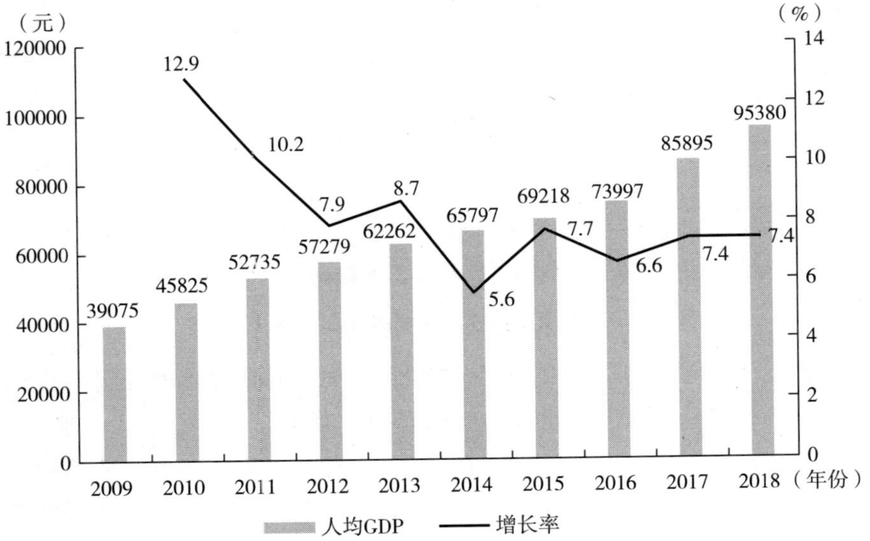

图 5-32　2009~2018 年宁海县人均 GDP 及增长率

资料来源：宁海县国民经济和社会发展统计公报。

2. 步道 + 制造业

宁海国家登山健身步道带动了登山、越野、户外自行车、露营等一系列相关的运动休闲产业。2013 年，宁海县被命名为浙江省首批运动休闲基地，明确提出"两带、三地、两中心"的体育产业发展格局。2015 年，浙江省宁海县被国家体育总局授予"国家体育产业基地"，在运动休闲产业发展方向上不断创新进步。

其中，宁海的运动杖产量占全国总量的 90%，宁海县的登山杖年产值超 5 亿元，占据了国内市场的 80%。2010 年，被中国轻工业联合会评为"中国运动杖之乡"。2019 年，第二批"浙江制造"标准制订计划，宁海县的宁海兴达旅游用品有限公司的碳纤维登山杖成功获得了标准立项。登山杖已经成为规模较大的企业集群，宁海深甽拥有 25 家运动杖生产企业，规模大的有 10 家，每年产量达 1500 万根，年产值达到 7.5 亿元，约占全球市场的 70%，凭借该产业，宁海县获评"中国登山杖生产基地"，有力地推动了本地户外运动制造产品的不断升级。

另一个规模较大的企业集群是户外手电筒企业，宁海西店镇自 2001 年就成为国内最大的镇级手电筒生产基地，并且在研发力度上不断努力，不仅增加手电筒的种类，并且通过升级换代提升了产品的附加值。高技术含量的手电筒占到全行业的产品份额 70%，并且随着户外运动的兴起，户外用头灯，露营灯等也陆续被推出，其产量的90%都销售到了国外。

借助步道带来商机，宁海县大力发展户外用品、健身器材等制造产业，露营帐篷、滑雪板、户外炊具等户外用品企业达到110余家，并带动了模具、塑料、五金等上下游产业发展。宁海扶持本地潜力大的企业，同时引入国内外龙头企业和上市户外用品企业，加快推进了宁海体育用品制造业由分散经营向产业集群的转变。

3. 步道+旅游业

以赛事活动为契机，宁海登山健身步道的独特IP已经大大提升了宁海的知名度和美誉度，展示了宁海湾"体育+旅游"新风尚，每年宁海山地马拉松赛都会选择当地特有的旅游资源作为宣传口，例如，2018年宁海湾半程山地马拉松赛，主要是培育以半岛马拉松和水上运动为主题的强蛟运动休闲小镇；2016年宁海县"温泉山地马拉松赛"大大提升了宁海县深甽镇温泉旅游的知名度，促进了美丽乡村建设，推动了以旅游、休闲为主的旅游业发展。

以农事节庆为契机，成为乡村旅游的关键一招。例如，宁海借助胡陈独特的旅游项目、丰富的户外运动资源和农产品资源，打造"中国农乡多彩胡陈"，将胡陈桃花节品牌化、市场化运作，进一步推动了胡陈旅游产业发展，打造乡村全域旅游新名片。胡陈乡已经成为"浙江省美丽乡村示范乡镇""浙江省森林城镇"，并且先后获得了中国最美村镇产业富裕奖和特色奖，每年都能迎来数十万名游客。宁海登山健身步道的推广，把当地的景区、文化遗迹串联起来，真正实现了全域旅游，成为宁海经济增长的重要支撑点，如图5－33所示。

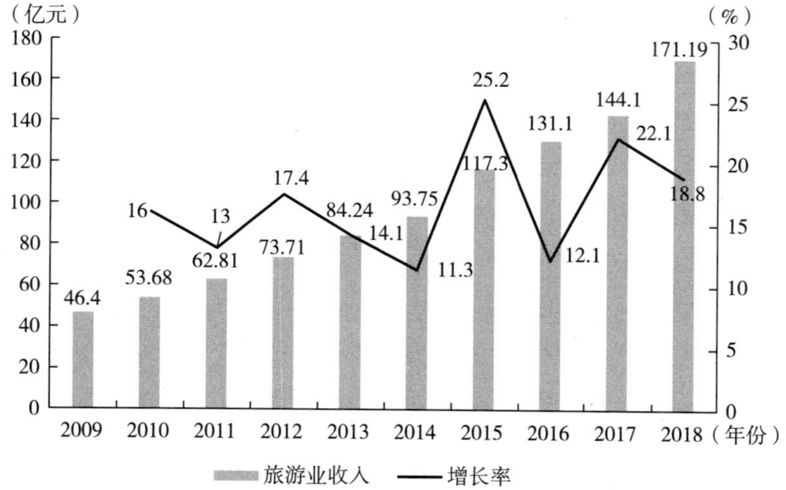

图5－33　2009～2018年宁海县旅游业收入及增长率

资料来源：宁海县国民经济和社会发展统计公报。

以中华游圣为契机，宁海自2002年以来，已成功举办了十七届徐霞客开游节。宁海借助成功的登山步道平台，十年磨一剑，已经成功申请宁海开游日“5·19”为中国旅游日，纪念400年前的中国游圣徐霞客的开游之日。宁海牵头倡议开展霞客游线申世遗，持续开展徐霞客游线标志地认证工作，标志地涉及河南、广西、浙江等多个省份。在开游节期间，宁海会推出各类的惠民活动，从线上购物到线下出游，从酒店住宿到美食品鉴，极大地推动了宁海旅游业的发展。

由此可见，宁海以步道经济发展为源头，以步道连产业，通过户外运动产业产生的衍生作用，促进各个产业的人流、物流、信息流和资金流汇入宁海。宁海步道带来的稳定充沛的客源以及全业融合的发展模式，带动了全民致富，助力脱贫攻坚战的胜利，宁海步道是惠及民生的幸福之路。

（三）以赛为媒发展模式

体育产业链中最重要的就是中游赛事组织部分，优良的赛事组织体现了一个地方的接待、交通、食品安全、医疗卫生等部门的整体协作能力，既要制订人性化的保障方案，也要完善应对各类突发事件的工作预案。宁海县依托成熟的登山健身步道，积极打造属于宁海特色的赛事IP，如表5－10所示，宁海越野挑战赛、宁海越野跑节、宁海山地马拉松赛等，吸引了全国各地游客的到来，其中，宁海的山地马拉松每年举行三次，而千里走宁海更是收获了游客的青睐。

表5－10　宁海县主要赛事活动

赛事活动名称	赛事活动概述
千里走宁海	2012年开始举办，以宁海国家登山健身步道为平台，从每年9月到次年4月，时间跨度长达7个月，作为依托登山健身步道策划的群众性品牌健身活动，在2017年成功入选《浙江省重点培育品牌体育赛事名录库》
宁海越野挑战赛	宁海100（原名：宁海越野挑战赛）起源于2013年，是一项在中国东部山区举行的长距离大规模越野赛事
宁海越野跑节	2013年开始举办，宁海越野跑节分三个组别：经典50KM、挑战12KM和青少年越野赛，赛道位于宁海东部最成熟、最传统、最经典的登山徒步道，是宁海越野挑战赛的姊妹篇
宁海山地马拉松赛	2015宁海（深圳）山地马拉松赛，2016宁海县“温泉山地马拉松赛”，2016宁海岔路山地马拉松，2017中国·越溪“沧海桑田”山地马拉松，2018宁海湾半程山地马拉松赛

宁海通过社会化办体育模式，每年开展宁海越野挑战赛、环中国自行车业余赛、全国钓鱼公开赛等十多个省级以上大型赛事。依托宁海登山健身步道打造的赛事品牌具有强大影响力，吸引了诸多衍生赛事把宁海作为赛事举办点，如表5－11所示，2017年，“日林光伏杯”浙江省首届气排球节在宁海县举办，并获得永久承办全省气排球节的权利，大大提升了宁海知名度。

表5－11　宁海县衍生赛事活动

赛事活动名称	赛事活动概述
“储力杯”全国青年女子、男子拳击锦标赛	2018年由国家体育总局拳击跆拳道运动管理中心、中国拳击协会主办，宁海县体育发展中心承办，宁海搏星拳击俱乐部执行的全国青年拳击锦标赛已连续举办三年，成为国内水平最高的拳击赛事之一
气排球节比赛	2017年“日林光伏杯”浙江省首届气排球节在宁海县举办，并获得永久承办全省气排球节的权利
“美丽宁海”台钓邀请赛暨浙江省钓鱼积分赛	2017年“美丽宁海”台钓邀请赛暨浙江省钓鱼积分赛是宁海历史以来规模最大、奖额高的垂钓赛事之一，促进宁海县体育垂钓运动的全面开展
宁海县篮球俱乐部联赛	2014年宁海县第五届篮球俱乐部联赛，2015年宁海县第六届篮球俱乐部联赛，2016年宁海县第七届篮球俱乐部联赛，2017年宁海县第八届篮球俱乐部联赛开赛
全国露营大会	2011年5月全国露营大会，2012年5月全国露营大会，2013年5月全国露营大会，2011年底，被《中国国家地理》评为中国最美栖居地之一
全国户外运动大赛	2012年宁海县成功举办了首届全国户外运动大赛暨中国户外运动节，2012年底被评为浙江省休闲运动产业基地，2014举办了全国户外运动大赛暨中国户外运动节

此外，宁海群众基础深厚，如表5－12所示，分别举办了县直机关运动会、职工徒步登山活动、市民运动会和乡村振兴村民运动会，其中县直机关运动会、职工徒步登山活动已经连续举办了9届，市民运动会和乡村振兴村民运动会的举办都促进了群众的身体素质，丰富完善了全民健身活动体系，以更加饱满的干劲投入到美好生活和乡村振兴建设中。宁海全民健身蔚然成风，发展后劲强力，宁海以赛为媒的发展模式推进全县人民健身事业深入开展，促进全民参与、全民动员、全民健康，更好地满足群众多样化健身需求。

表 5－12　宁海县全民健身活动

赛事活动名称	赛事活动概述
县直机关运动会	目前已经连续举办 9 届，加强了机关运动文化建设，提高了干部职工身体素质，推进了机关全民健身活动的展开
职工徒步登山活动	目前已经连续举办 9 届，进一步开展群众性职工体育活动，促进广大职工积极投入到全民健身运动中来
市民运动会	2017 年宁海县举办了“体彩杯”首届市民运动会，对参赛人员放宽了户籍限制，宁海县常住居民、外来务工人员，均可以个人或单位、社区、俱乐部等方式自由组队参赛
乡村振兴村民运动会	2018 年，宁海县举办了首届乡村振兴村民运动会，参赛项目有广场舞、跳绳、门球、柔力球、太极拳、舞龙舞狮等 20 余项，形成“一镇一品”特色群体运动项目

四、宁海步道的经验借鉴

（一）提升宣传力度，引导全民健身

政府作为项目投资主体和公共产品与服务的提供者，在宣传政府投资体育公益性项目中具有积极引导作用。在政府投资的基础上，应该重视宣传力度，发挥步道的最大效用。芬兰的人人权利（Everymen’s Right）——人人平等拥有享受自然资源进行体育运动锻炼的权利深入人心。依据国外的经验发现，正是通过政府积极宣传和正确引导，才可以让老百姓没有顾虑地回归大自然、亲近大自然，并且以保护自然环境的方式参与体育锻炼。因此，政府要建立公开的步道服务平台，及时传播以步道为名的主题微博，定期发布一些步道上要举办的活动，同时接受受众在平台的反馈意见，展现步道友好的形象，逐渐培养人们养成体育锻炼的习惯，提高身体素质，丰富休闲生活。

（二）完善功能布局，丰富内容体验

政府的投资来源于税收，社会各群体都可以成为项目的投资者，因此，政府应该完善功能布局，为不同的人群提供差异化的服务产品。提供专业的训练场地，为运动员提供专业的训练基地；完善有关登山安全知识和求生、自救技能知识宣传平台；完善步道入口和关键节点处突发事件处理流程、步道标识；在登山健身之前提供专业的安全知识培训。除此之外，应该丰富体验内容，多开发出一些休闲娱乐功能，吸引本土之外的游客。建设步道的同时要整合步道沿线景区景点、自然景观、生态资源、农业和渔业基地、农家乐等各种资源，提升步道的场

景融合和内容体验功能。

（三）严守国家标准，提升步道质量

步道配套设施建设和安全保障系统建设是人们关注的重点。步道的安全性主要由专业性和服务性组成，培养专业的人员，提供高质量的服务，是整个步道建设过程中不可或缺的要素。步道的配套设施不仅体现了一个步道系统的质量，还体现了一个地区的文化底蕴。宁海国家登山健身步道是中国第一个符合国家标准的登山健身步道，登山健身步道作为关乎人民群众切身利益的工程项目，应该借鉴宁海步道的建设经验，严格按照国家的高标准，保证群众参与享受的一个高质量的户外休闲运动。

第五节　我国登山健身步道系统建设典型案例
——“横断天路”国家步道

一、“横断天路”步道的发展历程

中国有这样一条超长距离徒步线路——横断天路。它所处地区包括川滇藏部分区域及青甘贵小部分地方，总面积大约133万平方公里，虽然只占国土面积的1/7，但却集中了中国最精华的景观。该地区由于特殊的地质地貌和丰富的生物资源，自19世纪末期以来，就不断地吸引西方的科学家和探险家光顾此地。时至今日，受制于地形的崎岖及交通不便，横断山众多的绝世美景仍然不为人知。

20世纪90年代以后，热爱户外的徒步旅行者开拓了一条条经典的徒步路线：环贡嘎、洛克线、长穿毕、虎跳峡、雅拉、扎尕那，它们如同一串串珍珠，散落在雪山峡谷、绿洲草原。2015年秋天，国家地理公社策划了一系列深入的考察活动，地毯式搜索横断山的独特景观资源，并结合文化属性，将横断山分为大约20个区域，深度挖掘每个区域不为人知的绝世美景、风土民情、风物特产等。他们构建“横断天路”国家登山健身步道，结合地图提供详尽路线，力图全面挖掘横断山的户外旅行潜力。中国民间志愿者开始了横断山脉户外资源的系统研究，并在此基础上提出了横断天路的步道构想。

2016年8月，大横断项目组规划出了横断天路的基本线路，然后面向全国征集顶尖户外好手及风光摄影师，短短3天时间，就有4000余人报名。在入选的

128人中，通过专家和公众推荐，以投标的形式确定勘线团队，组成20个探索小组，用半年时间地毯式搜索横断山美景，并采集图文及位置等详细数据。从2016年9月底到12月初，项目组先后派出8支队伍，这些勘线团队成员因为横断天路走到一起而自称“横断军团”，历时63天，在横断山腹地风餐露宿，穿越大半个中国，只为找到一条最美徒步路线。最终，共18人完成了横断天路近2500公里的实地勘线，初步打通了横断天路。他们以横断山脉为基础，将该区域散落的户外路径串联成一条完整的走廊，结合地图提供详尽路线，力图全面展现横断山的户外旅行潜力，为国内打造首条类似于阿巴拉契亚山径的国家步道系统，并使之面向公众开放，至此，我国“横断天路”横空出世。

2017年3月26日，由民间组织发起的“横断天路”项目完成了全部路线的勘测和信息采集工作，向徒步者提供了包括GPS轨迹、海拔上升和下降、村庄、标志性景点、补给点、危险标示、物种信息、人文现状等各种实用信息。横断天路勘线团队获得第十一届中国户外金犀牛最佳团队奖。“横断天路”是一条民间策划、由媒体和出版业推动的自下而上的线路，由众多摄影师和驴友探线而成，选择路线众多。时至今日，它还没有被修缮为传统意义上的小径，但已经具备国家级长距离登山健身步道线路的雏形。

二、“横断天路”步道的基本概况

按照美国的规范，国家步道划分为国家景观步道、国家历史步道、国家休闲步道以及连接步道，横断天路可归于国家景观步道的范畴。横断天路全长2230公里，南起云南大理的中缅边界山区，北至甘肃合作，纵跨西藏、青海、四川、云南、甘肃5省份，途中将穿越虎跳峡，进入俄亚大村，跨越稻城三座神山，深入雅砻江秘境，并连续行进贡嘎山、雅拉雪山、党岭、三奥雪山系列高峰，走过若尔盖草原，向北直达甘肃扎尕那。群山之间还有无数炙手可热的人间胜地如九寨沟、黄龙、泸沽湖、香格里拉、稻城亚丁、大理、丽江等，如图5－34所示。途中共经过海拔4000米以上高山垭口42座，高山湖泊28个，无人区穿越里程约1100公里，是中国首条类似于阿巴拉契亚山径的国家级登山步道，有着世界上其他长距徒步线路都不具备的自然地理、生态生物和人文历史资源，沿线的地貌、民族、物种十分丰富，因此横断天路有望成为中国数千万户外徒步爱好者的终极梦想。横断天路全线共分为八段，每一段的行走时间约7~20天，进出口一般选在靠近县城的地方。同时，每一段都独立成章，能够让徒步旅行者在段内感受到景观变化的完整过程和趋势，如表5－13所示。

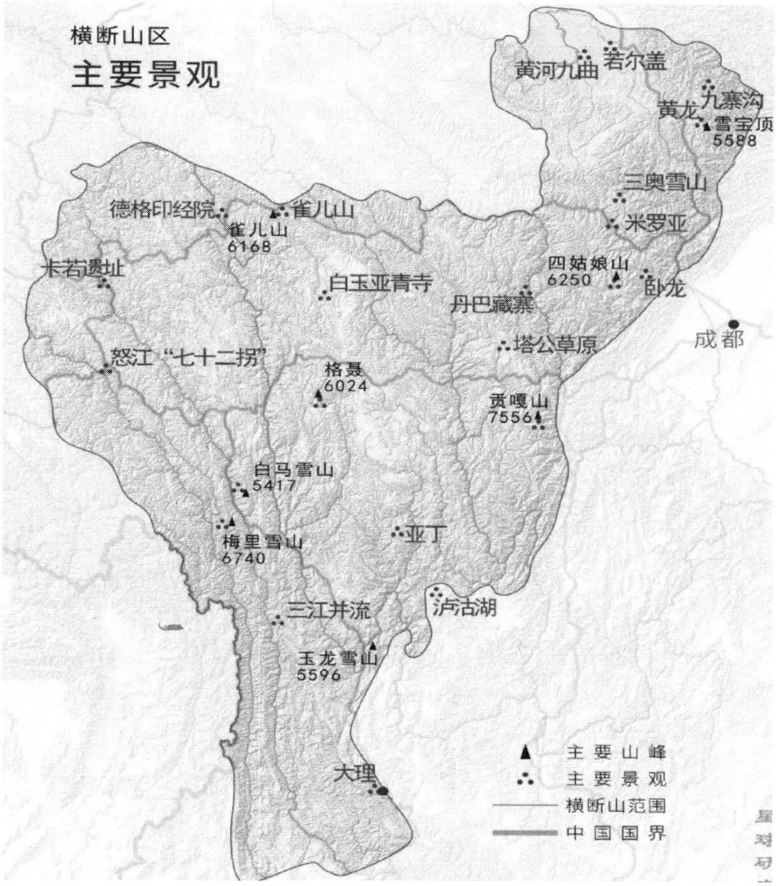

图 5－34　横断天路主要景观分布

表 5－13　“横断天路”登山健身步道分段情况

分段	路线	基本情况	分段路线长度
第一段	大理—哈巴村	途经州、市、县、乡、村有明确行政划分地区 30 处，完成耗时约 15 天	300 公里
第二段	哈巴村—嘟噜村	途经 4000 米垭口 17 座，湖泊 12 个，无人区 270 公里，完成耗时约 25 天	380 公里
第三段	嘟噜村—麦地龙	明确行政划分 9 处，完成耗时约 7 天	150 公里
第四段	麦地龙—康定	途经 4000 米以上垭口 8 座，无人区 340 公里，完成耗时约 18 天	440 公里
第五段	康定—金川	途经 4000 米以上垭口 10 座，湖泊 6 个，无人区 260 公里，完成耗时约 17 天	410 公里

续表

分段	路线	基本情况	分段路线长度
第六段	金川—黑水	途经4000米以上垭口4座，湖泊8个，无人区120公里，完成耗时约7天	150公里
第七段	黑水—包座	途经4000米以上垭口2座，完成耗时约11天	300公里
第八段	包座—合作	完成耗时约12天	330公里

三、一路惊喜的横断天路

（一）横断天路惊喜之一：三江并流，资源丰富

横断天路最让人眼前一亮的，无疑是三江并流，现已纳入世界自然遗产，这三条发于青藏高原的大江，百转千回经横断山脉。怒江、澜沧江一路向南经云南到达缅甸，金沙江峰回路转，大江东去进入华中地区，成为长江上游。三江并流而不交汇不仅成为奇观，同时也因为四山夹三水而拥有丰富的生物基因库以及复杂多变的地貌库。这里诞生了梅里雪山片区、高原森林湖泊的千湖山区、保护滇丝猴等野生动物的云岭片区等八大自然片区，是云南香格里拉的灵魂所在，如图5－35所示。

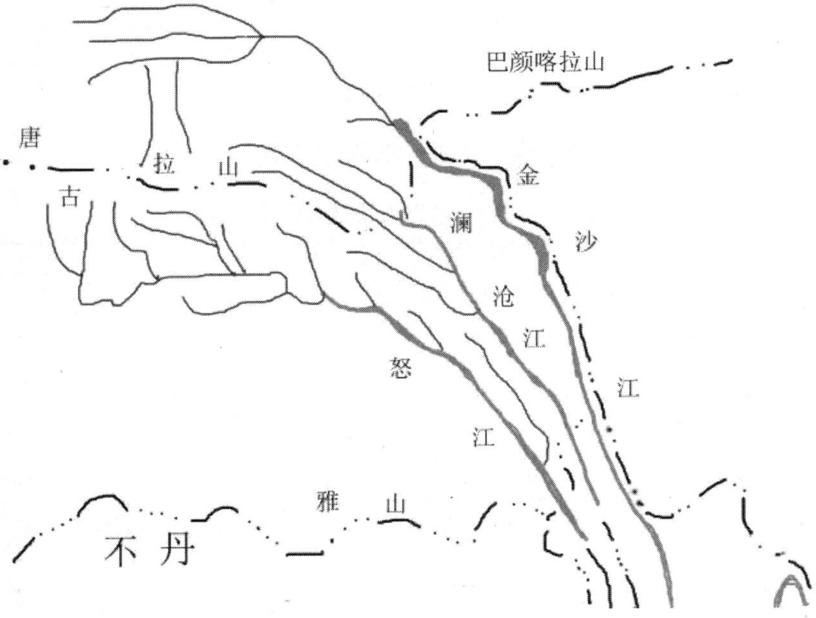

图5－35　三江并流（怒江、澜沧江、金沙江）

（二）横断天路惊喜之二：山脉隔江流，山水交融

在700公里宽的范围内，包括：伯舒拉岭—高黎贡山、他念他翁山—怒山、芒康山—云岭、沙鲁里山、大雪山、邛崃山、岷山，统称横断七脉，山与山之间摩肩接踵、紧凑之极，从空中放眼望去犹如一支密不透风的山脉大军。沙鲁里山脉以东的大雪山脉有许多山峰海拔都超过6000米，是横断七脉中海拔最高的一脉，随着海拔上升，高山上凝聚出巨大的冰川，在冰川不断退化的今天横断山脉地区的冰川数量仍多达1961条，总面积超过1300平方公里，相当于200多个西湖。不仅山形出众，横断山脉还借助冰川融水形成了上千个高山湖泊，在中国各大山脉之中这里是观赏雪山倒影的最佳地带，如图5-36所示。

图5-36 横断天路七脉六江分布

（三）横断天路的惊喜之三：“明珠”遍布，串联即是“项链”

横断天路拥有距离足够长、生态完整、连贯的南北走向等特点，加上民间在

横断山区开辟了大量户外资源，横断天路沿途可以看到香格里拉、稻城亚丁、茶马古道；深入川西我们可以洞察雅砻江秘境、若尔盖草原、四姑娘山、蜀山之王；进入云南朝圣梅里雪山、高黎贡山、虎跳峡以及无数高山湖泊、原始森林、多变地貌、雪峰冰川；川西的康巴藏族、安多藏族、嘉绒藏族、羌族，云南的阿昌族、白族、布朗族、瑶族、彝族、壮族等少数民族；拥有雀儿山、半脊峰、墨尔多山、哈巴雪山、那玛峰、骆驼峰、四姑娘山、贡嘎等汇集中国初高级难度山峰的地带；纵观横断山众多知名山脉，在日本作家中保村的《喜马拉雅以东山岳地图册》中可以了解到山脉资源十分丰富，可待开掘。横断天路的元素特征有长距离性、人文丰富性、景观可观性、原生态自然性、连贯的南北走向性，加上民间在横断山区开辟了大量户外资源，这条路线巧妙地串联起洛克线、贡嘎环线、雅拉穿越、扎尕那穿越等众多经典户外路线，并打通其中上千公里未知的徒步路线。如此多的“明珠”，再加上与路线的串联，为形成国家级登山健身步道奠定了良好基础。

四、“横断天路”的带动效益

风景优美的地方往往在山区，交通不便，村民生活贫困。横断天路建成后，各地旅行者的到访给横断天路各条沿线带来资金流和信息流，当地人提供食宿及向导服务，农产品就地消化，村民足不出户就可以改善收入。横断天路登山健身步道形成规模之后，将给周边成片地域带来全新改变，成为当地乡村振兴的重要方式之一。在步道串联下，散落各地的景区、文化遗迹、户外场所、农家乐和农业产业基地得到了有机结合，横断天路不仅带动了体育旅游业的发展，同时也成为当地农业增效、农民增收的富民之路。如今，每年在横断天路步道上行走的人数超过 300 万人次，2017 年，横断天路步道带动农产品销售额达 8000 余万元，沿线的民宿总量达到 320 家，农家乐接待近 250 万人次，直接收益约达 2.6 亿元。实践证明，步道延展所到之处，发挥出了明显的社会经济效应，增加了当地农民收入。

五、“横断天路”步道可持续发展的战略选择

（一）“横断天路”的发展需要国家层面的扶持

横断天路要成为一条国家级的徒步路线，不仅需要民间的勘测、规划，更需要上级政府机关的支持和保障，对这条步道进行策划、修建和维护。从推广的层面来说，如果要更好地发展，当然离不开政府、国家介入的管理和国家层面能调

动的保护，是地方和企业等民间力量所不能比拟的。目前，横断天路可以着手做的就是让这条“走廊”式步道的初级模式，逐步完善成一个可行的、徒步阻力较小的模型。横断天路要成为长距离国家步道，最终还是要让这条路属于国家管理，才能最大限度让它避免沦为商业行为。因此，在横断天路的后续开发中，应该以国家为主导，凭借政府的各项政策支持带动民众自下而上推动的方式，将这一条线路完整地串联起来，并且提供适当的维护和善后，让更多人了解这条伟大、壮美的线路，将“大横断文化”传播到全国乃至世界各地，横断天路就能从地理和心理两个层面，变成一条连接人与自然的“天路”。

（二）“横断天路”的完善需要民间力量的支撑

我国现已拥有两套近似的国家步道体系：登山健身步道系统和国家森林步道系统。而横断天路与它们的区别在于，它是由民间爱好者组织策划线路，一步步走通后，再自下而上推动其成为国家意义上的步道。在我国，步道多以“栈道”的形式存在于村落和村落之间，是交通运输和文化传播的枢纽，越来越多的登山徒步路线也在被当地政府和爱好者们开发。但是政府对于登山健身步道的理解认识有缓冲过程，在此期间，就需要有徒步爱好者作为主力军不断推动“横断天路”国家步道的完善。民间力量推动横断天路国家登山健身步道在中国落地是一次有益探索，草根力量的伟大且不容小觑，它是社会进步的佐证，也是推动国家登山健身步道发展的中坚力量。今后应注重运用3S空间大数据技术，创建包括自然数据、社会数据在内的“横断天路数据库”集群。成立“横断天路”自己的社交网络和科考科研组织，展开跨学科合作，借助民间力量，打造一个为公众创造价值、彰显情怀的户外文化项目，成就户外登山健身步道的经典旅行路线。当然，要使横断天路成为国家步道，它需具备的条件还有：徒步的可体验性，政府或组织机构的立案支持，与外界连接便利，完善的步道基础设施，长久且稳定的步道维护和管理等。

（三）“横断天路”要高瞻远瞩地提倡“负责任的旅行”

中国的国家步道建设不能照搬美国、英国、日本等国的国家步道系统。很多人把横断天路和美国的阿帕拉契亚小径相比较。我国和美国的国情有着根本的不同，在步道的发展上也会面临迥异的挑战。欧美国家100多年经验证明，步道系统是保护和恢复生态的绿色基础设施。不论是政府机构还是民间组织，向公众普及和推广“国家步道”的概念渐成气候，这和近年来的户外热不无关系。我国是农耕大国，人们和土地之间的历史可以追溯到5000年之前。长时间落后的生产力，让可持续发展的成本增高，导致民众生态保护思想薄弱。人们与土地的连接，也随着城市化的发展而逐渐异化。对于国家步道的开发和利用，不仅要完善地方软硬配套服务设施，更关键的是要注重对环境资源的可持续保护，同时兼顾针对徒步者的用户友好度，而不是只从商业开发的角度处理生态资源。

（四）“横断天路”需要开发中间状态路线

中国已有的步道状态分为两种：第一种是纯野路，类似走廊式的路线集合，没有固定的路线，大多数是优秀的徒步登山爱好者们用脚步丈量出来的；第二种是开发得很完善的硬化路面、木栈道等。对于“横断天路”国家步道来说，一批中间状态的路线亟待开发，这些步道既不是硬化路面（柏油路、水泥路等），也不是纯粹的野路，而是简单的乡间土路。这样，城里人周末开车几个小时的路程，就可以打开帐篷，支起炉子，享受充分融入大自然的生活。这样的步道如果能尽快成型，将为户外徒步爱好者打开另一个世界。另外，横断天路国家步道在建设理念、无痕体系、维护和修缮方面要尽量避免我们已经犯过的错误。

荒野并不是作为权宜之计逃避城市的去处，而是解救人类精神与发展困境的希望所在。步道的本意是引起世人关注自然生态与人类社会的关系，作为一种基础设施，提供一个载体、一个通道，方便民众走进自然，引发对生态环境的关怀。横断天路国家步道构想的意义或许正在于此，但绝不局限于此，它的推出，是个美好的开始，这是一片太美的土地，有着世界上其他长距离徒步线路都不具备的自然地理、生态生物和人文历史资源。而徒步，在某种意义上是一种苦旅，没有驱车呼啸而过的豪迈，只有在漫长旅途中的一步一步丈量，一点一滴感受的细腻，更多的时候没有车辆可以代步，没有牲畜帮人负重，无从选择和回头。不如前行，一路惊喜，相信终有尽头。

第六章　国家登山健身步道系统构建的关键因素分析

第一节　基于SD分析的登山健身步道系统驱动因素分析

一、系统动力学理论概述

（一）系统动力学原理

系统动力学（System Dynamics，SD）最早是在1956年由美国麻省理工学院的福瑞斯特教授提出。系统动力学是一门认识系统问题、分析研究信息反馈系统和解决系统中交叉问题的综合性学科。该理论学科认为，系统的行为模式与特性主要是取决于内部的动态结构与反馈机制，一个系统内部要素相互作用所形成的一个系统复合体。该理论科学已成为研究复杂社会、经济、生态系统的重要方法论之一，在宏观经济、项目管理、物流和供应链等领域都得到了广泛的应用。

系统动力学主要有两个重要的模型图：因果回路图和流量图。其中因果回路图主要作用是描述系统内部各要素之间的相互影响，流量图则是以定量计算的方法结合因果回路图进行仿真模拟。系统动力学的回路有正反馈和负反馈两个特点，正反馈指的是能产生自身运动的加强过程，在此过程中运动或动作所引起的后果将使原来的趋势得到加强，称为正反馈回路；负反馈指的是能自动寻求给定目标，未达到目标时将不断做出响应，称为负反馈回路。系统变量主要有状态变量、常量、速率变量和辅助变量四种，模拟仿真的软件是Vensim PLE，该软件是一个可视化的建模工具，用户可以通过Vensim定义一个动态系统，将之存档，同时建立模型，进行仿真模拟、分析及最优化。

相对于其他回归模型，系统动力学可以将众多复杂的变量归纳其中，对系统进行动态的调控和分析，因此，运用此方法对登山健身步道系统进行研究，可以为登山健身步道系统提供科学的依据，让我们更加直观地了解系统内部的作用机制。

（二）系统动力学建模步骤

第一步要明确建模的目的，确定系统的边界。要清楚建模的目的，即模型主要解决的问题是什么，可以通过文献研究、数据收集、调查研究的方法来明确问题的初始特征。对于系统边界的确定，首先要确定对所研究的问题具有影响的变量，其次继续分析这些变量所依靠的其他自变量，直至不可产生其他对模型产生影响的自变量。清晰的界定系统的边界要求既不能遗漏关键变量，也不能纳入无关变量。

第二步要确定模型的结构及其反馈机制。以内在反馈和系统存量流量图的形式对问题的动态特征进行解释，即确定系统的行为模式，寻求问题的内生性解释，在明确系统边界的基础上，确定模型的内生变量、外生变量以及被排除在外的变量。

第三步要确定变量之间的定量关系，写出方程。通过数据收集或现实中的实验来测试已建立的模型的反馈机制，根据因果回路图，遵循指标提取的原则对流图中的常量、状态变量、辅助变量、速率变量等进行确定，画出系统的存量流量图，然后根据测试结果来决定模型的初始条件、参数和方程。

第四步对模型的模拟过程进行仿真评估和修正。模型的部分测试实际上从建立方程时就开始了，模型的测试包括单位一致性检测、现实性检测、极限检测和敏感性检测。一致性检测主要检测方程式两边的单位是否一致，现实性检测主要检测模型的关键变量与现实运行情况是否一致，极限检测则要求系统在极限的情况下模型的运行结果也要符合自然规律，敏感性测试一个变量的变化引起另一个变量的变化是否符合一定的趋势。最终根据仿真测试的成功，对登山健身步道系统的发展提出科学性的建议。

二、登山健身步道系统的 SD 模型构建步骤

（一）登山健身步道系统 SD 模型构建的目的

系统动力学方法理论主要是系统的结构决定系统的行为，系统各要素之间的相互作用取决于系统的结构，系统动力学能够将众多复杂的影响要素考虑进来，每个要素对于目标变量的影响都可以在系统动力学模型中清晰地显示出来。建立

登山健身步道系统的SD模型可以对系统进行动态的调控和分析，能够更加直观地了解到系统内部相互作用的机制，目的在于分析登山健身步道系统的结构体系，分析其中的影响因素，包括具有重要影响的政策变量，在此基础上提出合理的建议。

（二）登山健身步道系统SD模型构建的步骤

根据登山健身步道系统的SD模型的建模目的及动力学模型的一般步骤，登山健身步道系统的SD模型主要有以下五步（如图6-1所示）：①界定模型边界。②确定模型结构。③绘制并分析因果回路图。④建立方程并绘制流量图。⑤模型仿真评估。

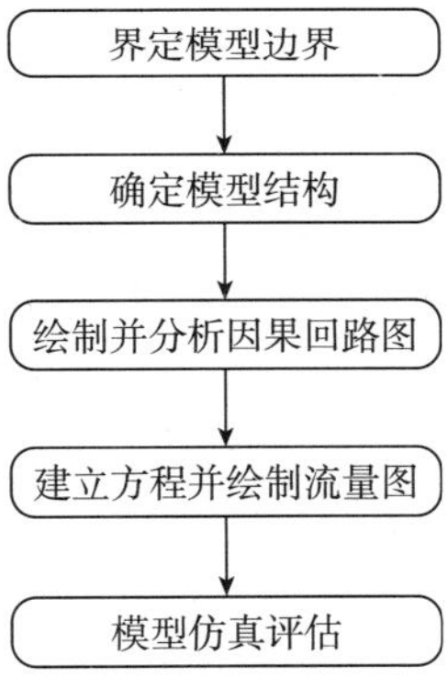

图6-1　登山健身步道SD模型构造步骤

三、登山健身步道系统的SD模型的结构分析

本书对登山健身步道系统驱动机制分析有以下几个假设：①把登山健身步道的发展看作是一个静态的过程。②关于登山健身步道驱动机制分析，系统只考虑消费子系统、支持子系统、资源环境子系统、相关产业子系统，其他因素不在本书的研究之中，各系统及其内部之间相互作用，形成一个动态的系统。③登山健身步道发展的一切变化的原因均归结于本书中所涉及的因子，未涉及的其他因素或者环境不在本书的考虑之中。

（一）市场消费模块

在消费模块中，GDP的变化影响人均GDP和人均可支配收入的变化，并且，随着人均可支配收入的提高，也会增强市场对登山健身步道的需求，引进大规模的相关固定资产投资，进而提高登山健身步道的高质量发展，使登山健身步道产业产值增加，进一步促进 GDP 增加，形成一个闭合的回路。因此，我们可以从上述分析和图中看到，消费模块只有一个正反馈因果回路。

相关产业总产值—人均收入—人均可支配收入—登山健身步道的需求—登山健身步道系统的发展—登山健身步道产业的产值—相关产业总产值。

（二）外部环境模块

外部环境模块主要是由政策支持、财政支持、科研技术和机构间合作组成。政策支持主要是政府针对国家登山健身步道发展现状推出相应的政策和法规以此保障更好的发展，把登山健身步道做成真正受人民群众欢迎的惠民工程。

财政支持主要是对登山健身步道的发展提供经济扶持，在经济上给予优惠并设置相关基金部门或众筹机构对登山健身步道的建设提供经济援助，推动相关基础设施的完善。

科学技术从管理层面来看，要建立全国的步道信息管理平台，为消费者带来方便的信息查询服务功能，打通线上线下的客户服务渠道；从步道建设方面来看，在 5G 时代要逐步建设智能步道，通过在途中安装传感器、电子显示屏等设备，健身锻炼的人群可以通过手机 App 与智能步道联通，随时掌握自己的运动状态，可以实现实时监测、数据上传，增加健身人群的兴趣，有利于形成科学的、健康的生活方式。

在机构间合作方面，登山健身步道的研究不仅仅在林业方面，步道的设计与建设既要有科学的态度，也要有文化的灵魂。从登山健身步道的建设到管理涉及旅游规划、艺术设计、建筑规划、环境保护等学科专业知识，步道是一个综合性的平台，应该集合百家之长，加强我国高等院校对相关人才的培养与合作①。

我们可以得到该系统的五个正反馈因果回路。

（1）登山健身步道的需求—科学技术—获客渠道—科学健身—登山健身步道消费者的数量—登山健身步道的需求。

（2）登山健身步道的需求—财政收入支持—科研经费—专利申请量—步道专业性—消费者的体验感—登山健身步道的消费者数量—登山健身步道的需求。

（3）登山健身步道的需求—政策支持—法律法规的完善—步道的规范性—消费者的满意度—登山健身步道的消费者数量—登山健身步道的需求。

---

① 李文超，田立新，贺丹．经济—能源—环境可持续发展的系统动力学研究——以中国为例［J］．系统科学学报，2014，22（3）：54－57.

（4）登山健身步道的需求—机构间的合作—综合性人才—步道的层次性—登山健身步道的产品丰富性—登山健身步道的消费者数量—登山健身步道的需求。

（5）登山健身步道的需求—财政收入支持—高等教育经费—机构间的合作—综合性人才—步道的层次性—登山健身步道的产品丰富性—登山健身步道的消费者数量—登山健身步道的需求。

（三）自然资源模块

登山健身步道的自然资源模块主要是从资源环境考虑。由前文可得到登山健身步道的需求增加，会导致登山健身步道的使用人数增加，使登山健身步道的设计机构增加，专业人员的活动次数提高，产品的质量与专业性也得到优化，最终形成正反馈效果，登山健身步道的需求会更加旺盛。但是，登山健身步道的增加，会增加对原生态山地资源的开发利用，不断地逼近自然资源的极限状态，如果管理不当，这样的发展过程会导致资源浪费、山地环境破坏，环境受到污染的可能性也会大大提升，原本的正反馈效应，恰恰适得其反，最后因为环境的破坏导致登山健身参与者的满意度下降，最终导致登山健身人数的下滑。

通过以上分析可以得到登山健身步道系统的环境资源子系统，该系统中主要有一条正反馈因果回路和一条负反馈因果回路。

（1）登山健身步道的需求—平均每条步道消费者的数量—步道建设机构的数量—专业人员的数量—产品的专业性—产品的质量—登山健身步道的消费者数量—登山健身步道的需求。

（2）登山健身步道的需求—平均每条步道消费者的数量—步道建设机构数量—自然资源和环境的需求—资源破坏和环境污染的可能性—资源破坏和环境污染—登山健身步道的质量—登山健身步道的消费者数量—登山健身步道的需求。

（四）相关产业模块

针对前文我国登山健身步道的发展现状的分析，相关产业主要考虑文化产业、旅游业和体育产业。其中，由于GDP的增加会增加固定资产投资，就会增加对文化产业、旅游业以及体育产业的投资，提高三种业态的产值，进一步促进三种产业高质量发展，最终有利于提升整体经济水平[①][②]。在登山健身步道的潮

---

① 丁雨莲，赵媛．旅游产业融合的动因、路径与主体探析——以深圳华强集团融合发展旅游主题公园为例［J］．人文地理，2013，28（4）：126－131.

② 彭华．旅游发展驱动机制及动力模型探析［J］．旅游学刊，1999（6）：39－44.

流之下，产业发展还涉及登山健身步道的相关产品的开发和设计，步道服务站的开设，步道标识的增加，步道体验方式的增加，促进登山健身步道整体产值的增加，有利于扩张我国 GDP 增加的途径。由于登山健身步道的建设，会完善周边地区的基础设施，以此来吸引更多的消费者，增加对登山健身步道产品的需求，促进整个登山健身步道系统的盈利模式，最终依旧会对 GDP 增加产生正外部性。

关于上述分析我们可以得到相关产业子系统的七个主要正反馈因果回路。

（1）相关产业总产值—固定资产投资—文化产业的投资—文化产业的产值—相关产业总产值。

（2）相关产业总产值—固定资产投资—体育产业的投资—体育产业增加值—相关产业总产值。

（3）相关产业总产值—固定资产投资—旅游业的投资—旅游业的产值—相关产业总产值。

（4）相关产业总产值—固定资产投资—登山健身步道的投资—基础设施—登山健身步道消费者的数量—登山健身步道的需求—登山健身步道系统的收入—登山健身步道产业的产值—相关产业总产值。

（5）相关产业总产值—固定资产投资—文化产业的投资—文化产业的产值—文化产业的发展水平—文化与步道的融合—登山健身步道系统的发展—登山健身步道产业的产值—相关产业总产值。

（6）相关产业总产值—固定资产投资—旅游业的投资—旅游业的产值—旅游业的发展水平—旅游与步道的融合—登山健身步道系统的发展—登山健身步道产业的产值—相关产业总产值。

（7）相关产业总产值—固定资产投资—体育产业的投资—体育产业的产值—体育产业的发展水平—体育与步道的融合—登山健身步道系统的发展—登山健身步道产业的产值—相关产业总产值。

（五）因果回路图

通过以上对市场消费、外部环境、自然资源、相关产业四大模块内部各元素解读和分析，把四个模块整合起来，得到的我国登山健身步道系统的驱动机制系统因果回路图，其中共有 13 个正反馈回路，有一个负反馈回路，该系统因果回路图反映了影响登山健身步道系统发展的各因素之间的相互作用，如图 6 – 2 所示。

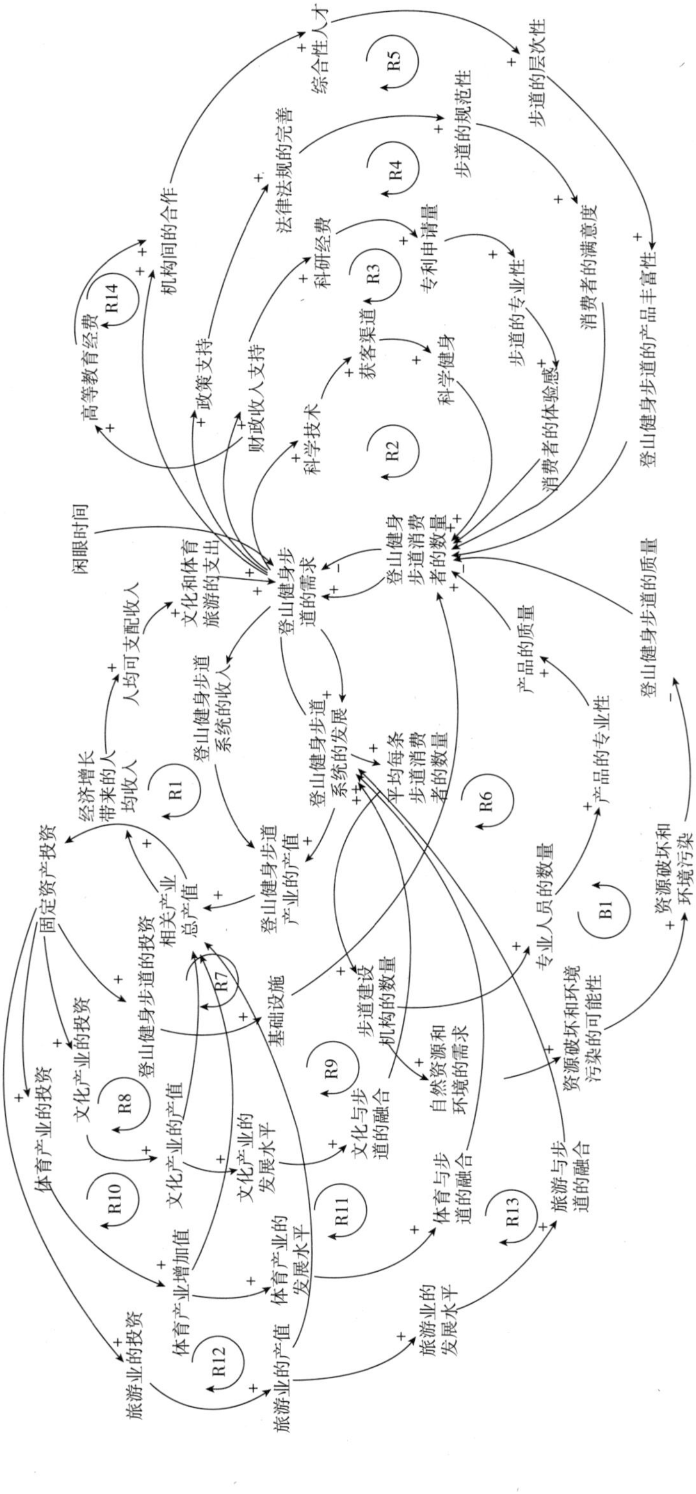

图6-2　登山健身步道系统的驱动机制系统因果回路

（六）系统流量图

1. 指标处理

由于登山健身步道系统的驱动因素较多，其中用来描述系统运行和趋势行为的变量复杂，数据获取难度较大，通过前文的因果回路图分析，在此基础上尽量减少系统变量，保证模型的正确性来进行仿真模拟。用于描述系统趋势和行为的变量较多，结构复杂，模型构建难度较大。指标处理原则如下：

（1）简便性。以精简为基础，选择影响较大的关键变量，并且去除数据难以获取的指标，选取直接作用的指标以确保模型的强有力性。

（2）科学性。选取的指标要考虑到一些薄弱环节，力求仿真模型与实际模型误差最小，发挥模型的科学性。

（3）可行性。系统中需要进行量化的指标，要通过调研、文献、专家、统计年鉴等方式获取，保证指标的意义和准确度。

2. 系统动力学流图

通过对登山健身步道因果回路图的绘制，体现出登山健身步道驱动机制系统内部之间的相互作用和影响，为了对系统进行定量的分析和控制，需要进一步绘制流量图。流量图是基于因果回路图对相关的变量进行关系的确定和数值的确定。由于登山健身步道在我国起步较晚，相关的测定数据并不清晰，因此登山健身步道的驱动机制模型的系统流量图仅选取关联度最大的变量作为系统的关键变量进行分析。关于登山健身步道系统的驱动机制系统流量，如图6-3所示。

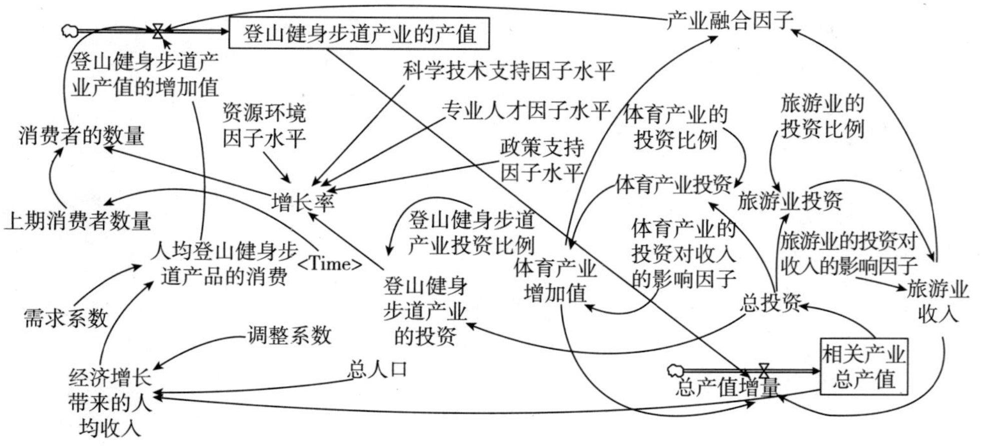

图6-3　登山健身步道系统的驱动机制系统流量

3. 模型方程

本书使用 Vensim 软件建立并进行模拟。其中的变量有水平变量，速率变量，辅助变量以及常量。使用的主要方程如表 6－1 所示：

表 6－1　主要变量方程式

序号	方程	单位
1	INITIAL TIME = 2006	年
2	FINAL TIME = 2026	年
3	SAVEPER = TIME STEP	年
4	TIME STEP = 1	年
5	产业融合因子 = 体育产业增加值 ×0.15 + 旅游业收入 ×0.85	万元
6	人均登山健身步道产品的消费 = 经济增长带来的人均收入 × 需求系数	万元
7	体育产业增加值 = 体育产业投资 × 体育产业的投资对收入的影响因子	万元
8	体育产业投资 = 体育产业的投资比例 × 总投资	万元
9	增长率 = 0.01 × LN（登山健身步道产业的投资 ×（专业人才因子水平 ×0.4 + 政策支持因子水平 ×0.2 + 科学技术支持因子水平 ×0.1）+ 资源环境因子水平 ×0.3）	Dmnl
10	总产值增量 =（体育产业增加值 + 旅游业收入 + 登山健身步道产业的产值）×0.32	万元
11	总投资 = 相关产业总产值 ×0.8	万元
12	旅游业投资 = 总投资 × 旅游业的投资比例	万元
13	旅游业收入 = 旅游业投资 × 旅游业的投资对收入的影响因子	万元
14	消费者的数量 = 上期消费者数量 ×（1 + 增长率）	人
15	登山健身步道产业的产值 = INTEG（登山健身步道产业产值的增加值，100000）	万元
16	相关产业总产值 = INTEG（总产值增量，9.042e + 07）	万元
17	登山健身步道产业的投资 = 登山健身步道产业投资比例 × 总投资	万元

（七）系统模型真实性检验

为保证登山健身步道系统模型的准确性，需要进行真实性检验。第一，系统结构模型适合性检验。在软件本身具有 Check Model 功能和 Unit Check 检验功能，登山健身步道系统模型在建模和仿真过程中通过适合性检验，符合模型结构的基本要求。第二，模型历史的有效性检验。为检验登山健身步道系统的动力学模型的，本书选取 2006～2015 年的体育产业增加值来进行历史性仿真检验，从检验结果来看，误差介于 2.01%～21.35%，平均误差为 8.607%，系统模拟的结果与体育产业增加值发展的实际情况基本达到一致，拟合度相对较高，系统行为能够反映现实情况，可以进行预测及仿真实验，模型检验结果如表 6－2 所示。

表 6－2　登山步道系统的驱动机制模型系统的历史检验结果

年份	体育产业增加值真实值（亿元）	体育产业增加值模拟值（亿元）	误差比（%）
2006	983	1013	3.05
2007	1265	1174	－7.19
2008	1554	1383	－11.00
2009	1835	1651	－10.03
2010	2220	1993	－10.23
2011	2689	2426	－9.78
2012	3135	2972	－6.63
2013	3563	3659	2.69
2014	4041	4521	11.88
2015	5494	5601	1.95

资料来源：由国家体育总局和国家统计局相关数据汇总整理。

（八）系统模型的仿真

对登山健身步道驱动机制系统进行模拟仿真，可以通过改变某些因素的数值，进而发现相应因素对研究对象的影响作用。由于登山健身步道在我国刚刚起步，处于产业生命周期的第一个阶段，更多的是通过政府推动，加大投资力度，实现基础设施的完备工作。因此，该仿真仅仅对登山健身步道产业的产值进行模拟，模拟过程分别改变体育和旅游的投资比例，如图 6－4 所示。

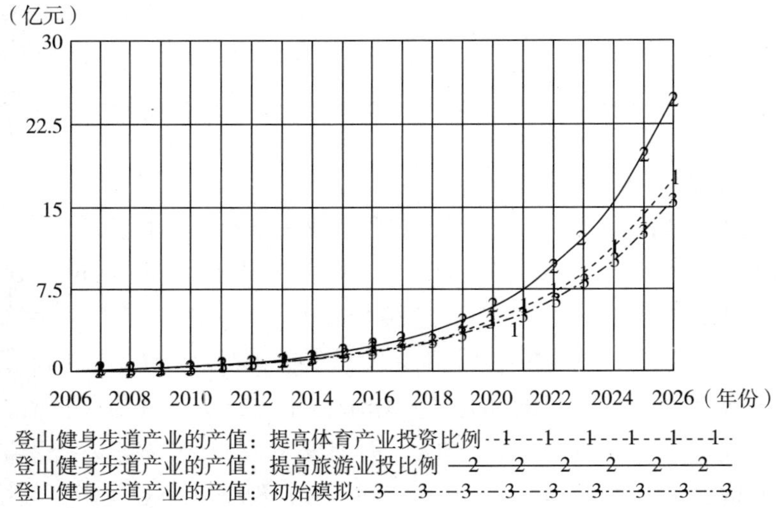

图 6－4　体育与旅游业的投资比例变动对登山健身步道产值的影响

（九）系统模型的分析

通过模型的建立与模拟可以发现登山健身步道是一个综合性的系统，主要与体育和旅游相关。首先，我国的登山健身步道目前处于初创期，产值和普及度都不高，想要通过直接投资登山健身步道的建设，仅仅是扩大了登山健身步道的公里数，不能形成长期的收益模式。其次，随着人们闲暇时间的增多以及对户外健身意识的提高，旅游业和体育产业的增长突飞猛进。再次，产业的融合已经成为当前的新趋势，旅游与体育产业边界模糊化可以向登山健身步道搭建桥梁。最后，登山健身步道具有旅游和体育的双重属性，在模型中体育旅游的投资增加对于登山健身步道的带动效应非常明显。因此，在体育旅游融合发展的新时代，登山健身步道的发展应该赶上体育旅游的发展快车。

四、登山健身步道的发展路径选择

（一）加大政府支持力度

政府对登山健身步道的支持可以从财政和政策两个方面来进行。在财政方面，由于前期登山健身步道的收益并不能保证，相关企业受收益风险的影响不会主动投资，因此，政府的带动不仅能把社会的资源利用起来，还可以引发较大的社会效应，比如在百万公里健身步道的工程影响下，提升了很多群众对健身步道的热情。政府的支持不仅对产业经济的发展起到一个保障的作用，还会引导产业经济往良好的发展方向。在政策方面，不仅可以解决不少的就业问题，还能带动贫困山区的经济发展，能有效解决当地的贫困问题①。政策的发布，也为登山健身步道的发展提供了保障，具有了国家的标准，不会形成良莠不齐的混乱局面。

（二）加强产业融合程度

登山健身步道系统包含体育、文化、旅游、康养等相关要素，具有很强的产业融合功能。既可以通过现有的各大旅游平台进行宣传和推广，间接打通获客渠道，吸引客流量，扩大登山健身步道的产业规模，也可以把自身作为一个大的发展平台，通过搭载旅游、文化、体育等属性，丰富步道的内容，提高人们对登山健身步道的认同感。无论采取什么策略，最终都可以挖掘市场的潜在消费力，并通过建设的全国步道信息管理平台，加强与登山健身人群的联系，及时地做出反馈。挖掘潜在市场固然重要，但是维持现有的客户，提升客户对产品的忠诚度依然重要。加强与现有消费者之间的联系，每次的营地活动结束

① 王丽．基于系统论的旅游扶贫动力机制分析［J］．商业经济，2008（9）：111－112＋115.

后，积极地对消费者的反馈进行及时地回应，最终形成具有登山健身步道特色的产业体系。

（三）提高步道产品质量

登山健身步道市场规模的扩大，就需要对产品结构进行调整，以保证登山健身步道的高质量发展目标。首先，注重综合性人才的培养，因为登山健身步道的建设不仅涉及工程学科，还有美术、文化、生物、环境等专业知识，所以应该促进校企之间的合作，让接受到丰富理论知识的学生参与到专业的登山健身步道的工程中，通过实践的反馈，逐渐形成综合性的专业人才梯队。其次，要利用现有的信息科技，加大科研的投入，为智慧登山健身步道的建设打好基础。最后，应该注重资源的开发和环境的保护，依据每个不同路段的当地资源特色，打造不同风格的登山健身步道，同时在开发过程中要注重对环境的保护，减少游憩冲击带来的负面效应。

第二节　基于 ROS 的登山健身步道系统可持续发展因素分析

一、引言

近年来，随着生活水平的不断提高，人们开始向往健康、生态、自然的生活，而登山运动以其生态、环保、经济、自然等优点与人们日益增长的需求相一致，为满足人们的迫切需要，各地政府开始大规模建设登山健身步道，截至 2018 年 11 月，我国已建成国家级登山健身步道 23 条，总里程达到 1900 多公里。虽然国家登山健身步道发展架构日渐趋于完善。但是客观来看，在发展过程中还存在许多问题，因此正确诊断可持续发展的关键成功因素（KSFs）是政府和企业制定战略的关键环节。

本书在文献研究的基础上提取影响国家登山健身步道可持续发展的多个影响因子，运用德尔菲法筛选出关键成功因素（KSFs）且作出重要性评价，并利用解释结构模型（ISM），基于专家验证与知识，对识别出的关键成功因素进行结构层次分析，为登山健身步道的可持续发展提供了清晰可靠的决策依据。

二、概念界定

（一）登山健身步道

健身步道的建设在许多发达国家已经相当成熟，基本都是依据本土的自然环境以及大众的需求来规划的不同步道类型。美国学者查理斯·莱特（Charles Little）（1990）① 定义：步道是指沿着诸如山脊线、溪谷、河滨等自然走廊，或是沿着用作游憩活动的沟渠、风景道路等人工走廊所建立起的线性开敞空间，包括所有可用于大众步行、骑自行车、骑马等其他方式进入的自然景观线路和人工景观线路。在我国，《国家登山步道标准》中对健身步道的定义是：以登山为基本方式，在山地上修建的、以健身为主要目的的步道。

从分类来看，美国将步道系统分为风景步道、历史步道、休闲步道和连结步道四类，多数是线性步道。我国台湾地区将步道主要分为五类：高山步道、郊野步道、海洋步道、森林步道和历史步道，步道的规划建设标准相比较高，值得我们借鉴与学习。我国《国家登山步道标准》中对健身步道的形态分为线状步道、环形步道和网状步道三类。

（二）游憩机会谱

20 世纪 70 年代末由美国林务局研究院 Clark 和 Stankey（1979）提出游憩机会谱理论（Recreation Opportunity Spectrum，ROS）②。游憩机会谱是一个游憩资源规划管理工具，它能将一地的游憩资源开发成多样的游憩产品并提供高质量的游憩体验且保持生态系统的完整性。游憩机会取决于游憩环境，游憩环境有三个基本属性：自然环境、社会环境和管理环境。ROS 从可达性、资源使用、现场管理、社会影响、游客影响的可接受程度、可接受的干预水平等方面对户外游憩地进行评价，以确定最为合适的户外运动游憩方式和产品类型。

（三）关键成功因素

早在 20 世纪 60 年代，Daniel 在开发规划信息系统时运用到了关键成功因素法，首次提出了这个概念，20 世纪 80 年代由 John R. Commons 创立了关键成功因素（Critical Success Factor，CSF）③ 这一定义，即“关键成功因素是对一个项目

---

① Little C. E. Greenways for American ［M］. Washington：Johns Hopkins University Press. Baltimore. MD，1990.

② Clark R，Stankey G. The Recreation Opportunity Spectrum：A Frame - work for Planning，Managemenand Research ［R］ U. S Department of Agriculture，Forest Service，Pacific Northwest Forest and Range Experiment Station，1979：1 -5.

③ John R. Commons. Institutional Economics ［M］. New York：The Macmillan Company，1934.

获得成功有关键影响的因素，如果在发展过程中没有把握好这些关键成功因素，那么这个项目有较大的概率会失败”。

关键成功因素虽然早期是运用于信息系统领域，但是之后这个概念又被广泛用于研究管理学，作为一种管理方法，它通过对有效的几个关键成功因素进行分析、确认、管理和控制来实现管理目标。此外，关键成功因素还可以作为研究分析的框架来研究探讨分析对象的本质问题。随着理论层次的深入和实践经验的积累，不同领域的专家学者都开始应用这一概念，因此，本书对健身步道可持续发展的研究也同样适用。

三、登山健身步道可持续发展过程中存在的问题

尽管登山健身步道已经在我国迅速发展，但是其理论研究在我国还不够成熟，存在许多不足之处，这些都导致登山健身步道的可持续发展目前存在诸多问题，具体来说有以下几点：

（一）理论研究匮乏，信息整合不当

我国对于国家登山健身步道的理论研究还不够深入，所以在定义和类型划分上就显得过于简单，比如在国家登山健身步道标准中对健身步道的解释只是简单的定义为“以健身为基本目的的步道”，步道形态上也只是简单划分为线状步道、环形步道和网状步道。由此可以看出，标准中对健身步道的长度与规模，禁止通行的交通工具等都没有做严格定义，而且对步道类型也没有做到精细划分，这些都直接影响了步道的可持续发展。

就目前来看，我国也没有建立一个专门的国家登山健身步道平台去发布有关的登山健身步道信息，现有的信息在网络上都处于杂乱无序的状态，徒步健身者并不能及时关注到相关宣传信息，也不能方便地查到行动指南，于是影响到健身运动高效、有序的发展。

（二）缺乏顶层设计，资金链源单一

我国国家登山健身步道都是由地方政府规划、建设和管理，国家体育总局在总体统筹上无权干涉，我国又是疆域辽阔、自然资源丰富的国家，一条国家健身步道的建设需要多个区域参与合作，由于缺乏顶层设计，没有一个合适的跨区域合作机制，致使步道建设零散杂乱，没有形成统一规模。此外，自然资源丰富的偏远贫困山区，当地政府没有足够的资金扶持建设，只有国家给予财政补贴才能解决资金问题。

国外的步道建设资金来源并不只有政府的补贴，还有社会资本的扶持，比如

一些慈善机构或者民间力量组织的捐款等，但在国内，资金来源仅仅只有政府的投入，这样存在很大的风险，一旦资金链断裂，建设就会中断，使整个工程变成烂尾工程。

（三）基础设施滞后，自然景观单调

大多数国家登山健身步道沿线基础设施简易落后，不符合可持续发展标准，缺乏明确的指示标识设施，缺乏足够的环卫设施、照明设施和完善的休憩设施，而且基础设施布点没有根据合理的服务半径进行设置，显得杂乱无章，设置的设施也没有充分考虑健身者的不同需要，使用布置的设施时是否安全、便捷等问题。此外，大多数设施设计没有将当地的景观特色考虑在内，设计风格与步道沿线景观不相协调。

就自然景观而言，登山健身步道沿线绿化景观以马尾松、木荷、杉木、竹林、灌木林等植物为主，不同的地形、场所、段落、步道都依托原有的绿化呈现出相似的景观，没有对其植被、色彩和空间结构进行详细的设计来展现不同的景观特征。

（四）步道类型趋同，线路连通杂乱

在我国，多数登山健身步道都是依山而建，大都具有良好的自然景观和视野，而现有的步道基本以原有山路为基础，通过路面修整，放置一些简单的环卫设施而成，普遍缺乏足够的公共设施，并且步道之间景观类型趋同，没有打造出各自的品牌特色，使大众在游玩的过程中感受不到或者体验不到步道之间差异化的景观，从而产生了审美疲劳。

现有的登山健身步道都是由当地政府自行规划建设的，在自己的行政区域内规划线路，使步道线路连通杂乱，步道与步道、城市、周边景点之间没有建立良好的联系，未形成完整的登山健身步道系统，降低了步道的便捷度和可达性，给前来游玩健身的登山者带来了极大的不便，同时，大量人流所带来的联动富民的效果也不能得以实现。

四、基于 ROS 的登山健身步道可持续发展的影响因素

游憩机会谱（ROS）理论是 20 世纪 70 年代末由美国林务局研究员 Clark 和 Stankey 提出，旨在解决由于户外运动的迅速发展所带来的问题，比如，如何保证生态系统不遭受破坏和保持户外资源质量，确保对使用者的长期吸引力以实现资源的可持续利用，如何应对需求的多样化趋势，为使用者提供满意的游憩体验。

游憩机会谱理论与登山健身步道的可持续发展存在紧密的联系，都是为了实

现资源的可持续利用，为游客提供满意的游憩体验。游憩机会谱的主要组成部分可分为三个部分：活动、环境和体验①，本书引用游憩机会谱的主要组成部分对登山健身步道可持续发展的影响因素进行分类，在此基础上将影响因素分为四类：活动、环境、体验和效益。

（一）影响健身步道可持续发展相关因素

查阅相关文献，国内暂无针对登山健身步道可持续发展的关键成功因素分析方面的理论成果，研究大多局限在景区或者公园步道的规划、设计、建设等方面，鉴于此本书通过文献回顾，归纳出学者们关于影响步道可持续发展的观点。

1. 影响活动管理的相关因素

为了避免游客在游憩活动中过度集中在某个据点，破坏已有的生态环境，刘儒渊等（2006）汇整了14年来所完成的重要调查监测与研究成果，提出若干建议事项，其中，制定游客管理策略，定期进行游客数量与动向等基本资料的调查分析工作是活动管理中的关键成功因素。

丁洪建、贺剑（2015）在对步道进行规划时给出了他们的规划原则，目标是实现步道的可持续发展。第一，要以生态为本，减少对周边环境的冲击；第二，景区要具备相应的安全防范设施和全面的标识设施，做到安全第一；第三，保护好景区历史文化资源并将历史文化和自然资源与步道有机结合，让登山运动既是健身之旅，又是文化休闲之旅。曹丽雯等人（2018）结合目前大众的需求，提出要在步道设施建设中融入更多的科技元素，与时俱进，吸引更多游客，如表6－3所示。

表6－3　影响活动管理关键因素汇总

关键因素	内在含义
基础设施完善程度	主要包括交通、住宿、餐饮、指引、解说等设施
步道安全管理机制完善程度	针对可能发生的旅游安全事件建立起系统的事前、事中、事后管理机制
设备先进性和可行性	现代先进的技术设备与步道融合使登山健身步道更加智能化，满足了大众的不同需求
旅游产品的创新性	针对客源市场细分，发现创新开发新品
步道线路多样性	针对不同类型的客户设计不同步道线路

① 八一成，田一，小野理等．利用者の多性を考した森林レクリエ？ション画－ROS（Recreation Opportunity Spectrum）概念の意［J］．日本林学会，2000（3）：219－226.

2. 影响环境管理的相关因素

如何做好生态旅游地的环境管理，刘儒渊等（2006）在登山步道游憩冲击的长期监测中提到对已遭受游憩冲击的步道要做到及时复旧与改善，尽快研订与执行登山健身步道的维护管理技术准则。董小云、刘婷（2012）提出建设登山健身步道是以不破坏自然和历史文化资源为原则。建议就地取材，不要产生建筑垃圾，并且保护好周边环境与自然植被，做好步道维护工作，同时在进行规划建设时要对生态环境冲击防范能力进行评估，限定单位时间的游客数量。丁洪建（2015）将步道规划的重点放在确定步道骨干线路与综合服务基地，并衔接区域交通，提高步道的便捷度与可达性，如表6－4所示。

表6－4　影响环境管理关键因素汇总

关键因素	内在含义
自然与文化资源保护力度	主要包括地文景观、水域风光、遗址遗迹、建筑设施、人文活动等自然与文化资源的保护力度
生态环境冲击防范力	经营管理单位采行各项冲击防治，使游憩使用对环境冲击之程度减至最低
区位便利度	提高步道的便捷度和可达性，形成完整的登山步道系统

3. 影响体验管理的相关因素

黄红华（2018）在研究步道旅游体验的影响因素中以江西武功山登山步道为例，得出步道旅游的三级影响因子包含服务态度、服务效率、消费价格、步道线路设计与服务的智能化等。

目前，我国还没有一个专门发布登山健身步道信息的官方网站，国内的步道信息处于一个杂乱无章的状态，余子义、朱红军（2016）建议加强信息整合，建设出首个属于登山步道的官方网络平台，为登山健身者出行提供便利服务，既可促进当地的经济发展，也可促使全民健身运动更加高效、有序的发展。

曹丽雯等（2018）在研究空中森林步道中提到步道的建设应以促进游客欣赏、体验和享受自然与历史文化资源为基本宗旨，从而使游客可以在极其自然放松的心态下去感受自然、融入自然，可以在极具地方特色的步道上健身锻炼，可以在具有较强康养功效的森林深处与自然紧密相连，满足日常生活的观光游憩、运动健身、生态疗养的需要，如表6－5所示。

表 6－5　影响体验管理关键因素汇总

关键因素	内在含义
服务与管理能力	是否能提供高质量和高效率的服务和管理
网络建设水平	为游客提供包括线路指引、出行须知、景点介绍等线上服务
步道规划设计水平	主要参考步道线路布局、步道功能、步道难度、步道材质及建设方式
消费价格水平	住宿、餐饮、活动、服务等的收费水平

4. 影响效益管理的相关因素

张海涛（2004）基于可持续发展理念，认为对于步道建设应使用低成本、可再生且无污染材料，在设计时应尽量保持原始地貌，彰显地方景观特色。刘儒渊、邓英、黄耘（2006）定位在生态与经济的可持续发展方面，一方面要提高步道周围整体环境质量，多部门与多工种要做到协调配合；另一方面对交通线路的可达性做出正确调整，同时对该地区行业进行整合创新，促进该地块经济和社会的可持续发展。

余子义、朱红军（2016）通过借鉴发达国家成熟的指导思想与实践经验，国内健身步道要想持续发展，一方面应加强理论研究基础，建立健全国家登山健身步道系统；另一方面政府应出台政策给予扶持，吸引社会资本来投资建设。丁洪建、贺剑（2015）提出尽量利用和改造原有历史路径，就地取材，做到因地制宜。线路设计既要做到联动富民，又能满足不同顾客人群。从王长在、柴娇（2018）的研究中能得出，以步道连产业能促进全业融合，政府应着重做好"步道＋"文章。"步道＋旅游"打造体育旅游发展新格局；"步道＋制造"拉动上下游产业蓬勃发展；"步道＋赛事"扩大本地知名度与美誉度，如表 6－6 所示。

表 6－6　影响效益管理关键因素汇总

关键因素	内在含义
政府扶持力度	政府对步道以及上下游企业提供一定的税收补贴、税收优惠等相关政策来激励社会资本参与的积极性
部门协调力	在整个运行过程中，政府部门需要相互协调合作
品牌建设力	是否打造出了独具特色的品牌形象
成本控制力	在步道规划设计中成本控制力度
就业带动力	带动开发区人才聚集和就业率提高
产业集聚度	与健身步道相关联的众多企业在一定区域内的集聚程度
社会资本投入力度	社会资本参与登山健身步道建设的投入力度
游客满意度	大众对游憩地的环境、服务、活动等的满意度

（二）关键成功因素分析法

1. 运用德尔菲法确定相关成功因素

在利用德尔菲法对登山健身步道10位专家进行循环调查和分析结果的基础上，选出了影响登山健身步道可持续发展的13个相关成功因素，如表6-7所示。

表6-7 登山健身步道可持续发展的相关成功因素评价值

相关成功因素			影响登山健身步道可持续发展的程度					评价值
			高	中	低	一般	无影响	y_i
活动管理能力	基础设施完善程度	C_1	7	2	1	0	0	0.72
	步道安全管理机制完善程度	C_2	4	4	1	1	0	0.62
	旅游产品创新性	C_3	4	5	1	0	0	0.66
环境管理能力	自然与文化资源保护力度	C_4	7	2	1	0	0	0.72
	区位便利度	C_5	4	5	1	0	0	0.66
体验管理能力	服务与管理能力	C_6	6	3	0	1	0	0.68
	步道规划设计水平	C_7	8	1	1	0	0	0.74
	消费价格水平	C_8	4	4	2	0	0	0.64
效益管理能力	政府扶持力度	C_9	8	2	0	0	0	0.76
	品牌建设能力	C_{10}	5	4	1	0	0	0.68
	就业带动力	C_{11}	7	1	2	0	0	0.70
	社会资本投入力度	C_{12}	8	2	0	0	0	0.76
	游客满意度	C_{13}	6	3	0	1	0	0.68

2. 确定相关成功因素重要性评价值

拟定各关键成功因素重要性评语集，并采用德尔菲法评估各关键成功因素重要性。根据系统工程学原理，我们设定评语集 $X=\{X_1, X_2, X_3, X_4, X_5\}=\{$高，中，低，一般，无影响$\}=\{0.8, 0.6, 0.4, 0.2, 0\}$。

采用德尔菲法，对10位专家进行循环咨询的基础上，把各关键成功因素选定为相关评语集的人数进行汇总，得到如表6-7所示的评价值。

3. 确定关键成功因素的重要性评价矩阵

由表6-7构造各关键成功因素的重要性评价矩阵R：

$$R=\begin{bmatrix} R_1 \\ \cdots \\ R_i \\ \cdots \\ R_n \end{bmatrix}\begin{bmatrix} r_{11} & \cdots & r_{1j} & \cdots & r_{15} \\ \cdots & \cdots & \cdots & \cdots & \cdots \\ r_{i1} & \cdots & r_{ij} & \cdots & r_{i5} \\ \cdots & \cdots & \cdots & \cdots & \cdots \\ r_{n1} & \cdots & r_{nj} & \cdots & r_{n5} \end{bmatrix} \quad 其中\ n=13 \qquad (6-1)$$

其中 $r_{ij}=K_{ij}/K_0$，K_{ij}为第 i 个影响因素选择了第 j 个评语的人数；K_0 为参加评价的总人数。

4. 确定关键成功因素的重要性评价值

评价值 Y 的计算公式为：

$$Y=RX^T=(y_1,\ y_2,\ \cdots,\ y_n)^T \qquad (6-2)$$

计算得到各关键成功因素的重要性评价值 Y，如表 6－7 所示。

5. 识别结果分析

根据行业 KSFs 的识别标准，其中，评价值相对较大的，且评价值 $y_i \geqslant 0.7$ 的六个因素分别是：社会资本投入力度、政府扶持力度、步道规划设计水平、自然资源保护力度、基础设施完善程度、就业带动力。

五、解释结构模型（ISM）建立

解释结构模型法（Interpretative Structual Mod－eling Method，ISM）特点是将复杂的系统分解为若干子系统，利用人们的实践经验和知识以及计量软件把模糊的思想和评价转化为清晰的结构关系模型。ISM 方法可以有助于项目决策者通过分析各因素之间的相互关系来确定各因素影响程度的优先顺序和重要程度。本章运用解释结构模型方法来分析各因素之间的作用关系，并将这个相对复杂的系统分解为一个更易于解释的多层结构化子系统。

确定相关成功因素的基础上，然后通过进一步建立 ISM 模型来分析它们之间的关联性，ISM 的具体建立步骤如下：

（一）关键成功因素关联性分析

为了书写简便，首先对上表的 13 个相关成功因素进行编号，如表 6－8 所示。

表 6－8　登山健身步道可持续发展的相关成功因素

序号	相关成功因素	S_i
1	基础设施完善程度	S_1
2	步道安全管理机制完善程度	S_2
3	旅游产品创新性	S_3
4	自然与文化资源保护力度	S_4
5	区位便利度	S_5
6	服务与管理能力	S_6
7	步道规划设计水平	S_7

续表

序号	相关成功因素	S_i
8	消费价格水平	S_8
9	政府扶持力度	S_9
10	品牌建设能力	S_{10}
11	就业带动力	S_{11}
12	社会资本投入力度	S_{12}
13	游客满意度	S_{13}

本章通过专家组的循环调研得出了相关成功因素的关联性，遵循下列规则：如果因素 S_i 直接导致因素 S_j，则 A（S_i，S_j）=1，否则 A（S_i，S_j）=0；彼此都有影响的两个因素，尽可能考虑影响最大的因素，且在分析影响因素时，以直接影响关系为主，忽略间接影响。由此获得关键成功因素的关联性，如表6-9所示。

表6-9　登山健身步道可持续发展相关成功因素关联性分析

	S_1	S_2	S_3	S_4	S_5	S_6	S_7	S_8	S_9	S_{10}	S_{11}	S_{12}	S_{13}
S_1	1	0	1	0	1	0	0	1	0	0	0	0	0
S_2	0	1	0	0	0	0	0	0	0	1	0	0	1
S_3	0	0	1	0	0	0	0	0	0	1	0	0	1
S_4	0	0	1	1	0	0	0	1	0	0	0	0	0
S_5	0	0	0	0	1	0	0	0	0	1	0	0	1
S_6	0	0	0	0	0	1	0	0	0	0	0	0	0
S_7	0	1	0	0	0	0	1	1	0	0	0	0	0
S_8	0	0	0	0	0	1	0	1	0	0	0	0	1
S_9	1	0	0	1	0	0	1	0	1	0	1	0	0
S_{10}	0	0	0	0	0	0	0	0	0	1	0	0	0
S_{11}	0	0	1	0	0	0	0	1	0	0	1	0	0
S_{12}	1	0	0	1	0	0	1	0	0	0	1	1	0
S_{13}	0	0	0	0	0	0	0	0	0	0	0	0	1

（二）关键成功因素的可达矩阵获取

我们可以通过以下公式获得可达矩阵 R：

$$A_1 = A,\ A_2 = A^2,\ A_3 = A^3,\ \cdots,\ A_r = A^r$$

$$A_1 \neq A_2 \neq \cdots \neq A_{r-1} = A_r \tag{6-3}$$

其中 $r \leqslant n-1$，n 为矩阵阶数。取 M = Ar，显然 $M = Ar = A_{r+1}$。上述矩阵运算运用的是布尔代数运算方法。经 Excel 进行矩阵乘法计算得出可达矩阵 M（在本例中 $M = M^3 = M^4 = M^5 \cdots = M^{12}$），如表 6－10 所示。

表 6－10　最终可达矩阵 M

	S_1	S_2	S_3	S_4	S_5	S_6	S_7	S_8	S_9	S_{10}	S_{11}	S_{12}	S_{13}
S_1	1	0	1	0	1	1	0	1	0	1	0	0	1
S_2	0	1	0	0	0	0	0	0	0	1	0	0	1
S_3	0	0	1	0	0	0	0	0	0	1	0	0	1
S_4	0	0	1	1	0	1	0	1	0	1	0	0	1
S_5	0	0	0	0	1	0	0	0	0	1	0	0	1
S_6	0	0	0	0	0	1	0	0	0	0	0	0	0
S_7	0	1	0	0	0	1	1	1	0	1	0	0	1
S_8	0	0	0	0	0	1	0	1	0	0	0	0	1
S_9	1	1	1	1	1	1	1	1	1	1	1	0	1
S_{10}	0	0	0	0	0	0	0	0	0	1	0	0	0
S_{11}	0	0	1	0	0	1	0	1	0	1	1	0	1
S_{12}	1	1	1	1	1	1	1	1	0	1	1	1	1
S_{13}	0	0	0	0	0	0	0	0	0	0	0	0	1

（三）构建解释结构模型（ISM）

1. 分部划分

可达集合 R（S_i）：可达矩阵中要素 S_i 对应的行中，包含有 1 的矩阵元素所对应的列要素的集合。代表要素 S_i 到达的要素；先行集合 Q（S_i）：可达矩阵中要素 S_i 对应的列中，包含有 1 的矩阵元素所对应的行要素的集合；交集 A = R（S_i）∩Q（S_i）为了对可达矩阵进行区域分解，我们先把可达集合与先行集合及其交集列出在表 6－11 上。

2. 层级划分

如果 S_i 是最上一级节点，它必须满足条件：R（S_i）∩Q（S_i）＝R（S_i）。据此，可找出本例中最上一级节点：L_1 ＝［6，10，13］；继续在 M 中划去第 6，10，13 行和列，寻找第二级节点，L_2 ＝［2，3，5，8］；同理得，L_3 ＝［1，4，7，11］；L_4 ＝［9，12］。基于以上分部划分及层次划分，建立登山健身步道可持续发展相关成功因素 ISM，如图 6－5 所示。

表 6－11　可达集、先行集与交集

S_i	可达集 R（S_i）	先行集 Q（S_i）	交集 R（S_i）∩Q（S_i）
1	1，3，5，6，8，10，13	1，9，12	1
2	2，10，13	2，7，9，12	2
3	3，10，13	1，3，4，9，12	3
4	3，4，6，8，10，13	4，9，12	4
5	5，10，13	1，5，9，12	5
6	6	1，4，6，7，8，9，11，12	6
7	2，6，7，8，10，13	7，9，12	7
8	6，8，13	1，4，7，8，9，11，12	8
9	1，2，3，4，5，6，7，8，9，10，11，13	9	9
10	10	1，2，3，4，5，7，9，10，11，12	10
11	3，6，8，10，11，13	9，11，12	11
12	1，2，3，4，5，6，7，8，10，11，12，13	12	12
13	13	1，2，3，4，5，7，8，9，11，12，13	13

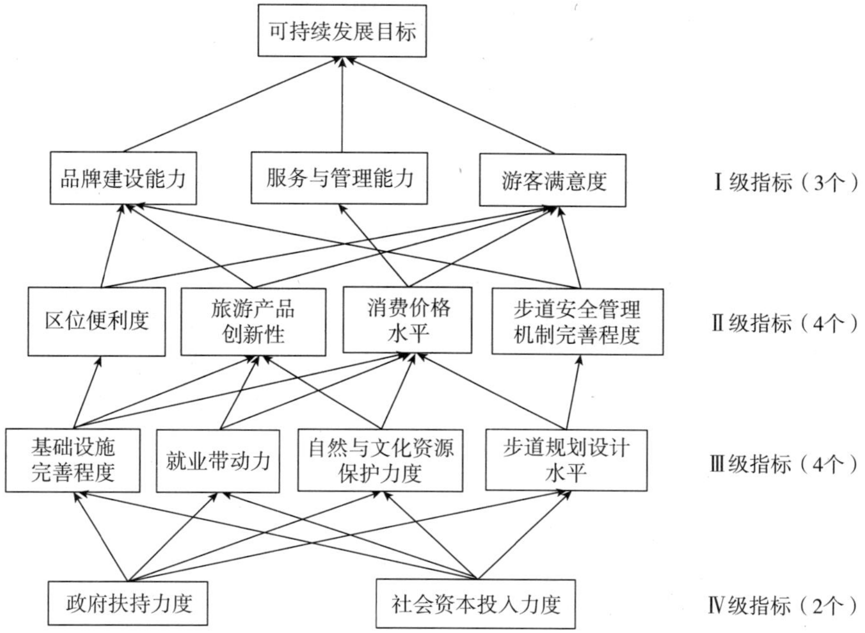

图 6－5　登山健身步道可持续发展相关成功因素 ISM

六、分析与结论

（一）对以上模型得出的图形做出分析

本书基于游憩机会谱理论，通过分析得到登山健身步道可持续发展的 RSFs，运用 ISM 规范方法，建构 5 个层级的登山健身步道可持续发展 RSFs 的 ISM。发现政府扶持力度、社会资本投入力度位居最基础的第一层，对登山健身步道可持续发展目标实现具有最为关键性影响；而品牌建设能力、服务与管理能力、游客满意度位居第四层，对登山健身步道可持续发展目标实现具有最直接影响，但并非关键性影响。利用德尔菲法识别登山健身步道的 5 个 KSFs，除了最底层即第一层 2 个因素外，还有位居次基础第二层的步道规划设计水平、自然与文化资源保护力度、基础设施完善程度。

（二）对登山健身步道可持续发展的关键成功因素分析

在各类关键资源共同、积极、正向作用下，登山健身步道可实现可持续发展。

1. 政府的扶持力度

政府的扶持力度是登山健身步道可持续发展目标实现的最关键因素之一。国家政策和专项扶持给国家登山健身步道注入了极大的发展动力。目前，以宁海登山健身步道为例，宁海县政府已经确立其举足轻重的发展地位，给予了前所未有的政策支持，因此，政府扶持力度是实现登山健身步道可持续发展的关键成功因素。

2. 社会资本投入力度

健身步道作为一项社会公益事业，任何团体或个人都有义务去参与登山健身步道的建设和管理。除了政府对登山健身步道的扶持外，也应该鼓励民间社会资本参与。民间组织力量作为登山健身步道发展的中坚力量，可为步道发展注入新的血液，推动步道建设的创新发展，如果完全依靠政府资金的投入建设，一方面，一旦资金链断裂，整个建设工程将成为烂尾工程，存在一定的风险；另一方面，政府立项建设过程存在时滞，模式单一。因此，在登山健身步道的起步阶段，社会资本的投入能实现登山健身步道的可持续发展。

3. 步道规划设计水平

一条合理的国家登山健身步道应该建立在自然生态基础之上，在规划设计上，首先，要保持原生态，充分利用原有的古道、小径，并且要做到安全第一，在步道选线上要充分避开洪灾、滑坡等易发段；其次，每一条登山健身步道建设可以涉及不同环境、不同文化、不同资源，让步道有灵魂；最后，登山健身步道系统路径可以深入各个村落，实现外埠游客的输入传送，并通过合理的步道线路和功能区设置，引导并促进游客在当地消费，助力乡村振兴与精准扶贫。综上发现，登山健身步道的规划设计不仅能实现生态上的可持续发展，也能实现文化和地区的可持续发展。

4. 自然与文化资源保护力度

登山健身步道建设要与环境保护相融相生。登山健身步道既能够满足民众越来越渴望接近自然、回归自然的心，又能有效地利用自然资源与文化资源，它将各地特色的自然资源和人文资源串联起来，使徒步者可沿着自然小径、古驿道欣赏具有国家代表性的自然美景。登山健身步道是一项促进自然生态环境和文化遗产的有效利用和保护的休闲游憩设施。所以登山健身步道建设应严格遵循环境保护原则，对步道周围的自然与人文环境进行保护，对沿线生态环境做好冲击防范措施，对沿线的历史文化资源做好修复保护工作，这样才是实现步道可持续发展的前提。

5. 基础设施完善程度

登山健身步道的配套基础设施主要包括休息站、公交站、露营地、接待站和标识系统等，在登山健身步道规划建设时，各地应该因地制宜地配置步道基础设施，可以尽量依托乡镇驻地、景区、民俗村和闲置用地，设置占地较多的大型服务设施，做到优化步道服务设施空间布局，营造出更加舒适的游憩环境，使徒步者在徒步过程中能享受到更好更方便的服务，为他们带来一流的体验。因此，必须高度重视这一问题，确保登山健身步道配套基础设施完备。

（三）结论

为实现登山健身步道可持续发展的战略目标，一方面，应响应政府管制政策，解放思想，与时俱进，鼓励各行户外协会与志愿者团体参与登山健身步道的建设中来，支持民间资金、民营企业资本的投入，为登山健身步道发展注入新鲜血液；另一方面，登山健身步道的规划设计应深入挖潜各地步道周边独有的体育资源、旅游资源、文化历史资源，充分利用和改造原始山路、古道、机耕路、防火隔离带、运河等原有历史性路径，完善步道各路段基础设施建设，要本着给到访者提供自然人文体验、环境与文化教育、健康休闲游憩的同时，实现传承保护文化遗产、旅游地资源的长期可持续开发利用、促进旅游产业、带动沿线村民增收致富，让登山健身步道成为惠及民生的健康路、旅游路、富民路。

第七章　国家登山健身步道系统协同治理与长效运行机制

第一节　国家登山健身步道系统的利益相关者分析

一、利益相关者构成

根据弗里曼的定义，利益相关者（Stakeholder）是指“任何能影响组织目标实现或被该目标影响的群体或个人”。大多数项目中普遍存在多个复杂的利益相关者，很多时候改善一个利益相关者系统需要牵扯到众多利益相关者在系统中的位置和利益。利益相关者的角色错位、管理重叠、职能分散等是制约登山健身步道系统发展的重要问题。登山健身步道系统的发展实际上是一个博弈的过程，是资源的分配和利益的平衡过程，是利益相关者之间通过交易、协调、利益让渡和责任分担而进行社会建制的过程。找出复杂的利益相关者系统可以迅速为项目减少成本、节约时间，良好的管理利益相关者本身就可以为系统产生价值。能否处理好利益相关者问题是关乎国家登山健身步道系统成败的关键。本书认为政府、投资者、徒步者、当地居民、新闻媒体、行业协会、相关从业者、学术界、步道兴趣爱好者、步道志愿者、一般社会公众和其他政府部门构成了国家登山健身步道建设的利益主体。

（一）影响力与受益程度分析

了解利益相关者的需求和利益可以用影响力/利益矩阵的方法[①]，如图 7－1 所示，此方法根据利益相关者所有的权力和他们所在的利益层面来区分。影响力

① https://www.12manage.com/methods_ stakeholder_ mapping_ zh.html.

是指利益相关者所拥有的促进或阻止实现目标的资源与力量，受益程度是指项目能给利益相关者带来的收益。很少兴趣且影响力较小的利益相关者只需要管理者花费很少的精力来管理，位于区域 A。位于 B 的利益相关者对项目活动有很高的收益，但只有很少的权力影响主要决策的制定，与这类利益相关者需要较高的交流技巧。区域 D 是决策者进行项目战略决策时主要考虑的对象。位于 C 的利益相关者是最难管理的。本书根据利益相关者对步道本身的影响力和受益程度，确定了国家登山健身步道系统的利益相关者在图 7－1 中所处的位置。

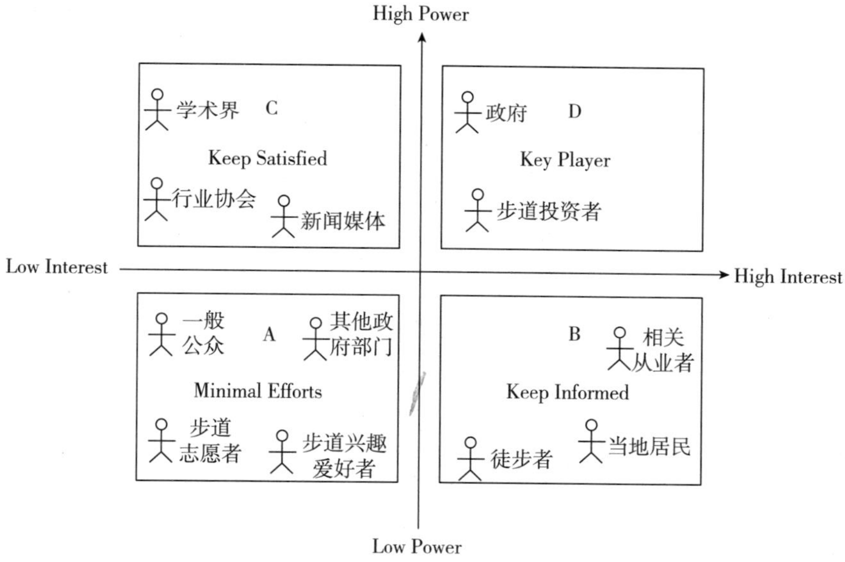

图 7－1　国家登山健身步道系统的影响力/利益矩阵

资料来源：改编自 http：//www. woshipm. com/zhichang/714545. html。

（二）利益相关者分类

基于影响力与受益程度分析构建了国家登山健身步道系统利益相关者基本图谱（如图 7－2 所示），根据它们实现利益要求的紧迫性、对整个系统的影响力或重要性及与国家登山健身步道系统的密切关联性将其划分为核心利益相关者、重要利益相关者和外围利益相关者。图中所示国家登山健身步道系统利益相关者的确定及其圈层的划分只具有相对普遍的理论意义，在现实中，不同地区的具体利益相关者构成及其重要程度可能不尽相同，因此，需要具体问题具体分析。

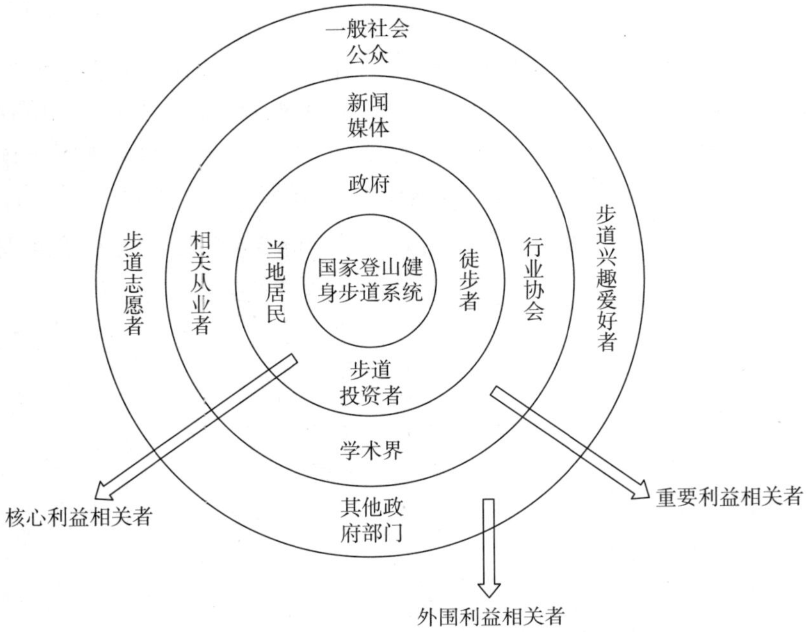

图7－2 国家登山健身步道系统利益相关者基本图谱

资料来源：高科．我国宗教旅游利益相关者及其协调机制初探［J］．广西民族研究，2010（3）：184－190.

从利益相关者与国家登山健身步道系统之间的关系角度分析，政府、投资者、徒步者、当地居民等核心利益相关者是国家登山健身步道建设中不可或缺的群体，其利益关系的协调与否可以直接左右国家登山健身步道系统的生存和发展。新闻媒体、行业协会、相关从业者、学术界等重要利益相关者与国家登山健身步道系统的关系密切，对国家登山健身步道的建设具有重要影响。步道兴趣爱好者、步道志愿者、社会公众和其他政府部门的利益属于国家登山健身步道系统延伸利益的范畴，一般体现在经济的关联带动、社会进步、文化发展、精神激励、民族自豪等要素之中，并不直接影响国家登山健身步道系统的发展，但从长远来看，依然具有重要意义。

二、利益相关者分析

（一）核心利益相关者

1. 政府——调控者

国家登山健身步道的建设设计工作内容复杂，步道跨越的土地类型多样、遗产地类型多样，其中管理部门多，沟通协调难度大。国家登山健身步道建设可以粗略地分为硬件建设和软件制度两大方面。硬件建设涉及规划选线、建设和维护，软件制度涉及法律法规、行政管理和运营管理。为达到步道建设高标准、高品质、高效益的目标，通常采取自上而下的方法，由国家政府主导全面推动，组织制定规划，逐步推进国家登山健身步道的各项工作，并由中央、地方、企业和个人多方面筹集建设资金保障项目实施。通过政府规制来控制、引导、规范其他利益相关者的目标和行为，负责制定国家登山健身步道系统的发展政策、总体战略和规划等，政府是国家登山健身步道系统发展中有效并且核心的利益相关者。

2. 步道投资者——建设者

在《百万公里健身步道工程实施方案》中提出，政府应当统筹现有资金渠道对国家健身步道的建设予以适当支持，同时争取结合交通、水利、农业、林业等基础设施项目建设予以支持，并鼓励和引导社会资本投入。随着市场经济改革的深入，完全政府投资项目的比重正在日益降低，一般都是政府与企业共同投资一个项目。并且由于一次性投入较大，政府可能通过发放国债等方式筹集社会资金，此时购买国债的企业或个人，均可称为国家登山健身步道的投资者。投资者对项目的社会资本投入直接决定了登山健身步道系统建设的成败，是国家登山健身步道系统发展中的关键角色。

3. 当地居民——参与和受益者

当地居民是国家登山健身步道系统内和周边与之紧密关联且有着共同利益的人群，他们既是主要的利益享受者，也是自然资源的维护者和人文资源的组成者。甚至正是由于他们的存在，才使当地更具有独特吸引力。他们是敏感和脆弱的，容易被国家登山健身步道系统建设中的消极方面所影响。在我国已经开展登山健身步道的部分地区，当地居民的参与程度比较低，参与方式也相对单一。参与不足的原因是多方面的：行政管理体制中权力相对集中，采用自上而下型而非自下而上型的决策方式；经济发展落后，政府缺乏应有的资金用于吸引居民参与，而当地居民也由于社会经济地位较低，限制了其参与登山健身步道发展的能力和机会；管理部门人员观念和知识水平不高，未能充分意识到居民参与的重要性或者无法找到恰当的方式；居民对参与缺乏足够的理解等。所以，当地居民是利益相关者中最关键的群体，发展规划中的决策和利益分配应该让他们融入进来，他们需要拥有适当的话语权和参与权。

4. 徒步者——实践者

徒步者是国家登山健身步道系统发展中利润来源的关键环节，获得高质量的徒步经历、亲身参与目的地体验，是他们的主要诉求。本书按徒步目的及方式将徒步者分为两类：第一类是观光型徒步者，以观赏自然资源和人文资源为主要目的。第二类是专门型徒步者，他们有良好的登山健身知识和徒步专长。第三类徒步者相对而言具有深刻的环境责任感，其旅游目的是为了深入了解和亲近自然，满足自身对原生自然资源和独特人文资源的欣赏，并在此基础上尊重和保护目的地的自然人文环境。徒步过程中，并非每个徒步者都有较好的环保意识和保护环境的行为以及对社区居民异质文化传统的尊重。但大多数徒步者们希望目的地的自然和人文环境处于更和谐的状态，愿意与当地居民之间保持良好的关系，徒步者们在当地文化与外界文化交流碰撞生化中发挥着不可磨灭的作用。

（二）重要利益相关者

1. 新闻媒体

媒体对于登山健身步道目的地、登山健身步道知识和登山健身步道经营成功经验等的宣传会极大地推动登山健身步道发展，对登山健身步道实际运行的监督也会有效地规范其发展①。我国大众传媒在这方面起到了一定的积极作用，但也存在一些问题。一方面，媒体的某些不当宣传在一定程度上误导了人们的意识，导致登山健身步道的泛化；另一方面，对登山健身步道的监督缺乏连续性，某些批评有失客观，造成对登山健身步道的误解。

2. 行业协会

国家体育总局登山运动管理中心（中国登山协会）是中华人民共和国组织、管理和推进登山运动的唯一的全国性机构，是国家登山健身步道建设的积极倡导者与推动者，2010 年，制定并发布了统一的建设标准——“国家登山健身步道标准”，并与地方政府合作建设国家登山健身步道系统。

3. 相关从业者

相关从业者包括体育用品及器械制造业从业者、旅游业及相关服务业从业者，国家登山健身步道的数量的增加和普及使公众购买体育休闲健身用品、鞋服等用品的频率和数量上升；同时，步道本身的建设需要体育器械制造业的支撑，为相关产业带来了不小的经济效益。登山健身步道附近不乏一些景区、特色小镇、度假区以及食宿区，可以为徒步者提供良好的服务，包括住宿、餐饮、邮寄、行李转运等；并为徒步者带来多样化的景观体验，让徒步者与自然更为接近，为徒步者带来难得的放松与享受。经由国家登山健身步道吸引而来的徒步者

---

① 宋瑞．我国生态旅游利益相关者分析［J］．中国人口·资源与环境，2005（1）：39－44.

可以为这些旅游业方面的从业者提供相应的收入来源。

4. 学术界

学术界是国家登山健身系统的研究指导者，应该通过理论倡导和学术成果影响政府政策、公众的价值观和行为方式，进而促进国家登山健身步道系统的运行和管理。

（三）外围利益相关者

1. 一般公众

除上述主体外，从更广泛的意义上看，一般社会公众也受到登山健身步道发展的影响。首先，从理论上讲，登山健身步道活动给自然资源所带来的各种影响实际上是对公众财产的影响。其次，从有关登山健身步道的宣传、报道上讲，登山健身步道的实际发展等也会影响到公众对于环境保护、文化保护、可持续发展和登山健身步道的认识。然而在我国，目前普通公众对登山健身步道所知较少，更谈不上积极参与。

2. 步道志愿者（志工）

由于政府资金和力量有限，大部分的国家森林步道需要民间团体和志愿者进行管理维护。志愿者的无私奉献是更多国家步道诞生的坚实基础。志愿者可以为徒步者提供一些支持服务，包括为徒步者提供由步道到周边小镇的交通换乘方式、提供冰镇苏打水、简单的床位或淋浴等。这些行为对步道的体验有着积极的影响。

3. 步道兴趣爱好者

随着中国城市化的深入，人们为了拥抱自然、为了健康的身体、为了远离都市开始喜爱户外运动。潜在的户外登山人数是非常大的，并且随着人口基数的不断增长，也同样预示着国家登山健身步道的潜在参与人群将越来越大。登山运动是要靠热爱和参与户外运动的人们带动和发展的，由此，要发展就要有充足的消费人群。

4. 其他政府部门

在我国登山健身步道的建设过程中，不免需要其他各政府部门的协助，这些部门在一定程度上影响了步道系统的发展。

三、核心利益相关者之间的关系

我国登山健身步道系统的利益相关者间各种权利、利益交织在一起，多元化的利益主题、多样化的利益需求、多途径的利益实现方式构成了一个错综复杂的利益网络，也引发了各种各样的矛盾和冲突。相比较而言，以下几个方面的矛盾比较集中。

（一）政府与当地居民之间的矛盾

由于当地居民的年龄结构、文化程度、技术水平等因素的影响，并不能保证当地居民完全参与到政府登山健身步道决策中来。登山健身步道的建设在一定程度上为当地居民提供了就业机会，但两者在资源占有上是冲突的，在步道建设中，可能要向当地居民征用土地，进行相应的开发规划工作。政府往往没有充分认识到当地居民是目的地自然环境、人文资源的维护者和承受者，忽视了他们参与步道建设的权利①。

（二）政府与步道投资者之间的矛盾

政府与步道投资者在国家健身步道建设进程中起着不同的作用，是相互影响的两个利益群体。由于存在不同的利益指向，政府和投资者之间存在一定的矛盾。投资企业在政府规范的框架内会出于自身利益，自觉或不自觉地采取各种获利政策，尽可能地减少应承担的各种成本，扩大企业收益。而政府为了实现增进社会福利的目的，往往通过各种政治或经济手段使结果向有利于自己的方向转化。

（三）政府与徒步者之间的矛盾

在步道建设中，政府为其提供了有效的软环境和硬件设施，如良好的自然环境、社会环境、文化环境和通达安全的交通系统等，为吸引徒步者制造了条件②。徒步者的到访和良好的旅游感知，有助于步道系统的管理。反之，则会产生不良口碑。而徒步者的不文明言行和破坏环境的行为，会导致不良的步道系统出现。

（四）当地居民与徒步者之间的矛盾

当地居民与徒步者的博弈主要体现在：一是当地居民与徒步者产生资源占有的冲突，徒步者的进入会和当地居民产生空间资源、生态资源的冲突。二是部分当地居民为徒步者提供服务，在这一过程中双方由于对自身利益最大化的追求而产生冲突。三是徒步者带来的外来文化会对原本脆弱朴实的本地文化造成不可逆

---

① 郭华．制度变迁视角的乡村旅游社区利益相关者管理研究［D］．暨南大学，2007.

② 周大庆．旅游景区治理绩效：政府与利益相关者的博弈［J］．经济地理，2013，33（8）：188－192.

转的侵蚀①。

第二节　国家登山健身步道系统的智慧化建设与治理

随着物联网、云计算、大数据等新一代信息技术的发展，健身步道系统的智慧化建设与治理越来越重要。2019 年 9 月，《国务院办公厅关于印发体育强国建设纲要的通知》（国办发〔2019〕40 号）印发，明确提出“推进全民健身智慧化发展。运用物联网、云计算等新信息技术，促进体育场馆活动预订、赛事信息发布、经营服务统计等整合应用，推进智慧健身路径、智慧健身步道、智慧体育公园建设”②。而当前核心期刊中仅有少数文章对健身步道进行了探讨，具体到健身步道系统的智慧化打造更是无从谈起。基于此，本书从智慧体育和智慧治理的角度出发，对我国健身步道系统的智慧化建设与治理进行了研究。

一、健身步道系统智慧化的概念界定

（一）智慧体育概念界定

关于智慧体育概念，有学者表示“智慧体育是让体育的服务与管理更聪明，它无处不在的各式传感器实现对各种体育行为的全面感知，利用云计算等智能处理技术对海量感知信息进行处理和分析，如对竞技体育、全民健身、体育场馆及设施等各种需求做出智能响应和智能决策支持”③。

也有学者表示“智慧体育是基于新型的信息技术，为满足体育参与者的个性化需求、丰富参与者的体验方式、提高参与者的运动质量，促进体育事业的可持续发展而实现对体育发展中各项资源有效利用的变革，从而为体育活动的参与者提供智能化高满意度服务的一种新型运动参与方式”④。

韩潇（2019）对智慧体育是“智慧体育是物联网、云集计算、大数据等新

---

① 张雪婷，李勇泉．乡村旅游社区利益相关者博弈研究［J］．科技创新与生产力，2018（5）：14－16＋19.

② 中国政府网．国务院办公厅关于印发体育强国建设纲要的通知 2019－09－02［EB/OL］http：//www. gov. cn/zhengce/content/2019/09/02/content_ 5426485. htm? utm_ source＝UfqiNews.

③ 叶强，魏宁．智慧体育－体育信息化必然趋势［J］．南京体育学院学报（自然科学版），2011，10（5）：117－119.

④ 蔡维敏．我国智慧体育及其发展对策研究［J］．运动，2013（17）：149－150.

一代信息技术应用于体育领域的最新成果，是整合教育、医疗、旅游、文化等'体育+'资源的系统性工程，通过构建数字化、网络化、智能化的运动空间、运动模式、运动生态，全面提升体育服务质量，推进体育产业转型升级，以更迅速、灵活、正确地响应人们更具个性化、多元化的体育需求”①。由这些定义可见，随着时间的推移和新技术的发展，智慧体育的定义在不断演进，内涵在不断扩大，本书倾向采用韩潇对智慧体育的定义。

（二）健身步道系统概念界定

2010年5月，国家体育总局中国登山协会国家登山健身步道标准（NTS国家标准0708）出台，并给出了国家登山健身步道系统的定义：“指一个区域内所有登山步道的连接及其附属区域、设施的总合”，根据国家登山健身步道标准，本书绘制了健身步道系统构成，如图7－3所示。

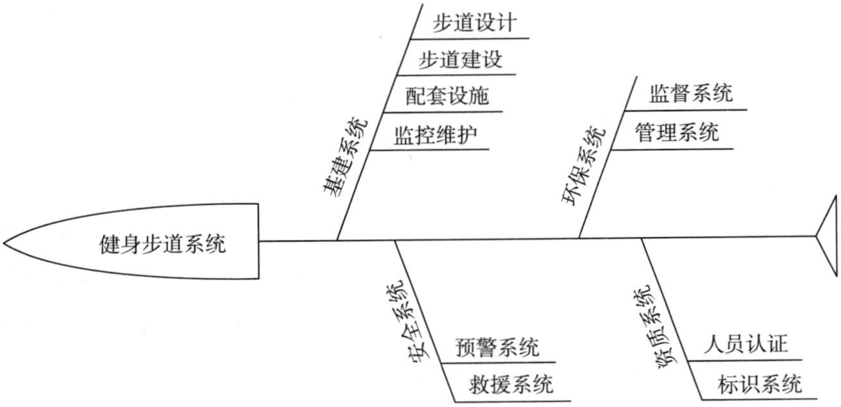

图7－3　健身步道系统构成

（三）健身步道系统智慧化概念界定

智慧健身步道系统智慧化的出现，主要来源于新技术的突破，对原有的步道系统进行万物互联和智慧升级，结合已有的定义，本书将健身步道系统智慧化定义为利用新一代信息技术，将区域内所有登山步道的连接及其附属区域、设施进行移动互联和智慧升级的系统过程。在健身步道系统构成的基础上，绘制健身步道系统智慧化构成，如图7－4所示。

① 韩潇．智慧体育［M］．北京：清华大学出版社，2019：20－21。

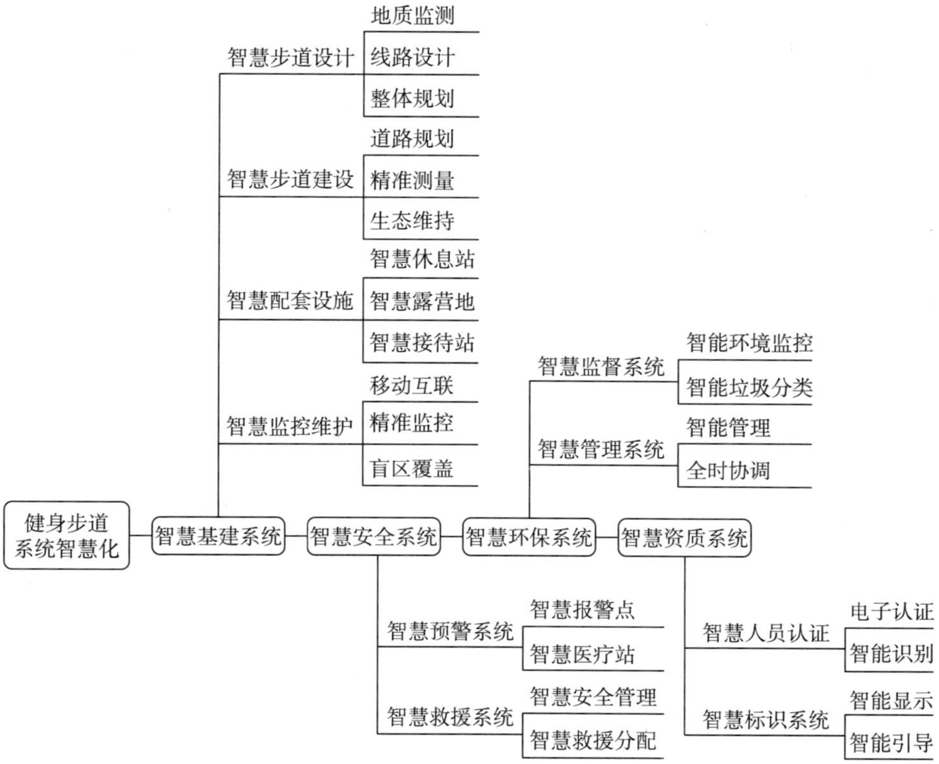

图 7-4 健身步道系统智慧化构成

二、健身步道系统智慧化建设的动因

（一）积极政策指引健身步道系统智慧化

健身步道系统作为全民健身的基础设施，与国民生活密切相关，它的发展受到我国积极政策的指引。2014 年，《国务院关于加快发展体育产业促进体育消费的若干意见》（国发〔2014〕46 号）提出“合理布点布局，重点建设健身步道等场地设施”，建设健身步道有了明确的政策支撑。2016 年，《国务院办公厅关于加快发展健身休闲产业的指导意见》（国办发〔2016〕77 号）提出“结合智慧城市、绿色出行，规划建设城市步行和自行车交通体系，研究打造国家步道系统”，健身步道系统智慧化有所显现。

2018 年，国家体育总局等多部门印发《百万公里健身步道工程实施方案》提出“到 2020 年，力争在全国每个县（市、区）完成 300 公里左右健身步道建设”的目标，并提出“有条件的地区还应设置智能管理系统”的建设要求，建立智慧化健身步道系统得到了政策的鼓励和支持。

2019 年，国务院办公厅印发《体育强国建设纲要》（国办发〔2019〕40 号）提出“推进智慧健身路径、智慧健身步道、智慧体育公园建设”，由此，国家明确要求要实现健身步道系统的智慧化。积极政策对我国健身步道发展进行了从无到有、从有到精的指引。

（二）技术进步推动健身步道系统智慧化

健身步道系统智慧化，是当下我国技术进步推动的成果。物联网技术通过对步道设施、周边资源和运动人群的连接，为健身步道系统智慧化提供了信息基础设施。云计算技术通过提升数据的准确性、可靠性和及时性，为挖掘数据的内在联系提供了可能性，为健身步道系统智慧化提供了服务管理模式。移动互联网技术实现了信息的互联、人与人的互动，为健身步道系统智慧化提供了传播升级路径。新技术对健身步道系统智能化的推动作用无法穷举，但总结下来主要有两大作用。

一是破解健身步道系统建设的困境。技术进步解决了健身步道系统与其他系统的连接问题、信息交互问题和生态建设保护的问题，使健身步道系统建设难度下降，使健身步道系统可持续绿色发展成为可能。

二是挖掘健身步道系统自身的潜力。新技术使健身人口需求得以捕捉和显性化，对以需求为导向和以体验为核心的健身步道系统潜力挖掘成为可能，从而进一步促进了步道经济的发展，形成了发展与建设相互促进的良性循环。

（三）消费升级要求健身步道系统智慧化

随着我国进入新时代，社会主要矛盾也从人民日益增长的物质文化需要同落后的社会生产之间的矛盾转变为人民日益增长的美好生活需要和不平衡不充分的发展之间的矛盾。需求的转变，必然带来消费的升级，根据国外经验可知，人均 GDP 超过 5000 美元时，娱乐消费将实现转型升级，体育产业迎来爆发式增长。我国也已意识到体育消费的潜力和消费升级的转变。2014 年，出台《国务院关于加快发展体育产业促进体育消费的若干意见》（国发〔2014〕46 号），2019 年，出台《国务院办公厅关于促进全民健身和体育消费推动体育产业高质量发展的意见》（国办发〔2019〕43 号），在政策标题中直接体现“体育消费”，由此可见，由体育消费引爆的消费升级绝非伪命题，而是由实际需求推动的时代变革。消费升级不是对消费数量的提升，而是对消费质量的要求。在消费升级的时代背景下，必然要求健身步道系统步入智慧化，实现消费质量的提升。

三、健身步道系统智慧化建设的模式

（一）智慧化资源整合聚集的产业型模式

“智慧化资源整合聚集的产业型”是指通过以健身步道系统为核心产业，围绕着健身步道系统，基于新一代信息技术，打造连接“人—步道—信息”的智慧化网络，带动旅游业发展，聚合体育用品生产、体育产品研发和体育专业培育，形成智慧化资源整合聚集的产业型模式（如图7－5所示）。这一模式主要是由步道经济来拉动整个产业。

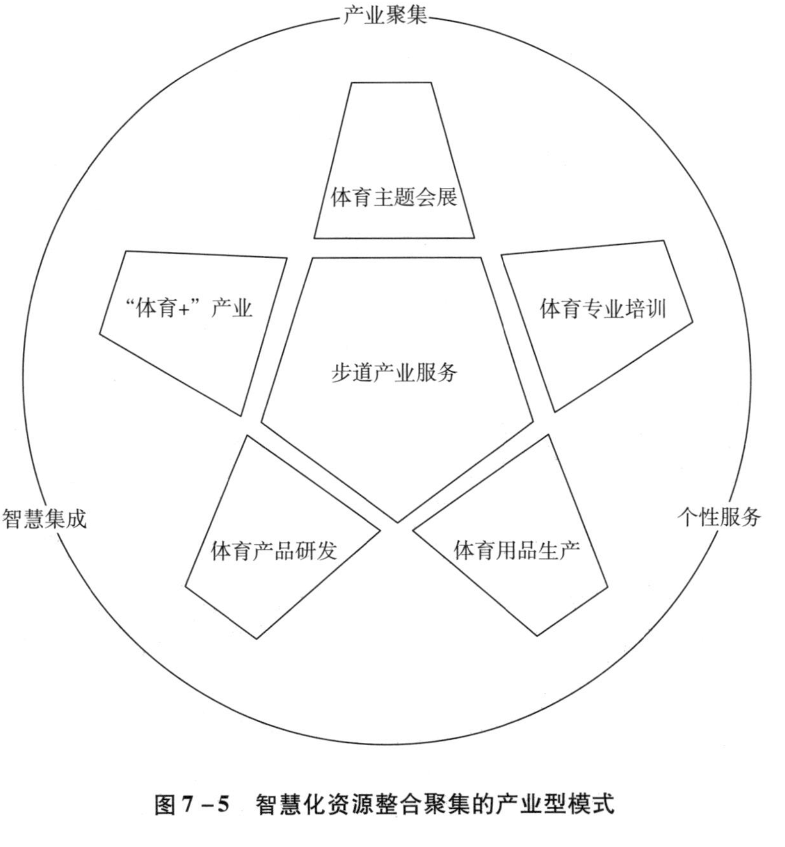

图7－5 智慧化资源整合聚集的产业型模式

在这一模式中，以浙江宁海县国家登山健身步道最具有代表性。2009年，宁海县建成第一条健身步道，从此拉开了宁海县由步道经济整合资源实现效应聚集的序幕。在旅游业方面，宁海健身步道系统吸引游客超300万人次，带动旅游业农家乐直接收益2.1亿元，接待近200万人次，带动旅游业民宿快速发展，沿线民宿已达260家；在体育用品方面，借助宁海健身步道系统，宁海县聚集253家体育用品制造业，尤其是步道衍生品登山杖方面，宁海年产值超5亿元，生产的登山杖占据国内绝大部分市场，并被评为“中国登山杖生产基地”。在智慧化方面，宁海积极采用新一代信息技术，围绕“宁海智慧登山”App，打造与旅游大数据、农业大数据相链接，实现移动互联、云计算、大数据的智慧展现（如图7－6所示）。

图7－6 “宁海智慧登山”App界面

（二）智慧化康体养生聚集的康养型模式

“智慧化康体养生聚集的康养型”是指以健身步道系统为基础，以营造康体、养生、修心为核心生活方式，精准定位亚健康人群、中老年人群和养生人群，借助步道康养项目，使用智能穿戴设备，达成步道周边居住、步道养生服务、步道康养项目相结合的康养型模式（如图7－7所示）。相较于智慧化资源整合聚集的产业型模式，智慧化康体养生聚集的康养型并不以步道经济为核心，而是将健身步道系统作为重要载体，以康体养生为主要目的。

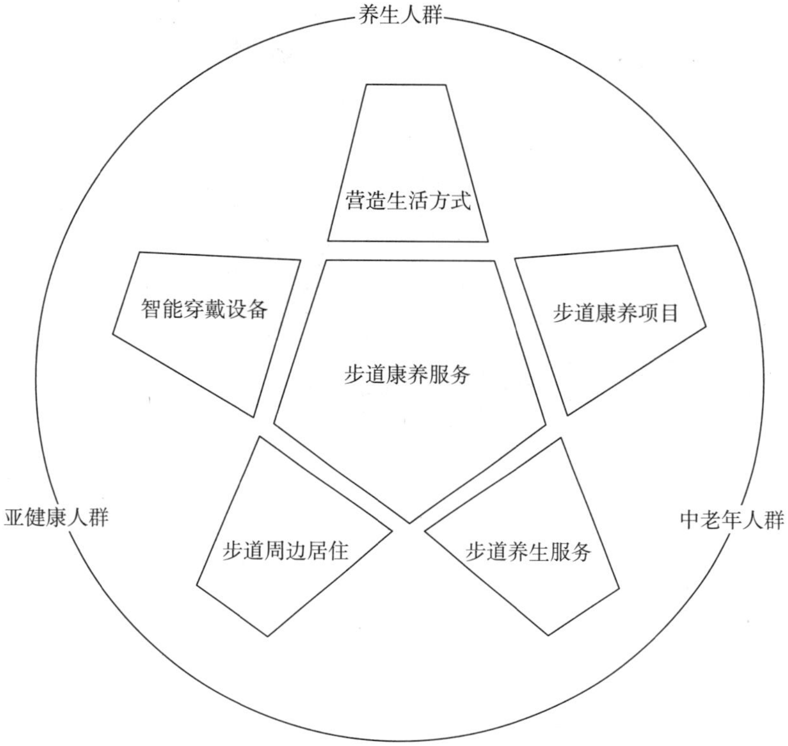

图7-7　智慧化康体养生聚集的康养型模式

在这一模式中，比较有代表性的是腾冲国家登山健身步道（如图7-8所示）。2018年，腾冲市将原有的东山康养小镇森林健身步道进行改造升级，对康养小镇25公里的森林步道进行延展升级，最终建成70公里的国家登山健身步道，成为云南省内第一条国家登山健身步道。在原有的康养小镇的基础上，融合原有的康体养生、休闲度假配套设施，打造步道康体服务。

（三）智慧化生态群落共生的赛事型模式

“智慧化生态群落共生的赛事型”是指以围绕步道展开的具有影响力的单项赛事为引领，以基础智能服务和步道场地服务为基础，以赛事直播服务和赛事配套服务为延伸，形成参赛人员、观赛人员和服务人员等利益相关者的生态群落共生的赛事型模式，突出特色性和共生性的特点（如图7-9所示）。其中，特色性体现为突出赛事特色，让步道的知名度和影响力得以提升，共生性体现为围绕着赛事实现利益相关者的生态群落打造实现共生。

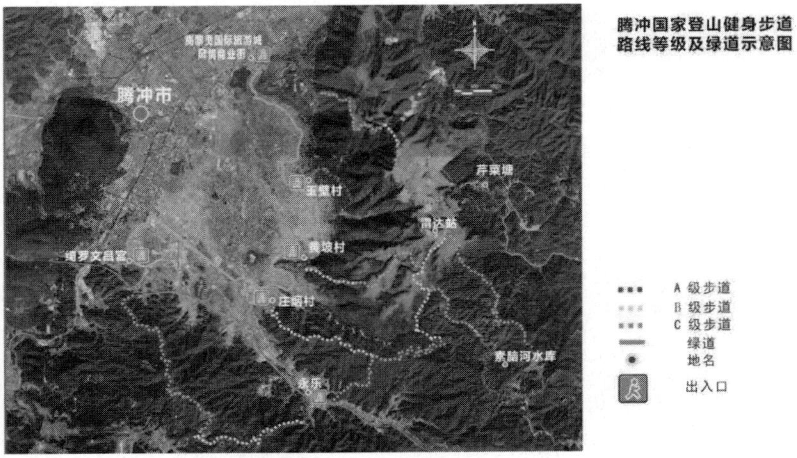

图 7-8　腾冲国家登山健身步道

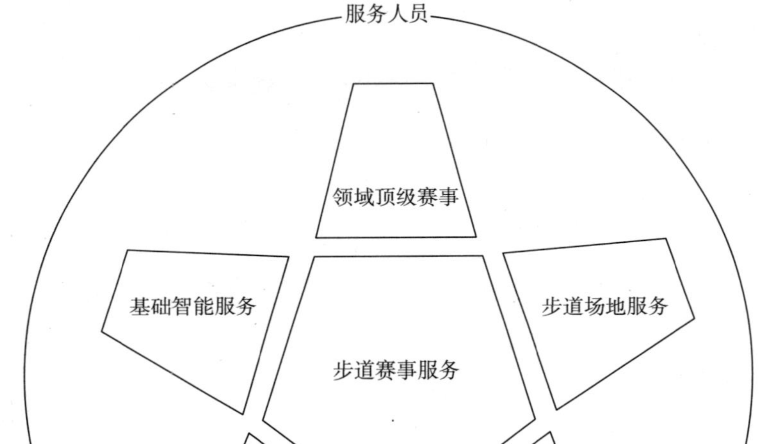

图 7-9　智慧化生态群落共生的赛事型模式

在这一模式中，比较有代表性的是安徽蚌埠国家登山健身步道。2019 年，在刚验收完成之际，蚌埠国家登山健身步道就作为 2018 年国家登山健身步道联赛总决赛、2019 年国家登山健身步道联赛揭幕站，智慧化生态群落共生的赛事型模式的典范（如图7－10所示）。蚌埠国家登山健身步道拥有着优秀的基础智能服务，包括景区智慧系统平台、主要线路无线Wifi全覆盖和智能监控系统。智慧化程度高，是蚌埠国家登山健身步道刚验收完成就能承办国内顶级单项赛事的重要原因之一。

图7－10　安徽蚌埠国家登山健身步道赛事路线

四、健身步道系统智慧化治理的路径

（一）建立新技术思维下的治理政策设计

健身步道系统智慧化治理，需要整合当前已有的新技术，将传统思维转变为新技术思维，将新技术应用于对健身步道系统的建设和管理之中，建成围绕健身步道系统展开的体育产业、康体养生和生态赛事相联动的智慧化治理体系。智慧化治理理念的出现是科学技术发展伴随社会进步自然而然产生的结果①。由此，健身步道系统智慧化治理需要利用新兴技术对治理政策进行优化、改进和升级。第一，提升治理政策设计的信息流动效率。通过新兴技术收集和抓取信息的广度、速度和深度，深入把握当前国内健身步道系统的实际情况，全面把握健身步

① 黄萃，彭国超，苏竣．智慧治理［M］．北京：清华大学出版社，2019.

道系统智慧化的政策需求，减少信息不对称导致的政策偏差，在步道政策顶层设计层面和贯彻落实层面取得成效。

（二）打造全国性的步道系统大数据平台

打造全国性的步道系统大数据平台，对“互联网+”“体育+”“步道+”产业进行深入的融合和打通，对当地的运动资源、人文资源和自然资源进行融合与连接，实现跨界与融合，形成以登山健身步道为基础的国家级、省级和市级平台，整合当地企业资源，拉动地方经济，推动产业聚集，精准培养人才，最终发挥健身步道系统在智慧化治理下的连接作用，实现智慧城市、智慧体育、智慧教育和智慧医疗的联动发展（如图7－11所示）。

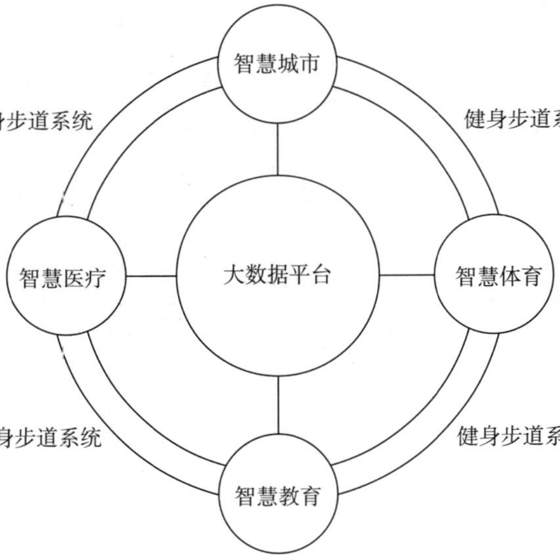

图7－11　步道系统大数据平台的联动系统

（三）开发健身步道系统智慧化国家标准

当前，我国健身步道系统的国家标准为2010年5月国家体育总局中国登山协会出台的国家登山健身步道标准（NTS国家标准0708），这一标准发布距今已接近十年。在近十年以来，我国的大数据、云计算、物联网、移动互联等新兴技术取得了突破性的进展。2010年8月，国家确定了云计算试点城市；2013年2月国务院出台《关于推进物联网有序健康发展的指导意见》，标志着物联网发展进入快车道；2015年8月，国务院出台《促进大数据发展行动纲要》，标志着大数据战略正式上升为国家战略；2019年6月，工信部正式向中国电信、中国移动、中国联通、中国广电发放5G商用牌照，标志着我国正式进入5G商用时代。随着新兴技术的发展，各地也已经开始自下而上地打造智慧化健身步道系统，但尚缺乏具有权威性的国家健身步道系统智慧化标准。当前，健身步道系统智慧化国家标准开发已经到了重要时刻，是健身步道系统智慧化治理中不可缺失的关键组成。

第三节　基于行动者网络的健身步道系统长效运行机制

一、行动者网络理论：基本意蕴与核心要素

行动者网络理论（Actor - Network Theory，ANT）是法国社会学家卡龙、巴黎学派拉图尔等在20世纪80年代提出的。ANT最早应用于分析科学技术与社会构建领域，通过构建空间关系和复杂网络，并赋予人与非人因素在社会网络构建的过程中同样的权重，从而使参与的行动者要素达到一种相互认同、相互影响的主体性相关关系。

ANT理论核心要素包括三方面：行动者、网络和转译。

在行动者划分上，ANT理论根据“广义对称性原则”将习惯上定义的“行动者”人类，扩大到了主体的人和客观的物，即人类行动者和非人类行动者（非人的存在或力量），这样使研究对象更加符合实际生活中相关因素交叉复杂的情况。同时拉图尔还科学地将“行动者”分为核心行动者和其他行动者，突破了传统意义上的主客二元对立的模式。然而准确发现行动者必须经过实际的参与活动，只有这样，才能将所有因素清晰辨明。

在网络构建上，需无差异地对待自然因素和社会因素，并将人类行动者和非人类行动者各自的行为产生点交叉互动连成线，最终延伸扩展形成庞杂的网络，这就构成了一种与Internet类型的技术网络和非正式联结的结构化网络不同的新型连接关系。

在转译阶段，核心行动者需转换其他行动者兴趣或利益，并带动其他行动者参与网络构建，实现共同目标。一般而言，将转译分为问题界定、利益相关化、征召和动员四个阶段。①问题界定要求各利益相关者明确自身的问题边界，并由关键行动者串联所有相关问题并提出使各方受益的条例。②利益相关化是指核心行动者分别对不同相关行动者的问题和利益进行评测，并对应赋予不同的利益值。③征召是指核心行动者充分整合资源，使其他行动者融入网络并相对独立高

效地去践行各自的目标。④动员阶段是指核心行动者制定规范，严格要求其他行动者按照原先分配任务去落实，保证网络安全有效的运行。另外，在应用 ANT 理论构建核心要素过程中，关于如何转译各行动者的利益和诉求时，需要特别注意转译的对称性和真实性，否则会降低转译成功的可能性。

目前，行动者网络理论在乡村治理、乡村旅游、城市历史街区建设、城市协同治理（杨华峰，2015；刘伟，2018；殷悦等，2019）等领域已有广泛应用。而国内对于登山健身步道系统长效运行治理机制的研究还很薄弱，基于行动者网络的登山健身步道系统长效运行治理机制研究尚未发现。

二、国家登山健身步道系统行动者网络要素构建

（一）登山健身步道系统行动者构成分析

国家登山健身步道系统存在多个复杂的利益相关者，利益相关者之间的角色错位、管理重叠、职能分散成为制约登山健身步道长效可持续发展的重要障碍。在进行影响力和收益分析之后，本书把政府、项目投资者、徒步者、当地居民、新闻媒体、行业协会、相关从业者、学术界、步道兴趣爱好者、步道志愿者、一般社会公众和其他政府部门确定为国家登山健身步道系统的利益主体。

然而，从行动者理论的广义对称性原理来看，上述利益主体只是异质类行动者中的人类要素，非人类要素行动者如产业、资金、法规政策、生态环境、自然资源等并未列入影响登山健身步道系统运行的因素之中，这显然不符合实际情况。因此，为了全面分析各种要素在国家登山健身步道系统中的作用，我们将这些影响因子分为人类行动者和非人类行动者，并将政府部门和步道投资者作为登山健身步道建设的核心行动者，这是由步道作为公共品的特殊属性和政府在基础设施建设中的特殊地位决定的；核心人类行动者之外的人类行动者分为内部利益相关者和外部利益相关者。除此之外，还将非人类行动者分为物质性要素和非物质性要素两类，如表 7－1 所示。

表 7－1　国家登山健身步道网络行动者构成

相关构成	类别	内容
核心行动者		政府、步道投资建设者
人类行动者	内部利益相关者	当地居民、徒步者、行业协会、相关从业者、学术界、新闻媒体
	外部利益相关者	一般公众、步道志愿者、步道兴趣爱好者、其他政府部门
非人类行动者	物质性要素	地域空间结构、自然景观、综合和基础设施等
	非物质性要素	当地特色文化、资金和技术、上层规划及相关法规、公众参与理论

（二）登山健身步道系统强制通行点确立

行动者网络中的强制通行点（Obligatory Passage Point，OPP）是所有行动者诉求的交汇点，是通过核心行动者的转译来实现利益相关者的利益联结点。在国家登山健身步道的长效运行中，政府自上而下发挥利益代言人的作用，将以当地居民为代表的内部利益相关者和步道兴趣爱好者等外部利益相关者进行连通，并通过控制、引导、规范人类行动者的目标和行为，来保证步道的物质性要素如当地的空间结构和非物质性要素（特色文化等）的完整性，最后步道投资建设者按要求完成步道的修建和修缮；徒步者通过向政府部门转译对登山健身步道的最佳体验诉求；步道志愿者富有热切保护步道周围环境和生态的愿望；非人类行动者则希望通过规范步道运动行为和发扬当地特色文化，借此来彰显当地的风土人情。总之，多元行动者的需求交汇有赖于国家登山健身步道系统长效运动机制的规划与实施，这就形成了本研究框架的强制通行点，如图 7－12 所示。

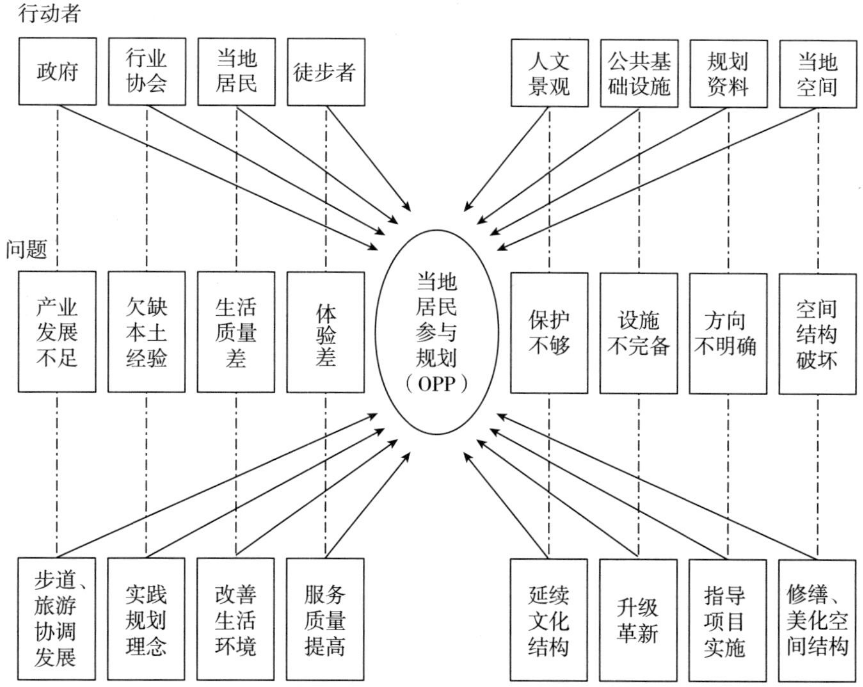

图 7－12　国家登山健身步道系统行动主体与强制通行点

（三）登山健身步道系统行动者网络转译

在国家登山健身步道系统行动者网络的转译过程中，当地政府和健身步道投资者作为核心行动者，通过登山健身步道规划重新定位各行动者的功能和地位，最大程度地满足被转译者的诉求从而实现共同的目标，促进协调发展（如图7－13所示）。国家登山健身步道系统的行动者网络转译过程可分为以下四个阶段：

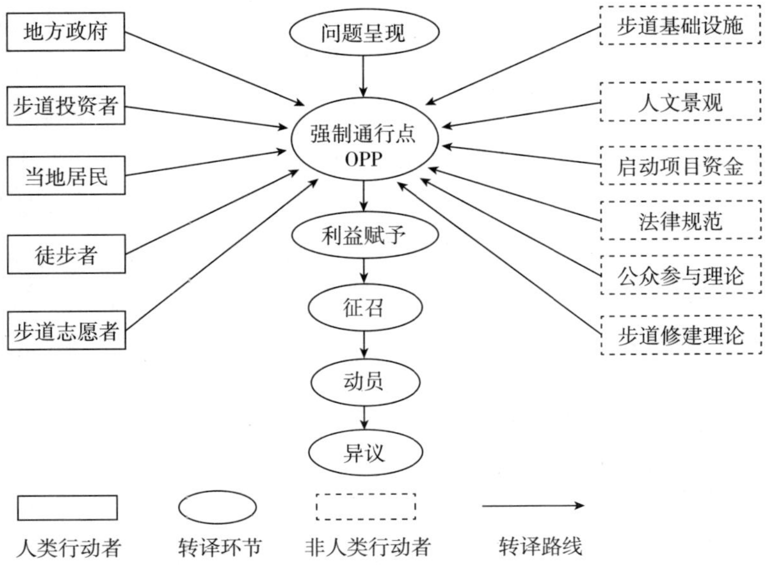

图7－13　国家登山健身步道系统的行动者网络转译

1. 问题呈现阶段

面对国家登山健身步道系统中各行动主体之间复杂的利益冲突和生态关系以及在建设和维持步道健康发展过程中不同的经济诉求和精神追求，政府和步道投资者作为国家登山健身步道系统的核心行动者，可以将“当地居民代表参与步道规划”作为强制通行点（OPP）。强制通行点的设立有助于理清各利益主体面对的问题，以下分别从核心利益主体、重要利益主体和外围利益主体三方面展开论述。

（1）核心利益主体：政府、步道投资者、徒步者和当地居民。由于国家登山健身步道建设理念传入我国内地的历史不长，登山健身步道行业的发展起步较晚，这使政府在建设中面对着步道建设低标准、低品质、低效率和运营管理不到位等相关问题；步道投资者是参与国家登山健身步道的资金提供者和建设者，社会资本的直接投入决定了登山健身步道系统建设的成败，然而登山步道的公共品属性隐藏了其低收益高风险的特征，这就造成项目融资部门对社会资本的排斥，社会资本的流入数量和规模受限；虽然登山步道的建设可能刺激当地经济的发展，当地居民由于社会经济地位较低，直接参与登山步道发展而获益的机会不大；而对于钟爱户外活动的徒步者而言，最大的隐患是其环保意识的缺失可能会给当地生态环境造成破坏，对于当地文化风俗的不尊重也可能会引发当地居民的反感。

（2）重要利益主体：新闻媒体、行业协会、相关从业者和学术界。新闻媒体在推动国家登山健身步道发展中起着宣传和监督的作用，然而不可否认的是，某些媒体存在断章取义、误导民众意识的现象；登山步道行业协会虽然在步道的运营、维护、管理等方面有其专业优势，但容易出现理论与实际脱节、欠缺本土经验的主观臆断；步道的相关从业人员如户外运动健身用品提供商和旅游业从业人员极大地满足了徒步者的消费需求，仅有的问题可能是服务质量参差不齐，生产的商品不可循环利用等；至于学术界，应该身体力行地去步道实践体验，才有可能研究出符合当地特色、迎合各方最大利益的步道规划。

（3）外围利益主体：一般公众、步道志愿者、步道兴趣爱好者和其他政府部门。一般公众普遍缺乏登山健身步道的相关知识，参加这种形式的户外运动积极性弱；步道志愿者更是数量有限；虽然潜在的步道兴趣爱好者居多，但目前国内登山健身步道的条件对他们的吸引力还不够；其他政府部门对登山步道的建设和维护还存在的监管不严、审查不细的状况。

2. 利益赋予阶段

在《百万公里健身步道工程实施方案》出台后，由体育总局、发展改革委员会、财政部、国土资源局等 12 部委就围绕登山健身步道的建设和推进给出了系统性和指导性的意见，进一步确定了政府在国家登山健身步道的行动者网络的核心行动者地位。在登山步道健康发展问题上，应赋予异质类行动者清晰的利益。政府应独当一面，要充当国家登山健身步道建设的火车头，自上而下控制、引导、规范各部门和利益主体的行为；步道投资者应相应国家号召，将民间资本与国家资本结合为登山步道积极融资；当地民众要积极参与到所在的登山步道的规划中，为步道修建人员或设计者提供贴合实际的意见；新闻媒体作为国家登山健身步道的宣传者，担负着引导社会大众投身户外运动、热爱祖国大好河山的作用；各地的相关行业协会及其他科研机构要紧密结合，共同探讨和研究登山步道开发、运营和管理等问题；政府的其他部门、步道志愿者和步道的兴趣爱好者也要各司其职。

3. 征召阶段

征召阶段是指，在国家登山健身步道工程实施阶段的人类行动者，接受由核心行动者政府为其设置的利益。由于ANT理论的“非对称性”要求人类行动者和非人类行动者的地位平等，而非人类行动者无法通过与政府的转译完成其诉求，因此需要“聘用”政治代言人（如行业协会或者科研机构）来实现对人类行动者的转译和对政府征召的响应。政府对非人类因素的征召就是要求能够代表它们利益、具有话语权的相关单位制定正式规范、非正式规范、法律等；对其他行动者的征召，要通过实地访谈和讲解登山步道的益处来赢得当地民众的信任，激发当地居民投身登山步道建设的积极性和热情，这是国家登山健身步道行动者网络的基点。再招募步道投资者、徒步者、学术界、新闻媒体、步道志愿者、步道爱好者、一般公众以及环保组织等共筑协商平台。

4. 动员阶段

动员阶段是决定行动者网络的构建是否成功的关键。国家登山健身步道系统动员阶段是指步道所在地政府成为步道行动者网络建设的代言人。当地政府要与步道的投资建设者展开设计研讨，确定社会资本和政府投资的比重，在已经决定建设的基础上，相关职能部门如林业局、水利局、农业局、交通管理局与步道建设者合作，为其提供便利，同时也要设置监察机构规范、控制建设者的有害行为；登山步道系统的工程实施过程中，可以通过当地居民为其提供指导，一方面通过提升居民的话语权，提高了他们参与步道建设的积极性；另一方面也避免了因管理部门人员疏忽大意造成的对当地生态、人文景观的破坏。国家登山健身步道的修建是推进“美丽中国”发展的需要，是决胜全面小康的关键，媒体作为世界之眼，要努力宣传国家登山健身步道的重要性，引导公众参与到全民健身运动中；同时政府要呼吁登山步道志愿者和体验者感受步道登山的美好，更要培养教育下一代人学会与环境和自然美好相处。

5. 异议阶段

在异议阶段，人类行动者和非人类行动者已经形成了盘根错节的网络关系，但此利益关系形成的网络具有不稳定性。政府政策不到位、步道建设者资金退出、当地居民的抗议、生态环境的破坏、舆论恶意报道、相关机构的监管不到位等都会使登山健身步道的行动者网络受损，甚至项目施工失败成为“烂尾工程”。

三、国家登山健身步道系统行动者网络多元共治

（一）多元共治体系与机制生成

国家登山健身步道长效运行的路径需要基于“多元共治”的理念进行探索，登山步道的沿线各省、市、县行动者必须组成有序的相关利益联盟，才能完成省际甚至全国范围内的长效运行路径。否则，一旦各级别行动者的组织活动处于无序状态，大规模的登山健身步道的可持续运行机制会被打破。所以国家登山健身步道的长效运行多元共治需要其行动者具有系统性、层次性和可操作性，其治理机制体系主要包括治理机制、运行机制、保障机制三方面（如图 7－14 所示）。

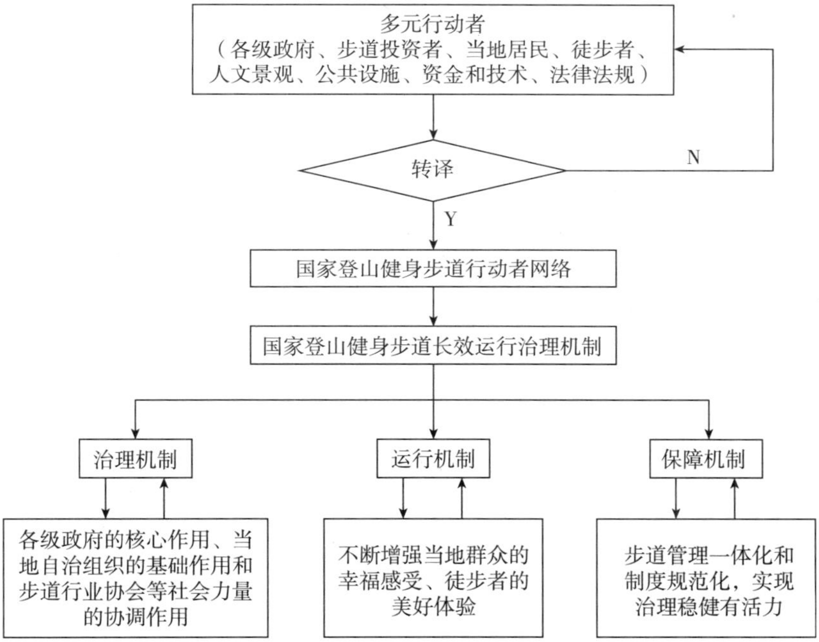

图 7－14 国家登山健身步道长效运行多元共治体系

1. 治理机制体系

国家登山健身步道的治理机制体系要充分发挥三方面作用，即各级政府的核心作用、当地居民的自治组织作用和行业协会等社会力量等的协调作用。重点如下：一是要发挥好各级政府在整合相关利益主体方面和步道公共服务方面的领导作用。二是当地的自治组织要积极引导社会大众参与到步道建设之中，参与制定步道有效治理的决策，监督相关法律法规的落实情况，使健身步道的保护更加到位。三是培养和建立登山步道的行业协会等社会组织，如为了保护南粤古驿道，

实现南粤古驿道的可持续发展，成立了广东省户外运动协会和广东省城市规划协会。通过将民间力量和政府力量结合，重点建设有关登山健身步道的维权类、服务类等专业性社会组织。

2. 运行机制体系

在国家登山健身步道系统运行体系方面，要坚持“以人为本”的发展理念，不断提升步道所在地居民的幸福指数，为慕名而来的其他社会人士提供更美好的徒步体验。重点包括三个方面：一是准确把握大众的需求。要建立登山步道沿线居民对改善公共服务、保护当地民俗、美化生态环境、提升生活质量的需求传达渠道，同时也要广泛吸纳登山徒步爱好者和步道志愿者等社会人士对登山步道的修建和维护方面提出的建议，筛选合理有效的建议。二是整合资源。政府层面要把政府在健身步道的核心功能和相关政府单位的辅助功能结合，积极调动如省自然资源厅、省文化和旅游厅、省教育厅、省教育局、省文物局等政府相关单位的公共资源，保证登山步道的公共服务供给到位；社会组织层面要更好地发挥民间机构如户外运动协会、科研单位等在合理设计、研究、规划登山步道的专业，弥补政府治理和监管层面的疏漏，改进不合理、不规范的公共资源配置。三是解决实际问题。一方面，要激发当地居民积极参与登山步道修建和维护等相关工作的动力，另一方面，要提高当地政府的服务水平，以“为人民服务”为宗旨，妥善处理登山步道利益各方的诉求，让群众享受到实在的好处。

3. 保障机制体系

在保障国家登山健身步道长远发展体系方面，坚持省际之间、市市之间、县际之间甚至村村之间对横贯东西的步道管理一体化和制度规范化，实现对登山步道的治理稳健而有活动力的发展。重点包括三个方面：一是均匀配置登山步道沿线的公共资源。根据不同地段的空间网络结构，因地制宜地引导资金、技术、人才等核心要素进入登山健身步道的建设、维护、管理和营销模式上，以此来提升整个营运系统的工作效率，实现管理现代化。二是重塑登山健身步道的内生性制度。从遵守的登山步道规则、法律法规到对当地资源的保护、生态的保养等方面开始，通过学术研究机构和相关步道行业协会的探讨策划，设计一套增强徒步者、步道健身爱好者等社会公众对登山步道保护意识的方案，让国家意志与社会意志良好地结合在一起。三是加大有关登山步道的法制教育宣传力度。一方面，通过新闻媒体如行业协会官网、微信公众号、微博等传播爱护好山好水的鲜活事例，增强民众对美好生态的自觉保护意识，间接地培养了对登山步道周围的人为景观的爱护之情；另一方面，完善登山健身步道的法律服务体系。提升登山步道沿线的法律组织的建设强度，为徒步者、登山步道的爱好者、步道志愿者和当地居民提供便捷的法律咨询和严格的行为规范。

（二）相关典型案例分析与验证

1. 南粤古驿道

南粤古驿道是古代广东省用于物资运输、文件传输的主要官道之一，见证了广东多民族文化的形成和发展。随着历史变迁和城镇化的推进，南粤古驿道沿线的自然环境、村落均受到了不同程度的破坏，产业空心化严重，基础设施不足，贫困村大量集中。因此，活化古驿道、精准扶贫、丰富旅游文化成为实现古驿道长效运行的关键。针对南粤古驿道发展的困境，相关部门和研究机构明确了具体的可持续发展路径，如表7－2所示。

表7－2　南粤古驿道行动者网络分析

治理困境	发展路径	开发策略	参与要素
文化遗产脆弱、稀缺、易遭破坏	加强规划指引	保护优先；整合历史文化资源	旅游局、当地行业协会、相关学者、规划文件等
古驿道的修缮保护监管缺失	成立古驿道遗产监督机构	打破行业壁垒，成立统一管理机构	当地政府、旅游局、文化局、商业团体、当地居民等
古道及沿线古建筑等破坏严重	加快古道修复	保护性开发；挖掘历史文化和遗迹；环境整治与整体风貌营造	文物单位、旅游局、学者、自然环境等
基础设施、公共设施不齐全	配套古驿道沿线旅游公共设施	提高服务品质；加大资金扶持力度	政府、步道投资机构、金融机构等
旅游产品单一化	丰富旅游产品体系	整体开发古道周边资源；提高游客参与性；开发旅游项目等	当地政府、民间资本、步道爱好者、当地居民、自然资源等
公众保护意识缺乏、参与度低	建立驿道保护公众参与机制	赋予公众参与权和监督权；加强驿道保护教育	文化旅游局、相关学者、古道沿线居民、法律法规等

分析广东省政府对南粤古驿道的开发治理路径不难得出发现，要实现古驿道的长效运行，需做到以下两点：①离不开人与自然的和谐相处，其中人类因素如政府组织、相关职能部门如省教育厅、省文化局、广东省城市规划协会、社会公众、旅游爱好者等的规划设计。②离不开非人类因素的重要参与，诸如古驿道的文化遗产、当地民俗、社会资金和政府资金、相关条例等。

2. 美国圣安东尼奥河滨步道

美国圣安东尼奥河滨步道是美国最负盛名的几条步道之一，从罗伯特休格曼1929年提出滨水开发理念到最后建成并运行，至今已有90多年的历史，它依然在为那些热爱步道健身的人士服务。在项目实施阶段，河滨沿线公共基础的建设资金来源于1939年和1945年的政府债券，这样不仅缓解了政府资金紧缺的困境，同时也把公共普遍想要改善生活环境的诉求结合起来；在项目完善阶段，引入世界知名酒店，为提升河滨步道的商业活动和公共服务奠定了基础；在项目修复阶段，从1980年开始，河滨居民临河而建宾馆并完成了防洪隧道，这在自然改造的基础上保证了步道的安全性。在不同的设计阶段，河滨步道的可持续性理念都被后人津津乐道。对河滨步道在不同阶段遇到的问题、针对当前问题的解决办法与目标进行梳理，可以看出河滨步道工作者在为步道长效可持续运行所做的努力，如表7-3所示。

表7-3 美国圣安东尼奥河滨步道行动者网络分析

治理困境	解决思路	具体办法	目标	参与因素
水资源不充足担心河流污染	政府出台相关保护河流、美化环境政策	1890年至今，政府和公众落实政策	城市竞争力提升，区域经济发展	政府、公众、科研机构、法律法规等
土地利用率低	多功能复合的土地利用	剧院、餐饮等结合在一起	为步道空留闲置用地	政府、公众、规章制度等
洪涝灾害	河堤后退	建立河堤	减少对步道的冲击	政府、城投机构、法律法规、公众等
生态环境破坏	将自然、生态环境保护结合	处理河底污染；维持植物多样性；控制水质	步道两旁环境优美	自然、政府、城投机构、公众、法律等
交通阻碍	减少交通阻碍	交通地下化或者建立高架桥	保证步道行人安全	政府、相关机构、规章等
历史文物和景观破坏	减少与文物景观直接接触	保护维修文保物，禁止房地产开发	保存步道所在地方的文化历史	政府、公众、步道健身人员、法律法规、相关机构等
开发资金不足	政府与社会资金共同运作	政府发债、商业债券、私人投资等	完成步道修建，减少步道两旁过度商业开发和资源破坏	政府、公众等
机构合作不充分	六大机构协调合作	圣安东尼奥市、圣安东尼奥河管理局、圣安东尼奥河监督委员会等机构共同协作	监督公共设施开发、保护公共利益、保证规划的合理性和规范、土地的有效利用	政府各级部门、公众、法规等

通过对圣安东尼奥河滨步道规划的简要分析可以得知，滨河步道的可持续发展离不开政府各部门、公众及其他相关参与者的共同努力。河滨步道长效运行的治理机制离不开以下因素：①政府及科研机构充当核心参与者提出并合理设计河滨步道的修建方案。②政府和其他民间社会团体提供的资金支持。③一系列严苛的法律法规。④公众和相关监管当局的监督。值得注意的是，圣安东尼奥河滨步道的健康良序的有效运行，是人与自然等其他非人类因素相互平衡、相互制约的结果，生态环境等非人因素的贡献是河滨步道成功的重要组成部分，这正是基于行动者网络的登山健身步道系统长效运行治理机制的现实模板。

第八章　结论与展望

第一节　主要结论

山径是连接文明与荒野的网络，步道（Trail）是经过细致踏查与缜密规划而铺陈的纽带，它将个人与团体联合起来，为政府与民众的合作提供平台，让每个置身户外的人都能够安心而自由地享受自然之美。作为全民健身的重要载体，登山健身步道有着资源多、投入少、利用率高、容量大、便利性强等优势。近年来，健身步道的修建和治理已经上升到国家战略。2018 年 3 月，国家体育总局、发展改革委等 12 部委联合研究制订了《百万公里健身步道工程实施方案》，该方案的主要目标为“到 2020 年，力争在全国每个县（市、区）完成 300 公里左右健身步道建设，以此为载体，推动全民健身活动广泛开展，带动县域经济发展，助力脱贫攻坚，决胜全面小康”。

一、国家登山健身步道建设是一个系统工程

健身步道系统是一个复杂系统，具有多样性、层次性、综合性的特征，其治理是一项需要政府推动、公众参与、经济基础作后盾、科学技术为导向的庞大系统工程。如何建立长效运行管理机制，避免出现“重建设、轻治理”的现象，最大限度地发挥健身步道在全民健身和生态环保等方面的功能，需要建立基于利益相关者最佳行为的均衡策略，构建国家登山健身步道系统长效运行治理机制。

二、遵循基于行动者网络的“多元共治”路径

自 2009 年我国第一条国家登山健身步道建成已来，在国家登山健身步道数量较少、规模较小、公共服务缺失的背景下，针对建设和维护登山步道过程出现

的问题，亟须打破僵硬思维模式，基于行动者网络新视角，寻找一条登山健身步道的长效运行治理机制。作为国家登山健身步道长效运行的核心，政府和步道建设者需要精确“转译”各行动者主体的利益，只有“转译”成功，登山步道可持续运行才有基本条件。行动者网络创新性地把人类行动者和自然、生态、法律法规等非人类行动者融合在一个理论分析框架内，通过提出问题、利益赋予、征召和动员，实现核心行动者对几乎所有利益相关者“转译”，形成不同类别的行动者主体对国家登山健身步道系统的协同治理，实现了国家登山健身步道系统的长效运行。本书从治理体系、运行体系和保障体系方面提出了国家登山健身步道可持续发展的措施。行动者网络兼顾了多方要素和利益相关者，有效排除了政府等行政机构单一决策的弊端，体现了“多元共治”的治理理念，有利于发挥社会大众、民间机构的集体智慧，从而确保国家登山健身步道系统长效运行治理机制的科学建构与实践落地。

三、遵循国家登山健身步道系统智慧化治理

随着我国社会经济和城市化的快速发展，国民对户外休闲游憩需求和生活品质要求的不断增长，发展步道是解决我国人多地少、人地矛盾突出、公共体育空间缺乏等问题的有效途径，我国应高度重视国家登山健身步道系统的研究和建设。本书从健身步道系统智慧化建设的动因开始，分析了积极政策、技术进步和消费升级给健身步道系统带来的智慧化要求。在健身步道系统智慧化建设的模式上，给出健身步道系统智慧化产业型、康养型和赛事型三种模式。在健身步道系统智慧化治理上，提出了建立治理政策、打造数据平台和开发国家标准三条实现路径。

四、基于利益相关者推进健身步道协同治理

本书建立 NTS 利益相关者行为模型，求解最佳行为的均衡策略，明确各自边界，拓展供给渠道，完善运行机制。国家步道系统开发必须遵循可持续发展理论要求，协调生态、经济、社会等各方面关系。建立国家登山健身步道系统要坚持政府为主、市场为辅、各种力量相互配合的策略，形成自上而下与自下而上的区域调控与协作管理机制以及分阶段、分主体、相互融合的职能分工体系，逐步完成从政府主导到市场参与，再到全民参与的步道建设和管理机制。

五、推进健身步道系统可持续发展立法工作

建议启动国家登山健身步道系统相关立法工作，旨在通过法案建立国家步道

标准与规范，以法律的形式确立国家步道系统在体育公共服务体系中的重要地位，为国家步道的健康、可持续发展提供法律保障。在战略层面，应该从顶层设计和战略高度重视国家步道系统发展；在制度层面，要成立国家步道系统管理机构，进行宏观指导与协调；在学术层面，积极构建具有中国特色的步道理论以指导步道实践工作；在实践层面，应该逐步开展不同类型的步道实证研究工作，最终构建国家步道系统。

第二节　研究展望

一、研究不足

国内有关步道文献的发文量总体呈现上升趋势，学科分布呈现多学科融合的特征，但更多是在步道的规划建设方面，研究面辐射仍有不足。同时，由于我国步道系统还没有形成规模，对该领域的研究比较匮乏，学者之间的分布比较分散，合作网络尚未完全建立起来，因此，研究人员的合作关系和创新能力有待加强。整体来看，国内学者主要集中在对国内健身步道的现状探讨、案例分析和国外健身步道的机制研究等方面，对于国内健身步道长效运行治理机制研究少有涉及。

二、延伸研究

目前，我国对步道的研究主要分为初步发展期、规范发展期、快速发展期三个阶段。步道作为一个综合性载体，功能性越来越丰富，与户外运动、体育旅游、全民健身、大健康、人工智能等领域联系越来越密切，目前，我国并没有形成完整的步道系统管理网络和产业聚集业态。因此，对于步道的社会价值、经济价值、生态价值及文化价值都有待进一步的深入研究。

国家登山健身步道系统的建立既能提升我国公共体育游憩空间的服务品质，也顺应了低碳时代发展的需要。依照《全民健身计划》的精神以及建设“美丽中国、和谐社会”的目标愿景，我国应及时启动并不断提升步道建设力度与速度，力争早日建成可媲美欧美国家步道的国家步道体系。

参考文献

［1］吴磊，张新安．南粤古驿道定向运动赛事现状调查及对策分析［J］．体育世界（学术），2017（4）：51－52.

［2］王春来．南粤古驿道线性特征的户外徒步运动开发研究［J］．体育科学研究，2018，22（5）：58－61.

［3］包希哲，曾玲玲，陶燕．“一带一路”背景下线性文化遗产带乡村体育旅游开发研究——以南粤古驿道为例［J］．体育科技文献通报，2019，27（1）：109－111.

［4］王蕾蕾，张河清，许咏媚．基于层次分析法的南粤古驿道旅游价值评价体系分析——以西京古驿道乳源段为例［J］．中国市场，2019（4）：19－22.

［5］王长在，柴娇．南粤古驿道定向大赛与乡村文化旅游的融合发展［J］．体育学刊，2018，25（4）：53－57.

［6］王长在．南粤古驿道定向大赛发展定位研究［J］．广州体育学院学报，2018，38（5）：61－63.

［7］邓泽平，张河清，王蕾蕾．南粤古驿道旅游资源分类评价与开发研究——基于8条示范段的实证分析［J］．中南林业科技大学学报（社会科学版），2018，12（6）：102－108.

［8］杨强．体育旅游产业融合发展的动力与路径机制［J］．体育学刊，2016，23（4）：55－62.

［9］张海云．山东省能源—经济—环境协调发展SD建模与仿真研究［J］．中国石油大学学报（社会科学版），2013，29（2）：5－9.

［10］丁雨莲，赵媛．旅游产业融合的动因、路径与主体探析——以深圳华强集团融合发展旅游主题公园为例［J］．人文地理，2013，28（4）：126－131.

［11］李文超，田立新，贺丹．经济—能源—环境可持续发展的系统动力学研究——以中国为例［J］．系统科学学报，2014，22（3）：54－57.

［12］彭华．旅游发展驱动机制及动力模型探析［J］．旅游学刊，1999

(6)：39－44.

［13］玉淑媛，李军．基于SD模型的文化产业发展科技需求仿真研究—以广西为例［J］．中国市场，2016（33）：58－60.

［14］王丽．基于系统论的旅游扶贫动力机制分析［J］．商业经济，2008（9）：111－112＋115.

［15］LITTLE C. Greenways for American［M］. Baltimore：Johns Hopkins University Press，1990：7－20.

［16］Clark R，Stankey G. The Recreation Opportunity Spectrum：A Frame－work for Planning，Managemenand Research［R］U. S Department of Agriculture，Forest Service，Pacific Northwest Forest and Range Experiment Station，1979：1－5.

［17］John R. Commons Institutional Economics［M］. New York：The Macmillan Company，1934.

［18］八一成，田一，小野理等．利用者の多性を考した森林レクリエ?ション画－ROS（Recreation Opportunity Spectrum）概念の意［J］．日本林学会，2000（3）：219－226.

［19］张海涛．重塑山城步道魅力——山城步道的生态化设计［J］．生态经济，2004（11）：114－117.

［20］刘儒渊，曾家琳．登山步道游憩冲击之长期监测——以玉山国家公园塔塔加步道为例［J］．资源科学，2006（3）：120－127.

［21］邓英，黄耘．重庆步道空间环境设计探索［J］．装饰，2006（9）：113－114.

［22］董小云，刘婷．大青山登山健身步道规划研究［J］．内蒙古科技与经济，2012（16）：51－52.

［23］丁洪建，贺剑．国家登山健身步道线路规划研究——以顺义五彩浅山国家登山健身步道规划为例［J］．城市发展研究，2015，22（1）：45－50＋65.

［24］余子义，朱红军．国内外健身步道发展现状比较研究［J］．体育文化导刊，2016（4）：134－137.

［25］曹丽雯，郄光发，姜莎莎．空中森林步道发展概况与功能特点分析［J］．世界林业研究，2019，32（1）：48－52.

［26］王长在，柴娇．南粤古驿道定向大赛与乡村文化旅游的融合发展［J］．体育学刊，2018，25（4）：53－57.

［27］黄红华．国家步道旅游体验的影响因素研究［D］．长沙：湖南师范

大学，2018.

［28］张现武．宁波市登山健身步道建设现状及规划研究［J］．安徽农学通报，2015，21（12）：116－118.

［29］丁洪建，贺剑．全民健身战略下国家登山健身步道服务设施规划——以北京昌平国家登山健身步道规划为例［J］．规划师，2015，31（12）：72－77.

［30］李妍，马丽斌，薛俭．基于绿色发展理念下开发区 PPP 项目的关键成功因素研究［J］．科技管理研究，2018，38（22）：245－253.

［31］周学军，易蓉，高燕．企业技术创新的关键成功因素分析［J］．统计与决策，2008（22）：172－173.

［32］刘书庆，董雅文．基于解释结构模型的行业关键成功因素识别研究［J］．科技进步与对策，2006（8）：83－86.

［33］孔令夷．RBV 视角下西部旅游产业关键成功因素识别［J］．中央民族大学学报（哲学社会科学版），2013，40（4）：82－90.

［34］卜炜玮，杨义，周新．旅游地产项目关键成功因素研究［J］．工程经济，2017，27（2）：36－39.

［35］王爱民，马学广，闫小培．基于行动者网络的土地利用冲突及其治理机制研究——以广州市海珠区果林保护区为例［J］．地理科学，2010，30（1）：80－85.

［36］汪雪．基于行动者网络理论的历史街区更新机制［J］．规划师，2018，34（9）：111－116.

［37］余莉，宋海朋．行动者网络视角下宜昌市建设中心城市路径研究——以三峡生态经济合作区为例［J］．当代经济，2019（2）：68－70.

［38］谢元，张鸿雁．行动者网络理论视角下的乡村治理困境与路径研究——转译与公共性的生成［J］．南京社会科学，2018（3）：70－75.

［39］王增鹏．巴黎学派的行动者网络理论解析［J］．科学与社会，2012，2（4）：28－43.

［40］香嘉豪，张河清，王蕾蕾．“一带一路”背景下线性文化遗产旅游开发研究——以南粤古驿道为例［J］．当代经济，2018（17）：77－79.

［41］朱雪梅．基于文化线路的南粤古道、古村、绿道联动发展研究［J］．城市发展研究，2018，25（2）：48－54.

［42］Bridget Helwig，Eric Otto，Patrick Nelson. The National Trails System Issue Brief. http：//www. forestry. umn. edu. 2009.

[43] Johnson, Sandra L. An Overview of the NATIONAL TRAILS SYSTEM ACT [EB/OL]. http://www. american trails. org, 2008.

[44] Thomas L. Gilbert. The National Trails System: What it is and how it Came to be. http://www. american trails. org, 2008.

[45] 胡春姿. 美国的小径系统及其借鉴意义[J]. 世界林业研究, 2008 (1): 68-71.

[46] 徐克帅, 朱海森. 英国的国家步道系统及其规划管理标准[J]. 规划师, 2008 (11): 85-89.

[47] 林盛兰, 余青. 基于法案的美国国家游径系统. 国际城市规划[J]. 2010, 25 (3): 81-85.

[48] 胡小明. 面向休闲时代的体育——新时期体育理论的重构[J]. 广州体育学院学报, 2008 (2): 4-5.

[49] 邱亚君. 休闲体育行为发展阶段动机和限制因素研究[J]. 体育科学, 2009, 29 (6): 39-46+72.

[50] 常乃军, 乔玉成. 社会转型视域下城市休闲体育生活空间的重构[J]. 体育科学, 2011, 31 (12): 14-20+72.

[51] 中国登山协会. 国家登山健身步道标准 (NTS 国家标准 0708). [EB/OL]. http://cmasports. sport. org. cn/fgzc/hybz/.

[52] 中国政府网. 国务院办公厅关于印发体育强国建设纲要的通知 2019-09-02 [EB/OL]. http://www. gov. cn/zhengce/content/2019-09/02/content_5426485. htm? utm_ source = UfqiNews.

[53] 叶强, 魏宁. 智慧体育-体育信息化必然趋势[J]. 南京体育学院学报 (自然科学版), 2011, 10 (5): 117-119.

[54] 蔡维敏. 我国智慧体育及其发展对策研究[J]. 运动, 2013 (17): 149-150.

[55] 韩潇. 智慧体育[M]. 北京: 清华大学出版社, 2019.

[56] 黄萃, 彭国超, 苏竣. 智慧治理[M]. 北京: 清华大学出版社, 2019.

[57] 梁强, 陈亚群, 张婷, 陈秋慧. 美国户外休闲经济报告解读与分析[J]. 体育成人教育学刊, 2018, 34 (2): 1-6.

[58] 梁强, 李伟. 我国户外休闲产业发展环境与成长路径的分析研究[J]. 南京体育学院学报 (社会科学版), 2015, 29 (5): 1-10+128.

［59］ Latour B，Postmodern? No，simply amodern! Steps Towards an Anthropology of Science，Studies in History and Philosophy of Science，1990，21（1）：145－171.

［60］ Latour B，Reassembling，the Social：An Introduction to Actor－netwok－theory［M］. New York：Oxford University Press，2005.

［61］ Latour B，Science in Action，Cambridge［M］. MA：Havard University Press，1987.

［62］ 罗伟亮，杨文培，李静．基于行动者网络理论的城市环境治理利益相关者管理［J］．商业经济研究，2015（2）：120－122.

［63］ 高银宝，谭少华，薛德升，曾献君．基于行动者网络的农村土地开发利益协调研究——对韶关市区典型村的分析［J］．城市规划，2018，42（7）：69－78＋92.

［64］ 谢元，张鸿雁．行动者网络理论视角下的乡村治理困境与路径研究——转译与公共性的生成［J］．南京社会科学，2018（3）：70－75.

［65］ 王增鹏．巴黎学派的行动者网络理论解析［J］．科学与社会，2012，2（4）：28－43.

［66］ 王一鸣，曾国屏．行动者网络理论视角下的技术预见模型演进与展望［J］．科技进步与对策，2013，30（9）：156－160.

［67］ 曹丽雯，郄光发，姜莎莎．空中森林步道发展概况与功能特点分析［J］．世界林业研究，2019，32（1）：48－52.

［68］ 香嘉豪，张河清，王蕾蕾．“一带一路”背景下线性文化遗产旅游开发研究——以南粤古驿道为例［J］．当代经济，2018（17）：77－79.

［69］ 朱雪梅．基于文化线路的南粤古道、古村、绿道联动发展研究［J］．城市发展研究，2018，25（2）：48－54.